STEPHEN MITFORD GOODSON

HISTORIA BANKÓW CENTRALNYCH

I ZNIEWOLENIA LUDZKOŚCI

OMNIA VERITAS.

STEPHEN MITFORD GOODSON
(1948 – 4 sierpnia 2018 r.)

Stephen Mitford Goodson był południowoafrykańskim bankierem, pisarzem i politykiem. Zasiadał w radzie Banku Rezerw RPA (2003–2012) oraz był liderem Partii na rzecz Zniesienia Podatku Dochodowego i Lichwy. Znany ze swojej ostrej krytyki systemu bankowości centralnej, lichwy i międzynarodowych finansów, jest autorem wielu książek, w tym *A History of Central Banking and the Enslavement of Mankind*. Jego rewizjonistyczne i kontrowersyjne tezy przyniosły mu oskarżenia o antysemityzm.

A History of Central Banking
and the enslavement of mankind

HISTORIA BANKÓW CENTRALNYCH
i zniewolenia ludzkości

Przetłumaczone z języka angielskiego i opublikowane przez
OMNIA VERITAS LTD

OMNIA VERITAS

www.omnia-veritas.com

Książka ta jest dedykowana Knutowi Hamsunowi,
światłu i nadziei na naturalny porządek świata.

I nigdy nie zrozumiecie historii Ameryki,
ani historii Zachodu z ostatnich 2000 lat,
jeśli nie przyjrzycie się jednej lub dwóm kwestiom,
a mianowicie Żydów i lichwę.
Jedno lub drugie, albo OBA. Powiedziałbym, że oba.

Ezra Pound

SŁOWO WSTĘPNE

Treść tej książki jest kontrowersyjna i może wywołać silne reakcje, dlatego nie zgadzam się ze wszystkimi poglądami w niej wyrażonymi.

Jak temat pozornie tak suchy, jak historia banków centralnych i systemu monetarnego, może wywołać takie reakcje? Można się zastanawiać, dlaczego niektórzy będą potępiać tę książkę jako noszącą wszystkie znamiona herezji, twierdząc, że Stephen Goodson wyszedł poza ramy akceptowalnej debaty historycznej.

Goodson posiada niezbędne kompetencje i doświadczenie, aby przedstawić temat, nad którym spędził lata, badając go, a którego skutki osobiście odczuł jako dyrektor niewykonawczy Banku Centralnego Republiki Południowej Afryki.

Nie mam kompetencji, by potwierdzić odkrycia Goodsona, ale zdaję sobie sprawę, że sedno, na które kładzie nacisk w kwestii władzy bankowej i generowanego przez nią systemu monetarnego, jest istotnym elementem nieludzkich różnic w podziale bogactwa w obrębie jednego kraju, a także między wszystkimi krajami.

Właśnie z tego powodu od wielu lat zarówno moja partia, jak i ja sam twierdziliśmy, że Republika Południowej Afryki powinna zreformować swój bank centralny i system monetarny, nawet jeśli oznaczałoby to, że nasz kraj nie spełni niesprawiedliwych światowych standardów.

Publikacje dotyczące ekonomii i sektora bankowego są zazwyczaj uważane za trudne do zrozumienia. Ich czytelnikami są głównie przedstawiciele środowisk akademickich i biznesowych. Niniejsza książka stanowi godny uwagi wyjątek.

Niniejsza publikacja zawiera nie tylko szeroki przegląd historii ekonomii na przestrzeni ponad trzech tysiącleci, ale także spostrzeżenia na temat tego, w jaki sposób problem lichwy doprowadził do stopniowego zniewolenia ludzkości od początków jej cywilizowanego istnienia.

Niektórzy będą zszokowani, gdy uświadomią sobie, że banki centralne na całym świecie, w tym nasz własny South African Reserve Bank, nie służą dobru publicznemu, ale działają wyłącznie na korzyść prywatnych instytucji bankowych. Nie tylko podważa to naszą suwerenność, ale także pozbawia nas możliwości korzystania z waluty emitowanej publicznie bez zadłużenia, należącej zatem do suwerennego narodu jako jego własnego środka wymiany dóbr i usług.

Zamiast tego w naszym kraju, podobnie jak w wielu innych, korzystamy z prywatnej waluty wytwarzanej za pomocą długu przez prywatny sektor bankowy. Przejście z banknotów bankowych na banknoty rządowe umożliwiłoby naszemu narodowi dostęp do godnego, dostatniego i zrównoważonego życia. Jednak tak prosta reforma stanowiłaby prawdziwą rewolucję, trudniejszą do przeprowadzenia niż jakakolwiek inna reforma lub zmiana społeczna zrealizowana do tej pory.

Chociaż RPA pozornie odzyskała wolność w 1994 roku, to w rzeczywistości, z wyjątkiem niewielkiej mniejszości czarnych i białych przedsiębiorców, większość społeczeństwa nie odniosła z tego żadnych korzyści ani nie osiągnęła żadnego dobrobytu, a co więcej, nie zdołała zrealizować swojego ukrytego potencjału, głównie z powodu naszego wadliwego systemu monetarnego. Jeśli chcemy osiągnąć prawdziwą wolność, konieczne jest przeprowadzenie reformy monetarnej z taką samą energią i intensywnością, jak te zastosowane w reformach politycznych w latach walki. Wymaga to jednak zrozumienia złożonego problemu tego, w jaki sposób pieniądze są tworzone, do kogo należą i jakim interesom służą.

W tej książce Goodson nie tylko przytacza kilka udanych prób różnych państw, by obejść się bez systemu banków prywatnych, ale także przedstawia projekt, który odpowiada na wiele naszych problemów społecznych, takich jak brak wzrostu gospodarczego, wysokie bezrobocie i upadek usług publicznych.

Chociaż jest to zdecydowanie kontrowersyjna pozycja, jest to książka skłaniająca do refleksji, którą mieszkańcy RPA powinni przeczytać jako źródło inspiracji do działania politycznego.

W przemówieniu wygłoszonym przed Amerykańskim Stowarzyszeniem Prasowym 27 kwietnia 1961 roku prezydent John F. Kennedy stwierdził: „Bez debaty, bez krytyki żadna administracja ani żaden kraj nie mogą odnieść sukcesu – i żadna republika nie może przetrwać. Dlatego ateński prawodawca Solon uznał za przestępstwo fakt, że obywatel unika wszelkich kontrowersji".

Książę Mangosuthu Buthelezi, poseł do parlamentu.
Przewodniczący Partii Inkatha Wolności,
Republika Południowej Afryki.

26 czerwca 2013 r.

WPROWADZENIE

Historia jest najważniejszym przedmiotem w każdym systemie edukacyjnym, przewyższającym znaczeniem nauki ścisłe i humanistyczne. W jej sercu tkwią kultura, tradycje, wierzenia, etos i *sens istnienia* niezbędne do przetrwania każdego narodu. Jeśli historia jest zafałszowana i okrojona, często pod wpływem obcych, cywilizacja ulega rozkładowi i ostatecznie upada, co widać na przykładzie powolnego rozkładu cywilizacji zachodniej od 1945 roku. George Orwell wyraził podobne odczucie w swojej *powieści „Rok 1984*", pisząc: „Najskuteczniejszym sposobem zniszczenia narodu jest zaprzeczenie i wymazanie jego własnego rozumienia historii".

Winston Churchill zauważył kiedyś, że im dalej cofamy się w historii, tym sprawy stają się jaśniejsze i bardziej oczywiste. Stosując tę technikę, autor ma nadzieję, że wszelkie wątpliwości, jakie czytelnik mógłby mieć co do jego analizy i interpretacji wydarzeń współczesnej historii, zostaną rozwiane, a może nawet całkowicie wyeliminowane.

Aby każdy naród/państwo/społeczeństwo/społeczność zachował pełną suwerenność swojej niezależności w załatwianiu swoich spraw, absolutna kontrola nad środkami, których używa do wymiany dóbr i usług, musi spoczywać w rękach organów reprezentujących lud i nigdy nie może być przekazywana osobom prywatnym ani prywatnym grupom interesów.

W całej znanej historii okresy, w których państwo sprawowało kontrolę nad emisją pieniądza, zawsze były synonimem prosperity, pokoju, rozwoju kulturowego, pełnego zatrudnienia i zerowej inflacji. Z drugiej strony, gdy prywatni bankierzy przejmują kontrolę nad tworzeniem pieniądza, nieuniknionymi skutkami są powtarzające się cykle ubóstwa i dobrobytu, bezrobocie, endemiczna inflacja, a także ogromny i narastający proces transferu bogactwa i władzy politycznej w ręce tej niewielkiej kliki, która kontroluje ten wyzyskujący system monetarny. W przeszłości, gdy bankierzy centralni musieli zmierzyć się z oporem narodów dążących do przywrócenia uczciwego systemu monetarnego, ci pasożytniczy bankierzy niezmiennie wywoływali „patriotyczną" wojnę, aby pokonać swojego tak znienawidzonego „wroga". Jest to wspólna cecha wszystkich wojen od co najmniej 300 lat.

Książka ta przedstawia przegląd tego, w jaki sposób prywatni bankierzy od najdawniejszych czasów nadużywali systemu monetarnego, czy to w postaci monet z metali szlachetnych, banknotów, czeków czy pieniądza elektronicznego, tworząc z niczego oprocentowane zadłużenie, aby przejąć najwyższą władzę. Przedstawia ona również zarówno historyczne, jak i współczesne studium społeczeństw i cywilizacji, które rozkwitły w środowisku wolnym od ciężaru lichwy.

Rozwiązanie jest proste i oczywiste. Jeśli chcemy odzyskać naszą wolność i zachować suwerenność poza niewolą narzuconą przez prywatnych bankierów, musimy zlikwidować ich system bankowy oparty na rezerwie cząstkowej oraz sieć tworzoną przez banki centralne, w przeciwnym razie sami zostaniemy zniszczeni i skazani na zapomnienie.

Stephen Mitford Goodson

Czerwiec 2013 r.

ROZDZIAŁ I

JAK LICHWA ZNISZCZYŁA IMPERIUM RZYMSKIE

Pieniądze, będąc z natury bezowocne, pomnażanie ich z samych siebie jest absurdem i wypaczeniem ich pierwotnej roli, która polega na służeniu wymianie, a nie pomnażaniu... Musimy nienawidzić ludzi nazywających się bankierami, ponieważ wzbogacają się, nic nie robiąc.

- Arystoteles, *Polityka*

Systemy monetarne epoki rzymskiej (753 p.n.e. – 565 p.n.e.) można podzielić na trzy odrębne okresy, w których jako środek wymiany towarów i usług wykorzystywano jednostki miary trzech różnych metali. Chociaż istnieją dowody potwierdzające, że współczesna obecność człowieka (*Homo sapiens sapiens*) na terenie Rzymu sięga 14 000 lat wstecz (a neandertalczycy żyli w tym miejscu od 140 000 lat), Rzym jako miasto jest tradycyjnie znany jako miasto założone przez Romulusa i Remusa w 753 r. p.n.e. w pobliżu Palatynu, regionu zwanego również Lacjum. Według legendy Romulus (który zabił swojego brata Remusa) został jego pierwszym władcą, ale później dzielił tron z Tytusem Tatiusem, przywódcą Sabinów.

Około 600 r. p.n.e. Lacjum znalazło się pod panowaniem Etrusków. Panowanie to trwało do momentu, gdy ostatni król, Tarkwiniusz Pyszny, został wygnany w 509 r. p.n.e. i ustanowiono Republikę Rzymską. Etruskowie, lud pochodzenia aryjskiego, stworzyli jedną z najbardziej zaawansowanych cywilizacji tamtej epoki i zbudowali drogi, świątynie oraz liczne budynki publiczne w Rzymie.

Pierwszym środkiem wymiany używanym w Rzymie było bydło. Nie była to prawdziwa waluta, ale system barterowy. Wiele prymitywnych ludów używało bydła jako środka wymiany. Według legendy o Herkulesie i stajniach Augiasza, hodowane tam bydło, liczące ponad 1000 sztuk, stanowiło skarb króla Augiasza.

EPOKA MIEDZI (-753–267 P.N.E.)

Z czasem Rzymianie zaczęli używać zamiast bydła nieregularnych bryłek miedzi lub brązu. Bryłki te nazywano *aes rude* (surowy metal) i musiały być odważane przy każdej transakcji.

Wraz z rozwojem handlu Rzym stał się jednym z najlepiej prosperujących miast starożytnego świata. Dobrobyt ten opierał się na miedzi, a później brązie, których wartość mierzono na wagę według ustalonego systemu jednostek. Były one emitowane przez skarb rzymski w postaci sztabek o wadze 1,6 kg z pełną gwarancją państwa i nazywano je *aes signatum* (metal stemplowany), ponieważ były stemplowane przez rząd wizerunkiem krowy, orła, słonia lub innymi obrazami. Czasami były one wykonywane w kształcie muszli św. Jakuba. W 289 r. p.n.e. sztabki te zostały zastąpione przez dyskoidalne monety z brązu zwane *aes grave* (ciężki metal). Stanowiły one walutę krajową, były wprowadzane do obiegu przez państwo, a każda z nich, rzadka czy nie, posiadała jedynie wartość symbolu, pod którym była zarejestrowana. [1] Waluta ta opierała się zatem raczej na prawie niż na zawartości metalu (chociaż zawartość ta była znormalizowana, a monety same w sobie posiadały wartość wewnętrzną, w przeciwieństwie do większości dzisiejszych monet). Można to uznać za prymitywny przykład udanego wykorzystania pieniądza fiducjarnego.

Chociaż pieniądz fiducjarny jest bardzo krytykowany w niektórych nurtach myślowych, na przykład przez zwolenników austriackiego ekonomisty Ludwiga von

[1] David Astle, *The Babylonian Woe*, Omnia Veritas Ltd, 2015. System ten wykazuje wiele podobieństw do systemu opartych na *pelonorach*, czyli sztabkach żelaza, które Spartanie wykorzystywali jako podstawę swojego systemu monetarnego.

Misesa,[2], nie stanowi on żadnego problemu, o ile jest emitowany przez rząd, a nie przez prywatnych bankierów, i pozostaje zabezpieczony przed fałszerstwem. Natomiast waluta niepieniężna ma następującą wadę: ci, którzy ustalają ceny złota i srebra, czyli prywatni bankierzy, mogą kontrolować gospodarkę kraju.

Rzymskie monety z brązu typu *Aes Grave* – 241–235 p.n.e.

Do 300 r. p.n.e. nastąpił bezprecedensowy wzrost prywatnego i publicznego bogactwa Rzymian. Można to zmierzyć przyrostem terytorialnym. Po zakończeniu drugiej wojny latyńskiej w 338 r. p.n.e. i klęsce Etrusków Republika Rzymska powiększyła swoje terytorium z 5 525 km^2do 26 805 km^2, co stanowiło 20% powierzchni Półwyspu Apenińskiego. Wraz z tą ekspansją terytorialną liczba ludności wzrosła z około 750 000 do miliona, z czego 150 000 osób mieszkało w samym Rzymie.

Powstało partnerstwo między Senatem a ludem, znane pod nazwą *Senatus Populusque Romanus* (SPQR, czyli „ " – Senat i Lud Rzymu). Przywódcy polityczni słynęli ze swojej oszczędności i uczciwości. Środki wymiany były ściśle regulowane w miarę wzrostu liczby ludności i handlu, dzięki czemu nie występowała inflacja.

[2] Ludwig Von Mises (1881-1973) jest jednym z czołowych przedstawicieli austriackiej szkoły ekonomicznej i zagorzałym zwolennikiem standardu złota.

Nexum, czyli niewolnictwo oparte na długu, w którym wolny człowiek oferował swoje usługi jako zabezpieczenie pożyczki wraz z odsetkami, a w przypadku braku spłaty dług musiał być spłacony w formie pracy, zostało zniesione po plebejskich niepokojach na mocy *ustawy lex Poetilia*[3] w 326 r. p.n.e.

Epoka Srebra (-267–27 p.n.e.)

Tradycyjny system monetarny został zniszczony w 267 r. p.n.e., kiedy elita patrycjuszy uzyskała przywilej bicia srebrnych monet. Zmianę tę symbolizował patrycjusz, który udał się do świątyni Junony Monety (stąd pochodzi termin „moneta"), aby zamienić worek pełen srebrnych *denarów* na kwotę pięciokrotnie przewyższającą ich pierwotną wartość poprzez zwykłe wybicie monet o nowej wartości. W ten sposób zgarnął dla siebie bardzo znaczną różnicę.

Pierwsza rzymska moneta srebrna znana była pod nazwą *drachmy* i wzorowana była na monecie używanej na południu półwyspu greckiego. Została ona później zastąpiona przez mniejszą i lżejszą wersję, *denariusza.* Był też *półdenar*, zwany *quinarius*, oraz ćwierćdenar, zwany *sestertius.* System ten został później wyparty przez *victoriatus*, nieco lżejszy od *denara* i prawdopodobnie stworzony w celu ułatwienia wymiany handlowej między Rzymem a jego greckimi sąsiadami.

Na Półwyspie Apenińskim było bardzo mało zasobów srebra, w związku z czym armia rzymska musiała się powiększyć, aby podbić inne terytoria, które je posiadały. Rzymscy chłopi, którzy zapewniali Republice znacz ną samowystarczalność żywnościową, byli masowo rekrutowani do armii. Produkcja rolna, zwłaszcza kukurydzy, spadła, a gospodarstwa chłopskie zostały zastąpione przez *latifundia*, czyli rozległe posiadłości utrzymywane przez niewolników. Pszenicę trzeba było

[3] Aby zapoznać się z bezlitosną krytyką szkodliwego wpływu lichwy na społeczeństwo przed uchwaleniem *lex Poetilia*, zob. Tytus Liwiusz, *The History of Rome*, Księga II, tłumaczenie angielskie, William Heinemann Ltd, Londyn, 1919.

również importować z Afryki Północnej.

Srebrna moneta Republiki Rzymskiej – *denar* – z (po lewej) boginią Junoną Monetą i (po prawej) zwycięskim bokserem.

Napięcia związane z umowami dotyczącymi przyznawania obywatelstwa i wyzwolenia między Rzymem a jego italskimi sojusznikami doprowadziły do wojny marskiej (90–89 p.n.e.). Brak wyzwolenia doprowadził do fragmentacji społeczeństwa rzymskiego i alienacji obywateli należących do klasy robotniczej, którzy byli traktowani jak bydło i w związku z tym nie mieli żadnych obowiązków ani zobowiązań wobec państwa. Aż do drugiej wojny punickiej (218–201 p.n.e.) nie mieli oni prawa służyć w armii. Mamy tu do czynienia z klasycznym przykładem społeczeństwa, które uległo monetyzacji. Republika była osłabiona, a despotyzm narastał. Piractwo stało się poważnym problemem, a na wybrzeżach miały miejsce najazdy, plądrowano wille i porywano podróżnych. Przemoc stała się powszechna, a gangsterzy i terroryści działali w Rzymie, ponieważ nie było już sił policyjnych, które mogłyby utrzymać prawo i porządek. Takie są nieuniknione konsekwencje społeczeństwa, w którym pieniądze stały się najwyższą wartością.

Intrygi polityczne były również na porządku dziennym wśród elity. Niedostatki ekonomiczne powodowały niezadowolenie wśród ubogich, którzy w coraz większym stopniu byli niewolnikami z Afryki Północnej, co wywoływało powstania społeczne. Zawirowania te osiągnęły punkt kulminacyjny w powstaniu pod wodzą Spartakusa w latach 73–71 p.n.e. (Pierwsze i drugie powstanie miały miejsce w latach 135 i 132 p.n.e. oraz 104–100 p.n.e.).

ROLA ŻYDÓW W UPADKU

Pierwszymi znanymi Żydami, którzy przybyli do Rzymu w 161 r. p.n.e., byli Yehuda i Machabeusz. Ci rzymscy Żydzi zajmowali się rzemiosłem, handlem i obwoźnym handlem. Zajmowali się również pożyczaniem pieniędzy. Żyli w odrębnej społeczności w wyznaczonych dzielnicach. Rządzili się sami zgodnie z własnymi prawami i byli zwolnieni ze służby wojskowej.

W 139 r. p.n.e. ci, którzy nie byli obywatelami rzymskimi, zostali wydaleni przez pretor Hispanus za prozelityzm, ale wkrótce powrócili. W 19 r. n.e., na mocy *senatus consultum*, cesarz Tyberiusz wygnał 4000 Żydów, którzy byli zamieszani w różne skandale, ale żadna z tych deportacji nie została przeprowadzona w sposób właściwy, a ich dalsza obecność, zwłaszcza jako lichwiarzy, miała odegrać znaczącą rolę w upadku i rozpadzie Cesarstwa Rzymskiego.

Wypędzenie Żydów z Rzymu przez cesarza Hadriana w 35 r. n.e., przedstawione na rękopisie z XV wieku z biblioteki Arsenalu w Paryżu.

JULIUSZ CEZAR

Juliusz Cezar (-100 -44 p.n.e.) urodził się w rodzinie arystokratycznej 12 lipca -100 r. p.n.e. Był wysokiego wzrostu, miał jasną karnację i przez krótki czas pracował jako prawnik, zanim stał się błyskotliwym dowódcą wojskowym, który podbił Galię (Francję) w latach 59–52 p.n.e. Po pokonaniu Pompejusza Wielkiego w 48 r. p.n.e. pod Farsalami Cezar stał się niekwestionowanym przywódcą Republiki Rzymskiej. Po powrocie do Italii we wrześniu 45 r. p.n.e. Cezar zastał ulice i całe miasta pełne bezdomnych, którzy zostali wyrzuceni ze swoich domów i z ziemi przez lichwiarzy i monopolistów. Codziennie w publicznej spichlerzu trzeba było wyżywić 300 000 osób. Lichwa, ze wszystkimi jej katastrofalnymi konsekwencjami, kwitła.[4]

[4] „Demokracja imperialna, która trzymała cały świat pod swoją dominacją, od senatorów noszących znamienite nazwiska po najskromniejszego rolnika, od Juliusza Cezara po najskromniejszego sklepikarza z rzymskich uliczek – wszyscy byli na łasce niewielkiej grupy lichwiarzy. " Cytat za: G. Ferrero, *Wielkość i upadek Imperium Rzymskiego*, tom VI, William Heinemann Ltd, Londyn, 1908, s. 223.

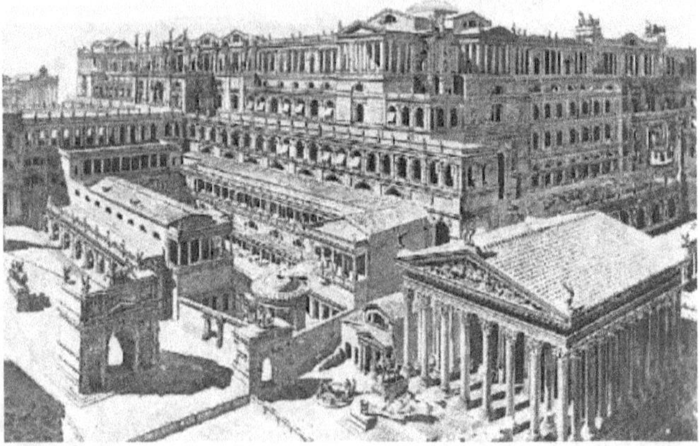

Forum Romanum zostało zlecone przez Juliusza Cezara w 54 r. p.n.e. i poświęcone mu w 46 r. p.n.e. Było to centrum starożytnego Rzymu, gdzie Cezar spotkał swój tragiczny koniec 15 marca 44 r. p.n.e.

Główni lichwiarze, z których większość stanowili Żydzi[5], naliczali odsetki sięgające nawet 48% w skali roku. Jak zauważa filozof Seneka (4 p.n.e. – 65 n.e.) w *dziele De Superstitione*: „Zwyczaje tego tak zbrodniczego narodu nabrały takiej mocy, że są obecnie akceptowane na wszystkich ziemiach. Podbici dyktują prawo zdobywcom".

W tamtych czasach istniały dwie główne partie polityczne: *Optimates*, skupiająca szlachtę, Senat i niewielką grupę uprzywilejowanych, oraz *Populares*, reprezentująca zwykłych obywateli. Cezar natychmiast stanął na czele tej drugiej.

Cezar w pełni rozumiał szkodliwość lichwy i znał sposób, jak jej przeciwdziałać. „Rozumiał głęboką prawdę, że pieniądz jest narzędziem narodowym, stworzonym przez prawo w celu

[5] Cyceron, Marcus Tullius: „Cicho! Cicho! Nie chcę, by słuchał mnie nikt poza sędziami. Żydzi sprawili mi już wystarczająco kłopotów, tak jak sprawili je wielu innym ludziom. Nie zamierzam dodawać oliwy do ognia. " Cytat za: W. Grimstad, *Antizion*, Noontide Press, Torrance, Kalifornia, 1985, 29. Cyceron był obrońcą w procesie Flakusa, rzymskiego urzędnika, który ingerował w transporty złota, które Żydzi przewozili do swojej międzynarodowej kwatery głównej znajdującej się (wtedy jak i obecnie) w Jerozolimie. Sam Cyceron nie był byle kim, a fakt, że osoba jego rangi musiała „mówić łagodnie", pokazuje, że znajdował się w obecności niezwykle niebezpiecznej sfery wpływów. W takim razie można się zastanawiać, kim byli prawdziwi prześladowcy.

narodowym, i że żadna grupa ludzi nie powinna mieć prawa wycofywać go z obiegu w celu wywołania paniki, tak aby spekulanci mogli podnieść stopy procentowe lub kupować nieruchomości po okazyjnych cenach po takich okresach kryzysu".[6]

Wprowadził następujące reformy społeczne:

1) Spłata kredytów hipotecznych odbywała się na podstawie najniższej wyceny znanej przed wojną domową. (49–45 p.n.e.)
2) Udzielono kilku amnestii dotyczących płatności czynszów.
3) Duża liczba ubogich obywateli i weteranów otrzymała działki ziemi.
4) 80 000 ubogich rodzin otrzymało bezpłatne mieszkania.
5) Wynagrodzenie żołnierzy zostało podwyższone z 123 do 225 *denarów*.
6) Uregulowano podatek od kukurydzy.
7) Wspólnoty prowincjonalne uzyskały emancypację.
8) Niejasności dotyczące kalendarza zostały rozwiązane poprzez ustalenie jego długości na $365^1/_4$ dni, licząc od 1[szego] stycznia -44 r. p.n.e.

Jego reformy monetarne były następujące:

1) Dług publiczny został natychmiast zmniejszony o 25%.
2) Kontrola nad biciem monet została przeniesiona z patrycjuszy (lichwiarzy) na rząd.
3) Wprowadzono monety o niskiej wartości jako środek wymiany.

---

6 T. E. Watson, *Sketches from Roman History*, The Barnes Review, Waszyngton, DC, 2011 (opublikowane po raz pierwszy w 1908 r.), s. 84-85.

4) Ogłoszono, że odsetki nie mogą przekraczać 1% miesięcznie.

5) Ogłoszono, że nie można naliczać odsetek od odsetek, a łączna kwota odsetek nie może nigdy przekroczyć kwoty pierwotnie pożyczonego kapitału (zasada *in duplum*).

6) Zniesiono niewolnictwo jako sposób spłaty długów.

7) Arystokraci zostali zmuszeni do wykorzystania swojego kapitału zamiast go gromadzić.

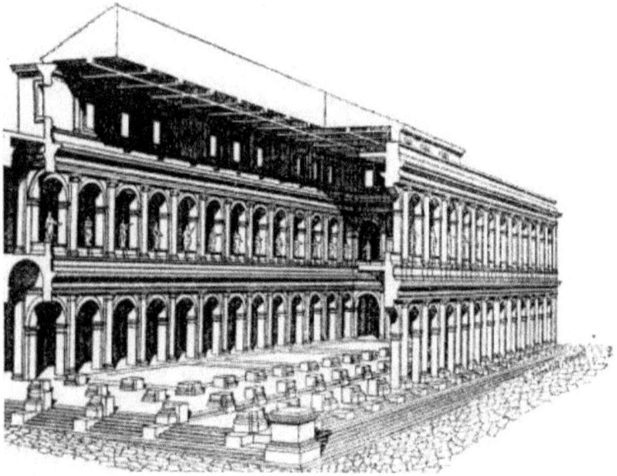

Bazylika Juliana była rzymskim pałacem sprawiedliwości na Forum, poświęconym Juliuszowi Cezarowi w 46 r. p.n.e.

Środki te wzbudziły gniew arystokratów i plutokratów, których „źródło utrzymania" zostało poważnie ograniczone. W związku z tym spiskowali oni, aby zamordować Cezara, bohatera ludu. Tego fatalnego poranka 15 marca 44 r. p.n.e., zaledwie cztery lata po objęciu pełni władzy, wszedł do budynku Senatu bez broni, odesławszy swoją straż wojskową, którą zwykle się otaczał. Otoczony przez 60 spiskowców, został śmiertelnie pchnięty nożem 23 razy.

ZŁOTY WIEK (27 R. P.N.E. – 476 R. N.E.)

W 27 r. p.n.e., wkrótce po śmierci Cezara (i jego deifikacji), Rzymianie przyjęli standard złota; decyzja ta miała wpłynąć na stabilność finansową imperium i bezpośrednio przyczynić się do jego upadku. Wcześniej, w czasach Republiki Rzymskiej, monety złote były emitowane tylko w razie absolutnej konieczności, na przykład podczas drugiej wojny punickiej lub kampanii Sullusa. W Europie było niewiele kopalń złota, z wyjątkiem odległych miejsc, takich jak Walia, Transylwania i Hiszpania. W związku z tym większość dostaw mogła pochodzić wyłącznie ze Wschodu. Wymagało to posiadania dużej i kosztownej armii, która była zaangażowana w ciągłe konflikty na granicach imperium.

Złota moneta nazywała się *aureus*. W obiegu znajdował się również srebrny *denarius*, a także różne monety miedziane: *sestertius*, *dupondius* i *as*.

Niedobór złota lub pieniądza towarowego często powodował okresy deflacji z powodu braku środków wymiany w obiegu. W 13 r. p.n.e. podjęto decyzję o zmniejszeniu wagi złotego *denariusza* ze 122 do 72 granów. Było to normą aż do 310 r. n.e. Jednak metale nadal odpływały na Wschód w zamian za luksusowe towary, opłaty religijne i spłaty lichwiarskich pożyczek. Ponadto zużycie spowodowane intensywnym użytkowaniem doprowadziło do utraty jednej trzeciej wszystkich monet metalowych w obiegu w ciągu 100 lat.

Ponieważ złoto traktowano jak towar, jego dewaluacja nie była tolerowana. Cesarz Konstantyn (275–337 r. n.e.) osobiście ogłosił karę śmierci za fałszerstwo oraz spalenie na stosie dla górników, którzy dopuścili się fałszerstwa. Kantorzy, którzy nie zgłaszali sfałszowanego złotego bezanta (*solidusa)*, byli natychmiast chłostani, zniewoleni i wygnani. Środki te okazały się skuteczne w przypadku bezanta o wadze 70 granów, nieco cię nego od bezanta pozostającego w obiegu w 1025 r., który ważył 68 granów.

W 313 r. chrześcijaństwo zostało uznane na mocy edyktu mediolańskiego, a od 380 r. zostało ustanowione oficjalną religią przez cesarza Teodozjusza [I](347–395 n.e.). Od tego czasu władza monetarna znalazła się pod zwierzchnictwem religijnym *pontifex maximus*. Cechą charakterystyczną epoki cesarskiej była niesprawiedliwość społeczna i zdławienie klasy średniej przez nadmierne opodatkowanie. Rzymski biznesmen nie był kupcem, ale grabieżcą prowincji, ponieważ ojczyzna dysponowała słabą bazą przemysłową, niezdolną do produkcji niezbędnych wyrobów. W miarę postępującej monetyzacji społeczeństwa, bogaci pasożytowali na ludu, a plebejusz stał się swego rodzaju niewolnikiem. Zniesienie systemu ławników było symptomatyczne dla spadku szacunku i znaczenia przypisywanych zwykłemu człowiekowi w rzymskim społeczeństwie.

Złota moneta wybita przez cesarza Aleksandra Sewera 222-235 n.e.

ROLA KOŚCIOŁA W UPADKU I UPADKU

Podatek ustanowiony przez cesarza Konstantyna, zgodnie z którym $^1/10$ wszystkich dochodów miała być oddawana Kościołowi chrześcijańskiemu, przyspieszył upadek imperium. Ostatecznie Kościół stał się właścicielem od jednej trzeciej do połowy wszystkich ziem i łącznego bogactwa. Ta koncentracja bogactwa spowodowała niedobór monet metalowych. Monety istniały, ale nie służyły do dystrybucji ani obiegu dóbr i usług. Zamiast ponownie wykorzystywać dochody z dziesięciny poprzez inwestycje w społeczności lub na cele charytatywne, takie jak budowa szpitali, szkół i bibliotek, ogromne zapasy złota gromadzono za grubymi murami (30,5 metra) ufortyfikowanego miasta Konstantynopola i Watykanu w Rzymie.

W ostatnich latach V i VI wieku Cesarstwo Rzymskie stało się organizmem pasożytniczym, podlegającym naprzemiennym fazom inflacji i deflacji. Jego upadek gospodarczy poprzedził upadek polityczny. Nie było już produkcji przemysłowej, prawie cała żywność musiała być importowana, a lichwa była praktykowana na niespotykaną dotąd skalę. Bogactwa imperium, które nie były w posiadaniu Kościoła, kontrolowało 2000 rzymskich rodzin. Reszta ludności żyła w ubóstwie.

KONSEKWENCJE

Upadek zachodniej części imperium w 476 roku, po wielokrotnych najazdach Gotów i Wandali, zapoczątkował okres ciemnych wieków. Nastąpił wielowiekowy kryzys deflacyjny. Według danych United States Silver Commission z 1876 r. wartość metalowej waluty Imperium Rzymskiego u szczytu potęgi wynosiła 1,8 mld dolarów, ale pod koniec Ciemnych Wieków spadła do zaledwie 200 mln dolarów. Produkcja rolna została ograniczona do poziomu niezbędnego do przetrwania. Zniknęły statki, ponieważ nie było już wymiany handlowej. Handel uległ stagnacji. Sztuka i nauka zostały utracone, a wiedza na temat cementu budowlanego zaginęła.

Głównymi czynnikami upadku Cesarstwa Rzymskiego były koncentracja bogactwa[7], brak złóż surowców dla produkcji przemysłowej oraz masowy import niewolników o innym kolorze skóry, co doprowadziło do degradacji genetycznej narodu. W IV wieku, z powodu spadku płodności rzymskich kobiet, niewolników było pięć razy więcej niż obywateli. Najważniejszą przyczyną ekonomiczną był brak dostępnej waluty oraz błędne przekonanie, że pieniądz jest towarem.

Zatem z ekonomicznego punktu widzenia lekcja płynąca z upadku Rzymu jest taka, że nieuczciwy system gospodarczy nieuchronnie przyczyni się do sił prowadzących do rozpadu. Żadne społeczeństwo nie może przetrwać w niesprawiedliwym systemie gospodarczym. Aby społeczeństwo mogło funkcjonować i prosperować, absolutnie niezbędne jest, aby środki wymiany były emitowane bez długu i bez odsetek przez legalną władzę państwową jako wiecznego przedstawiciela ludu.

[7] „Kiedy upadł rząd starożytnego Egiptu, 4 procent ludności posiadało całe bogactwo. Kiedy upadła cywilizacja babilońska, 3 procent ludności posiadało całe bogactwo. Kiedy starożytna Persja została zniszczona, 2 procent ludności posiadało całe bogactwo. Kiedy starożytna Grecja popadła w ruinę, pół procenta ludności posiadało całe bogactwo. Kiedy upadło Cesarstwo Rzymskie, dwa tysiące osób posiadało całe bogactwo cywilizowanego świata. Potem nastąpiła Ciemna Epoka, z której świat wyszedł dopiero wtedy, gdy bogactwa nie były już tak skoncentrowane. Dzisiaj mniej niż jeden procent ludności kontroluje 90 procent bogactwa Stanów Zjednoczonych." – Cytat za R. Maguire, w „Money Made Mysterious", magazyn *American Mercury*, Nowy Jork, 1958, 98. (*American Mercury* został założony przez H. L. Menckena w 1924 roku.

ROZDZIAŁ II

TAJEMNICZE POCZĄTKI BANKU ANGLII

... wszystkie wielkie wydarzenia zostały zniekształcone, a większość ważnych przyczyn ukryta... Jeśli historia Anglii zostanie kiedyś napisana przez kogoś, kto posiada odpowiednią wiedzę i odwagę, świat będzie w osłupieniu.

– Benjamin Disraeli,
premier
Wielkiej Brytanii.

STAROŻYTNA ANGLIA

Król Offa panował w Królestwie Mercji[8], które od północy graniczyło z rzekami Trent i Mersey, od południa z doliną Tamizy, od zachodu z Walią, a od wschodu z East Anglią i Essex, w latach 757–791 n.e. Należało ono do siedmiu autonomicznych królestw anglosaskiej heptarchii.

Offa był roztropnym i zdolnym zarządcą, a także wielkodusznym władcą. Wprowadził w Anglii pierwszy system monetarny. Ze względu na niedobór złota wykorzystywał srebro do bicia monet i jako środek gromadzenia bogactwa. Standardową jednostką wymiany była srebrna funt (pound), podzielona na 240 pensów. Pensy były wybite z gwiazdą (ze staroangielskiego *stearra*), od której pochodzi termin „sterling". W 787 roku król Offa wprowadził ustawę zakazującą lichwy, czyli pobierania odsetek od pożyczonych pieniędzy, co było koncepcją sięgającą czasów pogańskich. Prawa przeciwko lichwie zostały wzmocnione przez króla Alfreda (865-899), który zarządził konfiskatę majątku lichwiarzy, natomiast w 1050 roku Edward Wyznawca (1042-1066) ogłosił nie nie tylko konfiskatę ich

[8] Latynyzacja nazwiska Mierce.

dóbr, ale także uznanie lichwiarzy za wyjętych spod prawa i dożywotnie wygnanie.

PIERWSZA MIGRACJA I WYPĘDZENIE ŻYDÓW

Żydzi przybyli do Anglii w 1066 roku, u progu zwycięstwa Wilhelma Zdobywcy nad królem Haroldem II pod Hastings 14 października. Żydzi ci pochodzili z Rouen, położonego 120 kilometrów od klifów Normandii, gdzie Wilhelm Zdobywca urodził się jako dziecko z nieślubnego związku, znany jako Wilhelm Bękart. Chociaż archiwa historyczne nie wskazują, by promowali oni ideę militarnej inwazji na Anglię, to przynajmniej ją sfinansowali. Za to wsparcie zostali hojnie wynagrodzeni, otrzymując pozwolenie na uprawianie lichwy pod królewską ochroną.[9]

Konsekwencje dla ludu angielskiego były katastrofalne. Pobierając odsetki w wysokości 33% rocznie od ziem zastawionych przez szlachtę oraz 300% rocznie od dóbr handlowych lub nieruchomości robotników, w ciągu dwóch pokoleń jedna czwarta wszystkich angielskich ziem znalazła się w rękach żydowskich lichwiarzy. Po śmierci w 1186 roku Aaron z Lincoln został uznany za najbogatszego człowieka w Anglii, a jego majątek szacowano na większy niż majątek króla Henryka II.[10] Z drugiej strony żydowscy imigranci starali się podważać etykę cechów i irytowali angielskich kupców, sprzedając szeroki asortyment towarów pod jednym dachem. Odgrywali również znaczącą rolę w wycinaniu srebrnych monet i przetapianiu ich na sztabki, aby następnie pokrywać nimi monety cynowe.

Dr William Cunningham, słynny ekonomista, porównuje „działalność Żydów w Anglii od XI wieku do gąbki, która wchłania całe bogactwo ziemi i w ten sposób hamuje cały rozwój gospodarczy". Warto również zauważyć, że nawet w tamtych odległych czasach rząd robił wszystko, co w jego

---

[9] S. M. Goodson, In praise of Medevial England, *Spearhead*, lipiec 2005.

[10] R. Chazan, *The Jews of Medieval Western Christendom 1000-1500*, Cambridge University Press, Nowy Jork, 2006, s. 159.

mocy, aby zachęcić Żydów do prowadzenia uczciwego handlu, a tym samym do asymilacji z resztą społeczeństwa, ale wszystko to bez żadnego pozytywnego rezultatu”.[11]

Na początku XIII wieku wielu szlachciców było zagrożonych utratą ziem z powodu lichwy i podatków. W 1207 r. od ludności chrześcijańskiej pobrano ogromną kwotę 60 000 funtów w podatkach. Żydzi również płacili podatek, ale według obniżonej stawki i od majątku oraz dochodów znacznie zaniżonych.[12] Szlachta, która pożyczała pieniądze od żydowskich lichwiarzy, a także od króla i jego urzędników, musiała zarejestrować swoją hipotekę w rejestrach skarbowych. Gdy tylko szlachcic popadał w kłopoty finansowe, król wykupywał dług od lichwiarza i przejmował ziemię dla siebie. Król Jan (1199-1216) był „całkowicie nieodpowiedzialny” w stosowaniu tej nieuczciwej i zdeprawowanej polityki, a ponadto był „rozpustny, niekompetentny i całkowicie pod wpływem swoich Żydów”.[13]

Król Jan bez Ziemi podpisał Magna Carta (Wielką Kartę) w Runnymede w 1215 roku.

W 1215 r. szlachta zbuntowała się i zmusiła króla Jana do podpisania Wielkiej Karty (Magna Carta) 15 czerwca 1215 r. Ten dokument „ ” zawiera 61 klauzul dotyczących

[11] W. Cunningham, *The Growth of English Industry and Commerce during the Early and Middle Ages*, Cambridge University Press, wydanie[trzecie], 1896, s. 201.
[12] Pochodzenie Wielkiej Karty, *The Occidental Observer*, 19 maja 2013 r.
[13] Tamże.

ustanowienia różnych praw konstytucyjnych i prawnych, ale jego głównym celem było zniesienie jarzma żydowskich lichwiarzy oraz likwidacja lichwy i uprzywilejowanej pozycji Żydów. 19 października 1216 r. zmarł król Jan, a jego następcą został dziewięcioletni syn Henryk III, który panował w latach 1219–1272. Jego panowanie przebiegało pod lepszymi znakami niż panowanie ojca, a 19 klauzul dotyczących Żydów zostało uchylonych w następnym roku. Jednak jego spadkobierca, Edward Ier (1272–1307) wkrótce zdał sobie sprawę, że Żydzi nie mają miejsca w angielskim społeczeństwie[14] i że jeśli nie podejmie odpowiednich kroków, grozi mu utrata tronu. W 1233 i 1275 r. ogłoszono Statuty Żydowskie, które znosiły wszelkie formy lichwy. Ponieważ wielu z tych Żydów nie mogło już „zarabiać na życie", 18 lipca 1290 r. król Edward wydał dekret zmuszający całą populację żydowską, liczącą 16 511 mieszkańców, do opuszczenia Anglii na zawsze.[15] Była to jedna z ponad stu ekspulsji, które miały miejsce w całej historii Europy. Ogłoszenie to przyjęto

---

[14] Rytualne mordowanie przednastoletnich chłopców chrześcijańskich było punktem krytycznym, który doprowadził do wypędzenia Żydów. Podczas święta Paschy chłopiec był porywany, a następnie wykrwawiany na śmierć. Jego krew była następnie mieszana z ciastem bez drożdży, pieczona, a później spożywana jako rabiniczne ciastka. Pierwszy znany przypadek miał miejsce w 1144 r., a najbardziej znanym ze wszystkich był przypadek Little St Hugh w Lincoln w 1255 r. Król Henryk III osobiście nakazał przeprowadzenie śledztwa sądowego, które obejmowało badanie medyczno-sądowe przeprowadzone przez sędziów. 91 Żydów zostało aresztowanych za udział w tym okrutnym morderstwie, podczas którego ofiara została torturowana, ukrzyżowana, wykrwawiona na śmierć i wrzucona do studni. Szczegóły procesu zostały zapisane w Close Rolls of the Realm i Patent Rolls w Archiwum Narodowym poświęconym Henrykowi III w Kew, Richmond, w Surrey, TW9 4DU. Geoffrey Chaucer napisał wiersz upamiętniający zabójstwo Małego Hugh w Opowieści o opacie, która jest częścią *Opowieści kanterberyjskich.* Bracia Grimm napisali *„Der Judenstein "* (Kamień Żydowski) na temat rytualnego zabójstwa trzyletniego Andreasa (Anderla) Oxnera w Rinn w Austrii w 1492 roku. W książce *„In My Irrelevant Defence: Meditations Inside Gaol and Out on Jewish Ritual Murder"*, The I.F.L. Printing and Publishing Co., Londyn, 1938, str. 57, Arnold Leese wyjaśnia, że te rytualne morderstwa były nadal praktykowane w ^{XX}wieku. W lutym 2007 r. izraelski profesor Ariel Toaff, syn Elio Toaffa, byłego Wielkiego Rabina Rzymu, napisał *Pasque di sangue: Ebrei d'Europa e omicidi rituali* (*Krwawa Wielkanoc: Żydzi Europy i ich rytualne morderstwa*), w której potwierdza częstotliwość rytualnych morderstw w średniowiecznych Włoszech. Analiza jego prac znajduje się w *The Bloody Passovers of Dr Toaff* autorstwa Israela Shamira www.israelshamir.net/English/Eng11.htm

[15] D. Astle, *The Tallies, A Tangled Tale and The Beginning and the Ending,* wydanie własne, Toronto, 1997, str. 40 i 43. Astle wyjaśnia, że niektórzy z tych Żydów osiedlili się w Szwajcarii i założyli trzy pierwotne kantony: Uri, Schwyz i Ob – a rok później Nidwalden.

z wielką radością w całym kraju. W przeciwieństwie do współczesnych praktyk czystek etnicznych, Żydzi, po uiszczeniu podatku w wysokości 1/15 wartości swoich dóbr i 1/10 posiadanych środków pieniężnych, otrzymali pozwolenie na wyjazd, zabierając ze sobą cały swój majątek. Każdy Żyd, który pozostał w królestwie po 1 listopada 1290 r. (w dniu Wszystkich Świętych), narażał się na ryzyko egzekucji.

WSPANIAŁE ŚREDNIOWIECZE

Wraz z wygnaniem lichwiarzy i zniesieniem lichwy[16] podatki powróciły do umiarkowanego poziomu, a dług publiczny przestał istnieć, ponieważ do pokrywania wydatków rządowych wykorzystywano bezodsetkowy „kij liczbowy"[17]. Ten starożytny instrument finansowy, znany Saracenom i prawdopodobnie również Chińczykom, wywodzi się od łacińskiego terminu „*tallia*", oznaczającego kij. Patyk liczbowy był wykonany z gałęzi leszczyny, wierzby lub bukszpanu, ponieważ drewno te łatwo się dzieliło. Miały one zazwyczaj osiem cali (20,3 cm) długości (odległość między palcem wskazującym a kciukiem) i pół cala (1,3 cm) szerokości, choć mogły osiągać nawet osiem stóp długości (2,44 m). Wartości były oznaczane wielkością nacięć wykonanych na drewnie. 1000 funtów oznaczano nacięciem o szerokości dłoni, 100 funtów – szerokością małego palca, 1 funt – wielkością spęcznionego ziarna jęczmienia, szylingi były oznaczane jeszcze mniejszymi nacięciami, a pensy – nacięciami. Odbiorca był zapisywany na płaskich bokach. Gdy wszystkie szczegóły zostały zaznaczone na kiju, był on dzielony tuż przy dolnej części, tak aby jedna część zachowała sęk lub znak, w którym można było wywiercić otwór. Była to tzw. kontr-laska lub pokwitowanie i była przechowywana na wieszaku w Echiquer (Izbie Skarbowej). Płaski pasek (bez kikutu) był przekazywany beneficjentowi. Ponieważ żadne kawałki drewna nie są identyczne, niemożliwe było

---

[16] W 1364 r. Edward III zezwolił City of London na wydanie *Ordinatio contro Usurarios*, a w 1390 r. ogłoszono kolejną ustawę.
[17] D. Astle, op. cit., s. 12–17.

sfałszowanie kija liczbowego. Te instrumenty płatnicze zostały po raz pierwszy wprowadzone za panowania króla Henryka II (1100–1135) i pozostawały w obiegu aż do 1783 roku.[18] Jednak to w latach 1290–1485 pałeczki osiągnęły swój szczyt, stanowiąc główne źródło finansowania państwa. Pałeczki były wykorzystywane nie tylko do wypłacania wynagrodzeń pracownikom państwowym, ale także do finansowania głównych inwestycji infrastrukturalnych, takich jak budowa murów miasta Londynu, budynków publicznych i portów. Dokładna liczba batonów w obiegu nie jest znana, ale jeszcze w 1694 r. w obiegu znajdowały się batony o wartości 17 milionów funtów. Była to ogromna suma, ponieważ roczny budżet króla rzadko przekraczał 2,5 miliona funtów, a rolnik zarabiał jednego pensa dziennie.

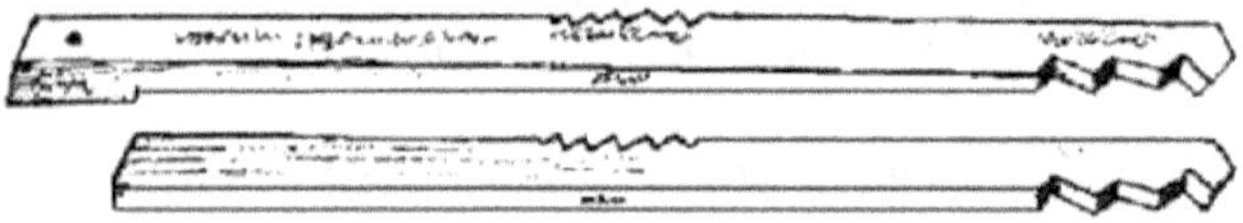

Średniowieczne patyki księgowe z XV wieku

Dzięki rozsądnej stawce podatkowej,[19] braku długu publicznego i odsetek do spłaty, Anglia przeżywała niezrównany okres wzrostu i dobrobytu. Przeciętny chłop pracował zaledwie 14 tygodni w roku i korzystał z 160 do 180 dni urlopu. Według lorda Leverhulme'a,[20] pisarza z tamtej epoki: „Ludzie w XVwieku byli bardzo dobrze opłacani”, w rzeczywistości tak dobrze, że siła nabywcza zapewniona przez ich zarobki i poziom życia miała zostać przekroczona dopiero

[18] W akcie najwyższej ironii losu 16 października 1834 r. stosy połamanych pałek do liczenia głosów wykorzystano do ogrzania Izby Gmin. Powstały w ten sposób ogień był tak potężny, że wymknął się spod kontroli i zniszczył cały kompleks, z wyjątkiem Westminster Hall i St Stephen’s Cloister (klaszztoru św. Stefana). Podczas odbudowy Izby Gmin mozaika na podłodze przy wejściu została zaprojektowana w kształcie gigantycznej Gwiazdy Dawida (prawdopodobnie pod wpływem Rotszyldów).

[19] G. M. Trevelyan w swojej *książce English Social History, A Survey of Six Centuries Chaucer to Queen Victoria*, Longmans Green and Co. Londyn, 1948, pisze, że Anglia: „była krajem, w którym ludzie nie cierpieli z powodu podatków”, s. 63, oraz że: „uparta odmowa płacenia podatków była cechą charakterystyczną Anglików w tamtych czasach”, s. 107.

[20] R. K. Hoskins, *War Cycles – Peace Cycles*, The Virginian Publishing Company, Lynchburg, Virginia, 1985, s. 54.

w XIXwieku. Rolnik mógł zadbać o dobrobyt i zaspokoić wszystkie potrzeby swojej rodziny. Chłopi byli dobrze ubrani w wełniane ubrania i mieli pod dostatkiem mięsa oraz chleba.

Ponieważ chłopi musieli pracować tylko 14 tygodni w roku, wielu z nich poświęcało swój wolny czas na budowę wspaniałych katedr w Anglii. Katedra w Yorku została ukończona w 1472 roku i posiada największą powierzchnię witraży na świecie.

Houston Stewart Chamberlain, anglo-niemiecki filozof, potwierdza te warunki życia w swojej *książce Foundations of the XIXthCentury:*

> „W XIII wieku, kiedy ludy germańskie zaczęły budować swój nowy świat, chłopi w całej Europie byli ludźmi wolnymi, cieszącymi się znacznie większym bezpieczeństwem egzystencji niż obecnie; prawem panującym był *copyhold*[21], tak więc na przykład Anglia – dziś miejsce feudalizmu przynoszącego korzyści właścicielom ziemskim – była jeszcze w XV wieku krajem całkowicie w rękach tysięcy rolników, którzy byli nie tylko prawnymi właścicielami swoich ziem, ale posiadali ponadto równoważne prawa do pastwisk i

[21] *Copyhold* był formą feudalnego prawa do gruntu charakterystyczną dla Anglii, wywodzącą się z systemu pańszczyzny.

lasów”.[22]

W wolnym czasie wielu rzemieślników dobrowolnie wykorzystywało swoje talenty do budowy niektórych z najwspanialszych katedr w Anglii, co potwierdza jedną z podstawowych zasad cywilizacji zachodniej, zgodnie z którą bez czasu wolnego rozkwit kultury jest niemożliwy. George Macauley Trevelyan, angielski historyk, opisuje te osiągnięcia w następujący sposób:

> „Nieustannie ewoluująca tradycja architektury kościelnej rozwijała się w majestatyczny sposób, wypełniając Anglię cudownymi budowlami, którym nie dorównały ani dzieła starożytne, ani współczesne... W nowych kościołach światło nie przenikało już do wnętrz, lecz zalewało je przez witraże, których sekret wykonania jest dziś jeszcze bardziej zagubiony niż magia tej architektury”.[23]

Chociaż król Henryk VIII (1509–1547) złagodził w 1509 r. przepisy dotyczące lichwy, zostały one później uchylone przez jego syna, króla Edwarda VI (1547–1553), ustawą z 1552 r., której preambuła stanowiła, że „lichwa jest, zgodnie ze słowem Bożym, całkowicie zakazana, jako jedna z najbardziej ohydnych i godnych pogardy wad...”

KONIEC ZŁOTEJ ERY

[22] H. S. Chamberlain, *The Foundations of the Nineteenth Century*, The Bodley Head, Londyn, 1912, tom II, s. 354–355.
[23] G. M. Trevelyan, op. cit., s. 51.

Merrie England (szczęśliwa Anglia) w XV wieku – Świętujący 1 maja tańcząc wokół słupa.

W XVII wieku ten złoty wiek dobiegł tragicznego końca. Wielu Żydów, którzy zostali wygnani z Hiszpanii w 1492 roku przez Izabelę I Kastylijską i Ferdynanda II Aragońskiego[24] z powodu powtarzających się praktyk lichwiarskich i nieuczciwych praktyk handlowych, znalazło schronienie w Holandii. Chociaż Holendrzy byli w tym czasie potęgą morską, żydowscy lichwiarze z Amsterdamu pragnęli powrócić do Anglii, gdzie perspektywy rozszerzenia działalności ich imperium pożyczkowego były znacznie bardziej obiecujące.

Za panowania królowej Elżbiety I (1558–1603) niewielka grupa hiszpańskich Żydów marranów, którzy nawrócili się na pozorną formę chrześcijaństwa, osiedliła się w Londynie. Wielu z nich zajmowało się złotnictwem, przyjmując depozyty złota, a następnie emitując banknoty na okaziciela o wartości dziesięciokrotnie przewyższającej kwotę przechowywanego złota, czyli udzielając pożyczek oprocentowanych. Te pokwitowania, będące prekursorem oszukańczego systemu

[24] Dekret z Alhambry, znany również jako edykt o wypędzeniu.

bankowego opartego na rezerwie cząstkowej, były początkowo pożyczane Koronie lub Skarbowi Państwa z oprocentowaniem 8% w skali roku, ale według Samuela Pepysa,[25] kronikarza i sekretarza Admiralicji, stopy procentowe wzrosły do 20%, a nawet 30% rocznie.[26] Oprocentowanie, jakie płacili kupcy, często przekraczało 33% rocznie, mimo że ustawowa stopa procentowa wynosiła zaledwie 6% rocznie.[27] Ciężar tych wygórowanych stóp procentowych spoczywał na robotnikach i ubogich, którzy musieli płacić 60%, 70%, a nawet 80% rocznie.[28] Według Michaela Godfreya, autora pamfletu zatytułowanego *A Short Account of the Bank of England*, w wyniku bankructw złotników i zniknięcia ich pracowników-urzędników utracono od dwóch do trzech milionów funtów.[29]

CROMWELL I ANGIELSKA WOJNA DOMOWA

W 1534 roku, na mocy Aktu o zwierzchnictwie, król Henryk VIII ustanowił Kościół anglikański oficjalną religią Anglii. W XVI i XVII wieku purytańskie przekonania, oparte na naukach Johna Wycliffe'a i Jana Kalwina[30], zyskały coraz większą rzeszę zwolenników. Purytanie uważali Biblię za prawdziwe prawo Boże i kładli nacisk na czytanie Biblii, modlitwę i głoszenie kazań, a także na uproszczenie rytuałów sakramentów.

Król Stuart Karol I (1625-1649), który pragnął utrzymać prymat Kościoła anglikańskiego, znalazł się w centrum intensywnego konfliktu z purytanami, którzy odnosili znaczne

---

[25] A. M. Andreades, *History of the Bank of England*, P. S. King & Son Ltd, Londyn, 1935, s. 35. Pepys opisuje te wygórowane stopy procentowe jako „najstraszliwszą hańbę".
[26] Tamże, s. 24. Autor korzystał również z pracy Isaaca Disraeliego *Usurers of the Seventeenth Century*.
www.gutenberg.org/ebooks/16350?msg=welcome_stranger
[27] Tamże, s. 24.
[28] Tamże, s. 47.
[29] Tamże, 24-25.
[30] A. H. M. Ramsay, *The Nameless War*, Britons Publishing Co., Londyn, 1952, s. 11, niedawno wznowione przez Omnia Veritas Ltd. Kalwin pochodził z Francji, gdzie jego nazwisko pisano jako Cauin, co jest odmianą nazwiska Cohen. Podczas spotkania B'nai B'rith w Paryżu, o którym pisano w *La Gazette Catholique* z lutego 1936 r., ogłoszono, że był pochodzenia żydowskiego.

sukcesy w pozyskiwaniu zwolenników wśród ludności. Po zabójstwie zaufanego przyjaciela i doradcy Karola, księcia Buckingham, w 1628 roku, król stał się coraz bardziej odizolowany.

Rosnący podział religijny stanowił doskonałą okazję do wykorzystania przez żydowskich spiskowców. Jak pisze Izrael Disraeli, ojciec premiera Benjamina Disraeliego, w swojej książce *The Life and Reign of Charles I*: „Naród został sprytnie podzielony na «sabatarian» z jednej strony i łamiących sabat z drugiej".[31]

W 1640 roku jeden z przywódców tajnej społeczności żydowskiej, Fernandez Carvajal, kupiec i szpieg, znany również jako „Wielki Żyd", zorganizował uzbrojoną milicję liczącą około 10 000 członków, która służyła do zastraszania mieszkańców Londynu i siania zamętu. Rozprowadzono również wiele pamfletów i broszur.[32]

Wybuchła wojna domowa między rojalistami (anglikanami) a Płaskogłowcami (purytanami), która trwała od 1642 do 1648 roku. Płaskogłowcy, wraz ze swoją „armią najnowszego typu", odnieśli zwycięstwo i spowodowali, według szacunków, 190 000 ofiar wśród ludności, co stanowiło 3,8%. Przywódcą Okrągłogłowych był Oliver Cromwell (1599–1658), którego „armia najnowszego typu" była nie tylko wyposażona i wyszkolona przez przedsiębiorcę i zawodowego agitatora Fernandeza Carvajala, ale także finansowana przez żydowskich lichwiarzy z Amsterdamu. Przywódca holenderskich Żydów, Manasseh Ben Israel,[33], wysłał błagalne prośby do Cromwella, prosząc go o zezwolenie Żydom na powrót do Anglii w zamian za finansowe przysługi, które tak hojnie mu udzielił.[34]

[31] Tamże, s. 11.
[32] Tamże, s. 12–13.
[33] Tamże, s. 13.
[34] A. M. Andreades, op. cit., s. 30.

Pamflet z 1650 roku przedstawiający **Oliviera Cromwella** jako monarchę Anglii.

ZABÓJSTWO KRÓLA KAROLA I

Zdrada, której dopuścił się Cromwell, została ujawniona w jego korespondencji z synagogą w Mulheim w Niemczech.

> 16 czerwca 1647 r.
>
> Od Oliviera Cromwella do Ebenezer Pratt
>
> „W zamian za wsparcie finansowe zezwolę na ponowne przyjęcie Żydów do Anglii: jest to jednak niemożliwe, dopóki Karol żyje. Karol nie może zostać stracony bez procesu, a obecnie nie ma podstaw do postawienia mu zarzutów. Sugeruję zatem, aby Karol został zamordowany, ale nie chcę mieć nic wspólnego z organizacją zabójcy, chociaż jestem gotów pomóc mu w ucieczce”.

Oto odpowiedź na ten list:

> 12 lipca 1647 r.,
>
> Do Oliviera Cromwella, od Ebenezer Pratt
>
> „Udzieli pomocy finansowej, gdy tylko Karol zostanie pozbawiony tronu, a Żydzi ponownie dopuszczeni. Zabójstwo jest zbyt niebezpieczne. Musimy pozwolić Karolowi uciec: jego schwytanie umożliwi proces i egzekucję. Nasze wsparcie będzie znaczące, ale nie ma potrzeby omawiania warunków przed rozpoczęciem procesu”.[35]

Król Karol był przetrzymywany w Holmby House w hrabstwie Northamptonshire. 4 czerwca 1647 r. 500 rewolucjonistów porwało go, a następnie pozwoliło mu uciec na wyspę Wight, gdzie został później aresztowany. 5 grudnia 1648 r. Izba Gmin uznała, że „ustępstwa przyznane przez króla są zadowalające i

[35] A. H. M. Ramsay, op. cit., s. 14-15. Według listu opublikowanego w *Plain English* 3 września 1921 r.: „Mędrcy Syjonu istnieją znacznie dłużej, niż się powszechnie uważa. Mój przyjaciel, pan L. D. Van Valckert z Amsterdamu, przesłał mi niedawno list zawierający dwa fragmenty znalezione w synagodze w Mulheim. Tom, w którym się one znajdowały, zaginął podczas wojen napoleońskich, a niedawno trafił w posiadanie pana Van Valckerta. Są one napisane po niemiecku i zawierają cytaty z korespondencji otrzymanej przez władze synagogi w Mulheim”.

mogą doprowadzić do porozumienia".[36]

Egzekucja króla Karola I na ówczesnej rycinie

Cromwell przystąpił wówczas do czystki w Izbie Gmin z pomocą pułkownika Pryde'a, aż pozostał jedynie „resztkowy" parlament składający się z 50 członków, którzy następnie biernie przegłosowali proces króla. Żaden angielski prawnik nie chciał sporządzić aktu oskarżenia przeciwko królowi. Ostatecznie sporządził go holenderski Żyd, Isaac Dorislaus. Król został zmuszony do udziału w sfałszowanym procesie, który odbył się przed Sądem Najwyższym, którego dwie trzecie członków stanowili należący do armii Niveleurs[37]. Karol odmówił obrony, ale został uznany za winnego i stracony 29 stycznia 1649 roku. Gdy kondukt zbliżał się do szafotu, znaczna część tłumu krzyczała „God Save the King!" („Boże, chroń króla!"). Po egzekucji wśród ludu rozległ się krzyk rozpaczy.

DRUGA FALA IMIGRACJI ŻYDOWSKIEJ

W dniach od 7 do 18 grudnia 1655 r. Cromwell, który nazywał się „ " (Lord Protektor), zorganizował konferencję w Whitehall w Londynie, aby uzyskać zgodę na nową, zakrojoną

[36] Tamże, s. 16.
[37] Nieformalny sojusz agitatorów i autorów pamfletów, którzy byli prekursorami jakobinów i bolszewików.

na szeroką skalę imigrację Żydów. Mimo że konferencja była pełna zwolenników Cromwella, przeważająca większość delegatów, w większości księży, prawników i kupców, była zgodna co do tego, że Żydom nie należy zezwalać na powrót do Anglii.[38] W październiku 1656 r. pierwszym Żydom pozwolono potajemnie i swobodnie przybyć do Anglii, pomimo protestów zgłoszonych przez podkomisję Rady Stanu, która stwierdziła, że Żydzi ci „stanowią poważne zagrożenie dla państwa i religii chrześcijańskiej". "[39] „Wszyscy kupcy bez wyjątku sprzeciwiali się ponownemu przyjęciu Żydów. Twierdzili, że imigranci będą szkodliwi dla kraju, a ich przyjęcie wzbogaci obcokrajowców kosztem Anglików".[40]

Cromwell zmarł 3 września 1658 r., a jego następcą został syn, Richard, który panował przez dziewięć miesięcy. Syn Karola ^{I}, Karol II (1660–1685), ponownie zasiadł na tronie swojego zamordowanego ojca. Chociaż był ostatnim angielskim monarchą, który wybił monetę (w formie banknotów), popełnił dwa fatalne błędy polityczne. 1 sierpnia 1663 r. ogłosił ustawę eufemistycznie zatytułowaną: Ustawa o wspieraniu handlu, która zezwalała na „wywóz wszystkich monet i sztabek złota oraz srebra za granicę, bez żadnych ograniczeń i regulacji jakiegokolwiek rodzaju". [41] Podczas debaty nad projektem ustawy hrabia Anglesey z proroczą przenikliwością zauważył, „że dla pokoju królestwa niebezpieczne jest pozostawanie na łasce garstki niezadowolonych i buntowniczych superbogaczy, którzy mogą utworzyć bank (organ akumulacji) z naszej własnej waluty i naszych rezerw złota, poza granicami kraju, pozostawiając nas bez płynności finansowej, gdy król nie będzie (już) w stanie temu zapobiec".[42]

---

[38] H. S. A. Henriques, Les Juifs et la loi Anglaise IV, *The Jewish Quarterly Review*, tom 14, nr 4, lipiec 1902, s. 653–697.

[39] A. H. M. Ramsay, op. cit., s. 16-17.

[40] A. M. Hyamson, *A History of the Jews in England*, Methuen, 1928, cytowane przez A. N. Field, *All These Things*, Omni Publications, Hawthorne, Kalifornia, 1936, s. 215.

[41] D. Astle, op. cit., s. 44.

[42] A. Del Mar, *The History of Money in America from the Earliest Times to the Establishment of the Constitution*, Omni Publications, Hawthorne, Kalifornia, 1966, (wydane po raz pierwszy w 1899 r.), s. 66.

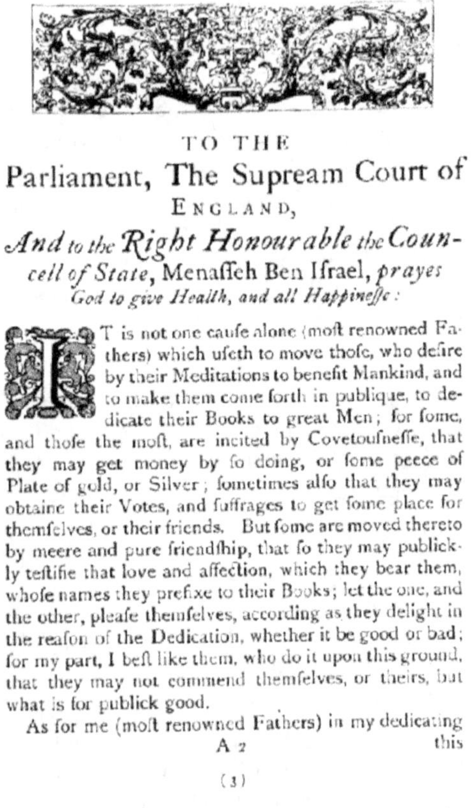

TO THE

Parliament, The Supream Court of

ENGLAND,

And to the Right Honourable the Councell of State, Menaſſeh Ben Iſrael, *prayes God to give Health, and all Happineſſe:*

IT is not one cauſe alone (moſt renowned Fathers) which uſeth to move thoſe, who deſire by their Meditations to benefit Mankind, and to make them come forth in publique, to dedicate their Books to great Men; for ſome, and thoſe the moſt, are incited by Covetouſneſſe, that they may get money by ſo doing, or ſome peece of Plate of gold, or Silver; ſometimes alſo that they may obtaine their Votes, and ſuffrages to get ſome place for themſelves, or their friends. But ſome are moved thereto by meere and pure friendſhip, that ſo they may publickly teſtifie that love and affection, which they bear them, whoſe names they prefixe to their Books; let the one, and the other, pleaſe themſelves, according as they delight in the reaſon of the Dedication, whether it be good or bad; for my part, I beſt like them, who do it upon this ground, that they may not commend themſelves, or theirs, but what is for publick good.

As for me (moſt renowned Fathers) in my dedicating this

A 2

(3)

Broszura opublikowana przez Menasseha ben Israela w celu promowania ponownego przyjęcia Żydów do Anglii.

Trzy lata później, na mocy ustawy o wspieraniu bicia monet, umożliwił on osobom prywatnym, tj. bankierom i złotnikom, bicie monet królestwa w Royal Mint (Mennicy Królewskiej) i tym samym uzyskanie znacznego przywileju w postaci prawa do seigniorage (jnej różnicy między wartością nominalną monet a kosztem ich produkcji) jako dochodu wyłącznie na ich korzyść. Co więcej, pozwoliło im to zwiększać lub zmniejszać według własnego uznania podaż pieniądza w obiegu, a tym samym podnosić lub obniżać ceny do woli, ze szkodą dla reszty społeczeństwa.

Panowanie jego brata, Jakuba II (1685–1688), trwało zaledwie trzy lata. Padł on ofiarą pamfletów i bezskrupulowej propagandy, która pochodziła głównie z Holandii. Wyprawa wojskowa podjęta przez księcia Wilhelma Orańskiego ostatecznie pozbawiła go tronu na dobre. Chociaż armia Jakuba przewyższała liczebnie siły wroga, zniechęciło go do ataku nagłe opuszczenie go przez Johna Churchilla, pierwszego księcia Marlborough. Według *Jewish Encyclopedia* Churchill otrzymał następnie roczną rentę w wysokości 6000 funtów od holenderskiego Żyda Salomona de Mediny w nagrodę za swoją zdradę.[43] Ta ogromna suma, „cena krwi", pozwoliła Churchillowi rozpocząć budowę pałacu Blenheim, który został ukończony po jego śmierci w 1722 roku.

Kampania wojskowa Wilhelma Orańskiego, podobnie jak kampania drugiego Wilhelma Zdobywcy w 1066 roku, była finansowana przez żydowskich bankierów. W zamian za ich wsparcie Wilhelm III (1689-1702) zrzekł się królewskiego prawa do emisji angielskiej waluty wolnej od wszelkich długów i odsetek na rzecz konsorcjum znanego pod nazwą Gubernator i Kompania Banku Anglii. A. N. Field w swojej książce *All these Things* podsumowuje wydarzenia tamtego okresu w następujący sposób:

> „Trzydzieści trzy lata po tym, jak Cromwell pozwolił Żydom powrócić do Anglii, holenderski książę przybył z Amsterdamu w otoczeniu roju Żydów pochodzących z tego centrum finansowego. Wypędzając swojego szwagra [Jakuba II] z królestwa, łaskawie zgodził się zasiąść na tronie Anglii. Naturalnym skutkiem tego wydarzenia było zapoczątkowanie długu publicznego poprzez utworzenie sześć lat później Banku Anglii, którego zadaniem było pożyczanie pieniędzy Koronie z. Anglia żyła po swojemu, zanim przybyli Żydzi. Od tego momentu lichwiarz zajął swoje miejsce, a sytuacji, w jakiej znajduje się dziś naród, nie da się lepiej opisać niż słowami Szekspira, który z proroczą wizją włożył te

[43] A. H. M. Ramsay, op. cit., s. 18.

słowa w usta umierającego Jana z Gandawy:

> *Ta ojczyzna tak wielu drogich dusz, ta droga, droga ojczyzna, Ukochana za swoją chwałę na świecie,*
> *Jest teraz wydzierżawiona, umieram to oświadczając,*
> *Jak lenno lub nędzna zagroda*
> *Ta Anglia, położona nad triumfującym morzem, której skaliste wybrzeże odpiera zazdrosny atak Wilgotnego Neptuna, jest teraz skazana na hańbę Niech zginą plamy atramentu i zgniłe pergaminy! Ta Anglia, która zwykła zniewalać innych, haniebnie skazała samą siebie na niewolę!*
>
> – Ryszard II, Akt II, Scena I

„Historia drugiego osiedlenia się Żydów w Anglii to nic innego jak długi ciąg zobowiązań spisanych na pergaminach, które skuwają naród długiem. Każdy etap awansu Żydów w sprawach państwowych naznaczony był wzrostem i mnożeniem się długu".[44]

POWSTANIE BANKU ANGLII

Potrzebę utworzenia prywatnego banku centralnego podkreślił emerytowany pirat, William Paterson z[45], kiedy w 1693 roku napisał pamflet zatytułowany *„A Brief Account of the Intended Bank of England"* (*Krótki opis planowanego Banku Anglii*).[46] Później chwalił się, że ten bank „gromadzi zyski z odsetek od pieniędzy, które tworzy z niczego"[47] W czwartek 21 czerwca 1694 r. otwarto listę subskrypcyjną dla Banku, który dysponował kapitałem początkowym w wysokości 1 200 000 funtów. W następny poniedziałek kwota ta została w całości subskrybowana.

Oczywistym celem banku było pożyczanie królowi

[44] A. N. Field, op. cit., s. 218.
[45] A. M. Andreades, op. cit., s. 60. W tamtych czasach zawód korsarza nie był uważany za hańbiący.
[46] Tamże, s. 66.
[47] W. G. Simpson, *Which Way Western Man?*, Yeoman Press, Cooperstown, Nowy Jork, 1978, s. 621.

Wilhelmowi nieograniczonych kwot pieniędzy w wysokości 8% rocznie, aby umożliwić mu kontynuowanie wojny, a w szczególności konfliktu z Ludwikiem XIV z Francji, którego kraj nie podlegał jeszcze systemowi lichwiarskiemu.[48] W ten sposób bank otrzymywał odsetki wypłacane przez Koronę w wysokości 100 000 funtów rocznie, a dodatkowe 4 000 funtów stanowiło koszty administracyjne. Bank uzyskał również prawo do emisji banknotów o wartości 1 200 000 funtów bez żadnego pokrycia w złocie.

Przed rejestracją statut banku został dokładnie przeanalizowany przez prawnika Levinza, tak aby był w pełni zgodny z jego ukrytym celem, tj. wyzyskiwaniem narodu angielskiego w nieskończoność poprzez zezwolenie na tworzenie waluty krajowej z niczego i naliczanie odsetek. Cała ta fałszywa waluta miała zostać spłacona wraz z odsetkami składanymi. Levinz był Żydem z Amsterdamu, który wykonywał zawód adwokata.[49]

Powstał silny sprzeciw wobec utworzenia Banku. Pochodził on głównie od złotników i lichwiarzy, którzy zrozumieli, że położy to kres ich bankowej lichwie w postaci rezerw cząstkowych opartych na wystawianych przez nich pokwitowaniach złota. Właściciele ziemscy i szlachta prowincjonalna obawiali się wzrostu stóp procentowych, ponieważ bank kontrolowałby podaż pieniądza w kraju. Pojawiły się zarzuty, że bank faworyzowałby niektórych kupców, przyznając im preferencyjne stopy procentowe. Największym strachem było to, że „Bank stanie się zbyt potężny i stanie się w ten sposób kamieniem węgielnym światowego handlu”.[50] Niestety, tak właśnie się stało, ponieważ Bank Anglii posłużył za wzór dla wszystkich kolejnych banków centralnych.

---

[48] F. J. Irsigler, *On the Seventh Day They Created Inflation*, Wynberg, Kapsztad, Republika Południowej Afryki, 1980, s. 5.
[49] J. E. T. Rogers, *The First Nine Years of The Bank of England*, Clarendon Press, Oxford, 1887, s. 4.
[50] A. M. Andreades, op. cit., s. 69.

Utworzenie **Banku Anglii** zostało zatwierdzone ustawą przyjętą przez parlament, opisaną jako „Ustawa gwarantująca Ich Królewskim Mościom różne taryfy i opłaty od tonażu statków i okrętów...".

W tamtych czasach Izba Gmin składała się z 514 członków, w tym 243 torysów, 241 wigów oraz 28 osób, których przynależność polityczna nie była znana.[51] Około dwie trzecie członków stanowili szlachcice z prowincji, a wiadomo, że 20% z nich było analfabetami. Ustawa była przedmiotem debaty w lipcu 1694 r., w samym środku upalnego lata, kiedy to przedstawiciele wsi byli zajęci żniwami.[52] W tym fatalnym dniu, piątek 27 lipca 1694 r., kiedy zatwierdzono Kartę Założycielską, obecnych było zaledwie 42 członków, wyłącznie wigów – ponieważ torysi byli temu przeciwni – którzy wszyscy zagłosowali za ustawą. (Rodzi to pytanie, co stanowiło kworum w tamtych czasach).

W tytule ustawy nie było żadnej wzmianki o proponowanym Banku Anglii, który w dwóch trzecich został opisany, a raczej ukryty, w niezrozumiałym – przynajmniej dla laika – języku.

Pierwsze zdanie ustawy zaczyna się tak: „Wilhelm i Maria,

[51] Biuro Informacyjne Izby Gmin, Izba Gmin, Londyn.

[52] Podobną ustawę uchwalono w sprawie amerykańskiej Rezerwy Federalnej, będącej własnością prywatnych akcjonariuszy, 23 grudnia 1913 r., kiedy to obecna była jedynie niewielka grupa posłów, a większość z nich udała się do domów, aby świętować Boże Narodzenie. H. S. Kenan, *The Federal Reserve Bank*, The Noontide Press, Los Angeles, 1966, s. 19-20.

król i królowa Anglii, Szkocji, Francji i Irlandii, z łaski Bożej, obrońcy wiary itp. Których wszyscy, którzy ich reprezentują, witają serdecznie". " Trzecie zdanie, zawierające 242 słowa, zaczyna się następująco: „Podczas gdy w pewnej ustawie uchwalonej niedawno w Parlamencie, zatytułowanej Ustawa przyznająca Ich Wysokościom różne cła i opłaty w zależności od TONAŻU STATKÓW I PŁAWIDŁ, oraz od piwa, napojów fermentowanych i innych trunków, w celu ustalenia pewnych nagród i korzyści w wyżej wymienionej ustawie, osoby te będą musiały dobrowolnie wpłacić kwotę 150 000 funtów na kontynuację wojny z Francją, postanowiono między innymi…".[53]

Dzień wypłaty dywidend w Banku Anglii,
drzeworyt, ok. 1800 r.

Zasadnicza część pierwszych dwóch trzecich ustawy szczegółowo opisuje konieczność zastosowania całego szeregu skomplikowanych nowych taryf, opłat i podatków od statków, piwa, napojów fermentowanych i innych trunków. Prawdziwym sensem wprowadzenia wszystkich tych

[53] D. Astle, op. cit., s. 55.

podatków było to, że były one niezbędne do spłaty odsetek od wszystkich przyszłych pożyczek rządowych. Wkrótce potem wprowadzono inne podatki: podatek od nieruchomości, podatek od papieru, podatek pogłówny, podatek od soli, opłatę skarbową oraz podatek od okien, które zastąpiły podatek od kominków. Inne wprowadzone podatki to podatek od handlarzy obwoźnych, podatek od dorożek, podatek od urodzeń, ślubów i zgonów oraz wreszcie podatek od osób samotnych.[54] Jednak najbardziej konfiskacyjnym podatkiem był podatek dochodowy o stawce 20%. Obowiązywał on nie tylko przedsiębiorstwa, ale również rolników.[55].

WOJNA I NIEWOLA DŁUGÓW NA ZAWSZE

Od tej pory pojawił się model społeczeństwa, w którym wywoływano niepotrzebne wojny, aby jednocześnie zwiększyć dług publiczny i zyski lichwiarzy. Co istotne, większość tych wojen została wypowiedziana krajom, które wprowadziły system bankowy bez odsetek, jak miało to miejsce w koloniach północnoamerykańskich i we Francji za czasów Napoleona. Ten schemat wzmacniania systemu lichwiarskiego bankierów za pomocą przemocy był szeroko stosowany w epoce nowożytnej i ilustrują go porażki carskiej Rosji podczas I wojny światowej, a następnie Niemiec, Włoch i Japonii podczas II wojny światowej, a ostatnio Libii w 2011 roku. Wszystkie te kraje posiadały państwowy system bankowy, który redystrybuował bogactwo ich narodów na sprawiedliwych zasadach, zapewniając ich ludności poziom życia znacznie wyższy niż u ich współczesnych rywali.

W 1696 r., w ciągu dwóch lat od momentu powstania, Bank Anglii wprowadził do obiegu banknoty o wartości 1 750 000 funtów, dysponując rezerwą złota wynoszącą zaledwie 2%, co odpowiadało wartości 36 000 funtów.[56] 1maja 1707 r.zawarto unię między Szkocją a Anglią, w dużej mierze motywowaną

[54] A. M. Andreades, op. cit., s. 55.
[55] J. E. T. Rogers, op. cit., s. 106–107.
[56] F. J. Irsigler, op. cit., s. 5.

koniecznością przejęcia kontroli nad Mennicą Królewską w Edynburgu, co miało miejsce w 1709 r.

W 1720 r., po zakończeniu wojny o sukcesję hiszpańską (1701–1714), dług publiczny wynosił 30 mln funtów, a sama wojna kosztowała 50 mln funtów.[57] Po wojnie o niepodległość Stanów Zjednoczonych (1775–1783), która wybuchła po tym, jak koloniści zostali zmuszeni do zastąpienia swojej waluty, stworzonej bez zadłużenia, angielskim pieniądzem, co spowodowało bezrobocie wśród 50% ludności aktywnej zawodowo, dług publiczny wyniósł 176 milionów funtów.

Według Sir Johna Harolda Clapham, który w 1944 roku napisał książkę *„The Bank of England: A History 1694-1914"*, Solomon de Medina oraz dwaj da Costa, Fonseca, Henriquez, Mendez, Nuñez, Rodriguez, Salvador i Teixeira de Mattos, wszyscy będący Żydami sefardyjskimi, nabyli większość udziałów w banku w 1722 roku.

W 1786 roku premier William Pitt Młodszy podjął próbę likwidacji długu publicznego poprzez utworzenie funduszu amortyzacyjnego, który generował odsetki w wysokości 1 miliona funtów rocznie, przeznaczane w całości na spłatę długu.[58] Metodę tę wkrótce porzucono z powodu ogromnego wzrostu zadłużenia niezbędnego do sfinansowania wojny z Napoleonem. W 1797 r., aby spłacić rosnące obciążenie odsetkami, wprowadzono system progresywnego podatku dochodowego, którego dochód w 1815 r. wynosił 70 mln funtów rocznie.[59]

Wojna z Francją trwała od 1792 do 1815 roku. Głównym celem tego niepotrzebnego rozlewu krwi było zniszczenie systemu finansowego bez długu i odsetek, wprowadzonego przez Napoleona. (Zobacz rozdział III) W tym okresie Anglia prowadziła również wojnę ze Stanami Zjednoczonymi w latach 1812–1814. Wojna ta, podobnie jak ta z Francją, została zainicjowana przez Anglię na prośbę bankiera Mayera

---

[57] A. M. Andreades, op. cit., s. 119.
[58] W. D. Bowman, *The Story of the Bank of England*, Herbert Jenkins Ltd, Londyn, 1937, s. 291.
[59] A. M. Andreades, op. cit., s. 162.

Amschela Rothschilda (którego prawdziwe nazwisko brzmiało Bauer), po tym jak Kongres Stanów Zjednoczonych odmówił przedłużenia statutu Banku Stanów Zjednoczonych kontrolowanego przez Rothschilda[60], który był bankiem centralnym Ameryki w latach 1791–1811.[61] Nathan Rothschild zasłynął stwierdzeniem z 1815 roku: „Dajcie mi kontrolę nad walutą narodu, a nie obchodzi mnie, kto ustanawia prawa. Mniejszość, która rozumie ten system, będzie albo tak zainteresowana jego zyskami, albo tak zależna od jego łask, że nigdy nie będzie sprzeciwu ze strony członków tej klasy społecznej. " Brytyjski premier Spencer Perceval (1809–1812) próbował położyć kres tej całkowicie bezsensownej wojnie, ale 11 maja 1812 r. został zamordowany w holu Izby Gmin przez Johna Bellinghama, ekstremistę wysłanego przez Rothschilda.[62]

W 1815 r. dług publiczny wzrósł do 885 mln funtów. Ta całkowicie niepotrzebna wojna kosztowała życie około trzech milionów żołnierzy i miliona cywilów. Zniszczenie banku państwowego utworzonego przez Napoleona kosztowało naród brytyjski 831 mln funtów[63], z czego 2,5 mld funtów pozostawało jeszcze do spłaty w 1914 r. Kapitał w wysokości 504 milionów funtów wzrósł z czasem pięciokrotnie dzięki magii odsetek składanych.

William Cobbet (1763-1835), bystry parlamentarzysta reprezentujący środowisko rolnicze, dostrzegł w tamtym czasie, co się szykuje, i napisał:

---

[60] 100% akcji banku znajdowało się w posiadaniu Rotszyldów i ich wspólników.

[61] W 1836 r. prezydent Andrew Jackson doprowadził do zamknięcia Drugiego Banku Stanów Zjednoczonych, wycofując z niego wszystkie depozyty rządowe. Bank ten został utworzony na mocy 20-letniego statutu w 1816 r. Rodzina Rothschildów i ich wspólnicy posiadali 80% akcji, a rząd amerykański pozostałą część.

[62] www.tomatobubble.com/fh1.html, NWO Forbidden History (1765–1816). Równolegle z mianowaniem na stanowisko premiera 4 października 1809 r. Perceval pełnił również funkcję ministra skarbu, na którą został powołany 28 marca 1807 r. Był więc doskonale zaznajomiony z zawiłościami świata wielkich finansów. W trakcie jego kadencji sekretarzem skarbu był John Charles Herries, jego osobisty przyjaciel i tajny informator Nathana Rothschilda. Zob. N. Ferguson, *The House of Rothschild, Money's Prophets 1798-1848*, tom 1, Penguin Books, Londyn, 1999, s. 86. (Profesor Ferguson jest osobą z kręgu wtajemniczonych, która uczestniczyła w konferencji Bilderberg w Chantilly w stanie Wirginia w USA.)

[63] W. D. Bowman, op. cit., s. 290.

„Zacząłem studiować ustawę parlamentarną, na mocy której utworzono Bank Anglii. Inwestorzy wiedzieli, co robią. Ich celem było stopniowe obciążanie hipoteką całego kraju... ziemi... domów... nieruchomości... pracy. Ich plan doprowadził do czegoś, czego świat jeszcze nigdy nie zaznał: nędzy pośród dostatku".[64]

W 1800 roku sir William Pultney, członek parlamentu, zaproponował utworzenie banku narodowego po sformułowaniu „energicznych ataków" na Bank.[65] W 1824 roku inny członek parlamentu, David Ricardo, przedłożył szczegółowy plan[66] przekształcenia Banku Anglii w bank narodowy. Obie te próby zakończyły się niepowodzeniem. Sprawy Banku Anglii pozostawały tajne i dopiero w 1833 r., 139 lat później, uproszczona wersja jego działalności została przedstawiona parlamentowi w ramach ustawy z 1833 r.[67]

Na początku I wojny światowej w 1914 r. dług publiczny wynosił 650 mln funtów.[68] 31 marca 1919 r. wzrósł on do 7,434 mld funtów[69], z czego 3 mld funtów pozostaje do spłaty 95 lat później przy oprocentowaniu 3,5% rocznie. W 1919 r. 40% wszystkich wydatków budżetowych przeznaczono na spłatę odsetek. W trakcie II wojny światowej dług publiczny wzrósł o prawie 300%, z 7,1 mld funtów w 1939 r. do 20,1 mld funtów w 1945 r. Na dzień czerwca 2014 r. wynosi on 1,3 bln funtów.[70] Jednakże, jeśli dodamy do tego wszystkie zobowiązania, w tym emerytury sektora publicznego i

[64] W. Cobbett, *The Political Register*, tom XVIII, nr 1, Londyn, 14 lipca 1810 r.
[65] Tamże, s. 207.
[66] W. D. Bowman, op. cit., 228 oraz A. M. Andreades, op. cit., s. 417-427.
[67] A. M. Andreades, op. cit., s. xii i s. 261.
[68] Kilka dni po wypowiedzeniu wojny przez Anglię 4 sierpnia 1914 r. podjęto środek nadzwyczajny, emitując 300 milionów funtów w banknotach Bradbury o nominałach 10 i 1 funta, wolnych od długu i odsetek. Wkrótce zostały one zastąpione przez obligacje wojenne. Profesor Frederick Soddy, laureat Nagrody Nobla, wyjaśnił oszukańczy sposób, w jaki zaciągnięto te pożyczki: „Bank Anglii opublikował okólnik, w którym oferował pożyczenie pieniędzy niezbędnych do zakupu obligacji wojennych po oprocentowaniu 3%, podczas gdy podatnik musiał płacić 4% odsetek. W ten sposób za każdą funt, który podatnik pożyczył, bank otrzymywał 15 pensów, a fikcyjny subskrybent 5 pensów. Bank nie ponosił żadnego ryzyka, ponieważ posiadał nową subskrypcję jako zabezpieczenie pożyczki do momentu spłaty długu. F. Soddy, *Wealth, Virtual Wealth and Debt*, G. Allen & Unwin, Londyn, 1933, s. 255.
[69] A. N. Field, op. cit., s. 164-165
[70] www.nationaldebtclocks.com/unitedkingdom.htm

prywatnego, przekracza on 5 bilionów funtów.

NACJONALIZACJA

14 lutego 1946 r. rząd Partii Pracy znacjonalizował Bank Anglii. Akcjonariusze otrzymali obligacje skarbowe o wartości 11 015 100 funtów, wymagalne po 20 latach. Ta nacjonalizacja, która miała poddać bank kontroli publicznej, nie zmieniła w żaden sposób systemu bankowego opartego na rezerwach cząstkowych i została przeprowadzona wyłącznie w celach propagandowych, figurując na liście programu nacjonalizacji niektórych sektorów finansowych i przemysłowych Partii Pracy.

6 kwietnia 1974 r. Bank Anglii zarejestrował Bank of England Nominees Limited, spółkę zarejestrowaną pod numerem 1307478, spółkę zależną będącą w całości własnością Banku Anglii, której prywatni akcjonariusze posiadali 100 akcji o wartości 1 funta każda, z czego 50% zostało sprzedanych. Niektórzy podejrzewają, że ta reorganizacja sposobu zarządzania bankiem stanowi jego odwrotne przejęcie przez prywatnych udziałowców. Biorąc pod uwagę fakt, że niektóre aspekty działalności Banku Anglii są chronione przez Kartę Królewską, sekcja 27 (9), a także przez ustawę o spółkach z 1976 r. oraz ustawę o tajemnicy państwowej z 1989 r., nie podlegając już żadnej formie kontroli publicznej, a nawet zwykłej kontroli parlamentarnej, przypuszczenie to może okazać się całkowicie uzasadnione.

ROZDZIAŁ III

BURBONI, NAPOLEON I BANK FRANCJI

Ujawnione tu śmiertelne fakty skłoniły mnie do zadania sobie pytania: jak to się stało, że ten potwór, jakim są odsetki, nie pochłonął jeszcze całej ludzkości.

– Napoleon Bonaparte,
analizując tabelę odsetek.

Kiedy w 1694 roku powstał Bank Anglii, jednym z jego głównych celów było zapewnienie środków niezbędnych do kontynuowania działań wojennych przeciwko Francji. W tamtych czasach Francja była światową potęgą numer jeden. Zarówno pod względem siły morskiej, jak i posiadanych terytoriów. Cztery lata wcześniej, podczas bitwy pod Beachy Head, niedaleko Eastbourne w Anglii, francuska marynarka wojenna odniosła miażdżące zwycięstwo nad flotą angielską, zatapiając dwanaście statków, podczas gdy dwadzieścia innych zostało zatopionych przez ich angielskie załogi.[71]

Od 7 czerwca 1654 roku Francją rządził jej najsłynniejszy monarcha, Ludwik XIV, zwany Królem Słońcem. Ludwik był doskonale zorientowany w intrygach bankierów. Kiedy odkrył, że jego minister finansów, Nicolas Fouquet, był przedstawicielem tego, co dziś nazywamy władzą monetarną, i otrzymał niezbite dowody, „że zdradził zaufanie, jakim go obdarzono, poprzez niegospodarność w zarządzaniu funduszami publicznymi i potworną korupcję", kazał go aresztować. Fouquet został osądzony i skazany, a na resztę swoich dni umieszczony w areszcie domowym w niedostępnej

[71] W bitwie pod Trafalgarem 21 października 1805 r. Francuzi stracili jeden okręt.

fortecy Pignerol.[72]

Wojna o sukcesję hiszpańską (1702–1714) była największym konfliktem zbrojnym od czasów krucjat. Wybuchła po tym, jak Ludwik ogłosił zamiar umieszczenia swojego wnuka, Filipa, księcia Anjou, na tronie Hiszpanii. Gdyby ta próba się powiodła, powstałoby rozległe imperium francusko-hiszpańskie, stanowiące bezpośrednie zagrożenie dla Banku Anglii i jego pełnomocnika, rządu Wielkiej Brytanii. Dzięki zdolności do tworzenia pieniędzy z niczego Anglicy zdołali zbudować potężną flotę i kupić lojalność wrogów Francji, hojnie ich przekupując.

Ludwik utrzymał się przy władzy przez dziewięć lat, aż jego spadkobiercy zaczęli umierać w dziwnych okolicznościach. 13 kwietnia 1711 roku jego syn Ludwik, Wielki Delfin, zmarł rzekomo na ospę, choć chorobę tę przeszedł już w dzieciństwie. 12 lutego 1712 r. żona jego wnuka, księcia Burgundii, zmarła na skutek ataku gorączki. Kilka dni później jej mąż, pokryty wysypką, zmarł 18 lutego 1712 r. z nieznanych przyczyn. Kilka tygodni później dwaj prawnukowie króla zachorowali na szkarlatynę. Pięcioletni książę Bretanii zmarł 18 marca 1712 roku. Jego trzyletni brat, książę Anjou, cudem przeżył po tym, jak król nakazał jego izolację i leczenie za pomocą antidotum.

W następstwie tych tragedii król dał się przekonać do zaprzestania działań wojennych i podjęcia negocjacji. W Utrechcie w marcu i kwietniu 1713 r. podpisano traktat, który pozwolił Francji w znacznej mierze zachować granice sprzed wojny. Od tego momentu następcy tronu francuskiego przestali umierać, choć nie zapobiegło to śmierci innego wnuka Ludwika, księcia Berry, który był regentem przyszłego Ludwika XV, w wyniku niezwykłego „wypadku" konnego.[73]

Złamany żalem Król Słońce zmarł z przyczyn naturalnych

[72] W. G. Simpson, *Wich Way Western Man ?* Yeoman Press, Cooperstown, Nowy Jork, 1978, 230.
[73] N. Starikov, *Rouble Nationalization The Way to Russia's Freedom*, Sankt Petersburg, Piter, 2013, 57-58.

[1]września 1715 roku.

Zdolność Anglików do kontrolowania ogromnych sum pieniędzy nie umknęła czujności Francuzów, którzy zrozumieli, że wojna nie została wygrana z powodu braku środków finansowych. [1]maja 1716 r. Szkot John Law otrzymał zezwolenie na otwarcie prywatnego banku, Banque Générale. Bank ten wzorowany był na Banku Anglii i uzyskał uprawnienia do emisji banknotów oraz wymiany ich na złoto.[74]

Regent Ludwika XV, Filip II, książę Orleanu, zdał sobie sprawę, że bank może zapewnić rządowi środki na pokrycie wydatków, i w 1718 r. utworzono pierwszy bank centralny we Francji, który przemianowano na Banque Royale.

Przyjęcie modelu Banku Anglii, opartego na zdolności do tworzenia pieniądza *z niczego*, wkrótce pozwoliło gospodarce francuskiej na ożywienie i ponowny rozkwit. Jednak ten okres prosperity był krótkotrwały. W styczniu 1720 r. rząd francuski zaciągnął rekordową pożyczkę w wysokości 100 milionów *funtów*. W następnym miesiącu rozeszła się plotka, że bank ma trudności z wymianą banknotów na złote monety, co wywołało „straszliwą panikę".[75] Nie wiadomo, skąd wzięła się ta plotka, ale prawdopodobnym podejrzanym był Bank Anglii, który chciał zniszczyć swojego niebezpiecznego rywala.[76]

Podejmowano różne próby ratowania Banku Królewskiego. Dekret z 11 marca 1720 r. zakazał używania monet od[1]maja. Kiedy środek ten nie zdołał powstrzymać zbliżającej się katastrofy, 22 maja 1720 r. ogłoszono dekret, który obniżył wartość banknotów o 50%. Trzeci dekret z 10 października 1720 r. stanowił, że od 1 listopada banknoty zostaną wycofane z obiegu i będą wymienialne na bony skarbowe o wartości obniżonej o 50%. W listopadzie 1720 r. Bank Królewski ogłosił upadłość, a jego założyciel, generalny kontroler finansów John Law, uciekł z kraju w następnym miesiącu. Dla

[74] Wydarzenia te są bardziej znane pod nazwą afery Kompanii Missisipi.

[75] N. Starikov, op. cit., 59.

[76] Zob. rozdział IV, gdzie opisano, w jaki sposób Bank Anglii zniszczył walutę rewolucyjnej Francji – asignaty.

Banku Anglii upadek Banku Królewskiego był absolutnym triumfem.

Ludwik XIV, Król Słońce, zawsze wykazywał nieufność wobec bankierów. Jego niezdolność do sfinansowania armii i marynarki doprowadziła go do klęski podczas wojny o sukcesję hiszpańską (1702–1714).

NAPOLEON, REFORMATOR MONETARNY

Napoleon, który był cesarzem Francji w latach 1804–1815, zawsze miał świadomość, że siły pieniądza pozostają w cieniu i działają wyłącznie poprzez pośredników, którzy sami często nie znają celów, do których dążą. Zdał sobie sprawę, że międzynarodowe finanse czaiły się za każdym zagranicznym wrogiem, każdym monarchą i każdą partią polityczną, w tym jakobinami[77], stwierdzając pewnego dnia, że: „Ręka, która daje, jest ponad ręką, która otrzymuje. Finansiści nie mają ojczyzny, są pozbawieni patriotyzmu i przyzwoitości: ich jedynym celem jest zysk".[78] Miał bardzo jasne poglądy na temat tego, jak chciałby zarządzać francuską gospodarką. Definiował swój system jako służący wykorzystaniu zasobów rządu, w tym jego finansów, dla dobra narodu i dla większej chwały Boga. Jego system opowiadał się za utrzymaniem duchowej supremacji nad wartościami materialnymi, narodu nad partiami politycznymi, patriotyzmu nad kosmopolityczną chciwością, lojalności nad despotycznym terrorem.[79]

[77] Jakobini byli pierwotnie członkami skrajnie lewicowego ruchu politycznego, który opowiadał się za zasadą scentralizowanej republiki. W trakcie rewolucji wprowadzili oni okres terroru. Klub Jakobinów mieścił się przy Rue St Jacques w Paryżu.

[78] R. McNair Wilson, *Monarchy or Money Power*, Eyre & Spottiswoode, Londyn, 1934, s. 92.

[79] Pod tym względem podobne do dewizy Francji Vichy: „*Praca, Rodzina, Ojczyzna*".

Napoleon ustanawia Bank Francji, 18 listopada 1800 r.

Podstawą gospodarki miało być rolnictwo: „ponieważ jest ono duszą narodu... fundamentem Królestwa”.[80] Następnie przemysł, który: „zapewnia komfort i szczęście ludności”[81] Na samym końcu znajdował się handel zagraniczny, składający się wyłącznie z nadwyżek rolnictwa i przemysłu. Według niego: „handel zagraniczny musi służyć rolnictwu i przemysłowi krajowemu, które nigdy nie powinny być mu podporządkowane”.[82] Ostatecznym celem Napoleona było zapewnienie nie tylko niezależności finansowej, ale także samowystarczalności w produkcji dóbr konsumpcyjnych na skalę krajową.

Napoleon nigdy nie pozwolił, aby państwo uciekało się do zaciągania pożyczek na bieżące wydatki, czy to cywilne, czy wojskowe, w żadnych okolicznościach. W kwestii długu oświadczył:

> „Wystarczyło mi tylko zastanowić się, do czego mogą doprowadzić pożyczki, by zdać sobie sprawę z ich

[80] R. McNair Wilson, op. cit., s. 97.
[81] Tamże, s. 97.
[82] Tamże, s. 97.

niebezpieczeństwa. Dlatego też nigdy nie chciałem mieć z nimi nic wspólnego i zawsze stanowczo sprzeciwiałem się korzystaniu z nich. Niektórzy twierdzili, że nie zaciągałem pożyczek, ponieważ nie posiadałem zdolności kredytowej i nie mogłem znaleźć nikogo, kto zgodziłby się mi pożyczyć pieniądze. Wymaga to bardzo ograniczonej wiedzy o naturze ludzkiej i całkowitej nieznajomości metod finansowych, jeśli ci ludzie wyobrażają sobie, że nie mogłem znaleźć nikogo, u kogo mógłbym się zadłużyć. Po prostu nie było to częścią mojego systemu".[83]

Bank Państwowy Cesarstwa Francuskiego

Pierwszą inicjatywą Napoleona po objęciu władzy jako pierwszy konsul 9 listopada 1799 r. było utworzenie 18 stycznia 1800 r. Banku Francji w formie spółki akcyjnej, który rozpoczął działalność 20 lutego tego samego roku. Bank ten zastąpił 15 prywatnych banków, głównie żydowskich, które były głęboko zaangażowane w wydarzenia prowadzące do rewolucji francuskiej w latach 1789–1799.[84] Banki te naliczały drapieżne odsetki od kredytów udzielonych koronie francuskiej, do tego stopnia, że przed 1789 r. ta ostatnia przeznaczała ponad 50% swoich wydatków na ich spłatę.

Bank został utworzony z kapitałem zakładowym w wysokości 30 milionów franków, podzielonym na 30 000 akcji o wartości 1000 franków każda, z czego część została objęta przez Napoleona, jego rodzinę i członków jego otoczenia.[85] Dywidendy dla akcjonariuszy były początkowo ograniczone do 6% rocznie, ale w 1806 r. zostały podwyższone do dwóch trzecich zysków banku, a pozostała jedna trzecia została przeznaczona na rezerwy. Dwustu największych akcjonariuszy wybierało 15 regentów lub dyrektorów, którzy

[83] Tamże, s. 96.
[84] C. Quigley, *Tragedy and Hope, A History of the World in Our Time,* The Macmillan Company, Nowy Jork, 1966, s. 515.
[85] www.banque-france.fr/en/banque-de-france/history/the-milestones/1800-creation-of-the-banque-de-france.html

zasiadali w Radzie Generalnej Banku, oraz trzech cenzorów lub inspektorów, którzy nadzorowali jego zarządzanie.

Rada Administracyjna z kolei wybierała Komitet Centralny składający się z trzech członków, z których jeden pełnił funkcję prezesa.[86] Napoleon mianował się prezesem Banku, oświadczając, że „Bank nie należy wyłącznie do akcjonariuszy, należy również do państwa, ponieważ to państwo przyznało mu przywilej emisji pieniądza. Chciałbym, aby bank znajdował się w rękach państwa w wystarczającym stopniu, ale nie w nadmiernym".[87]

14 kwietnia 1803 r., na mocy ustawy uchwalonej przez parlament, Napoleon zniósł prawo do emisji banknotów przysługujące dwóm rywalizującym ze sobą bankom: *Caisse d'Escompte de Commerce* i *Comptoir Commercial.* Jak zauważył wówczas:

> „Czyż nie mówiliście mi, że aby zachować wiarygodność kredytową, konieczne jest, aby pieniądz sztuczny, taki jak ten tworzony przez Bank Francji, był emitowany z jednego źródła? Przyjmuję tę ideę. Jeden bank można łatwiej nadzorować niż kilka – zarówno przez rząd, jak i przez społeczeństwo. W sytuacji kryzysowej nie widzę żadnych korzyści z tego rodzaju konkurencji".[88]

22 kwietnia 1806 r. ogłoszono nową ustawę, która zastąpiła trzech członków Komitetu Centralnego jednym prezesem i dwoma zastępcami.[89] Nominacje te zostały osobiście zatwierdzone przez Napoleona. Nowa ustawa podniosła kapitał Banku do 90 milionów franków. Napoleon był tak nieufny i podejrzliwy wobec bankierów, że nadzorował operacje Skarbu Państwa, aby zapobiec ujawnieniu i wykorzystaniu tajemnic swojej polityki monetarnej przez

---

[86] Historia działalności bankowej we wszystkich wiodących krajach, w tym w Stanach Zjednoczonych, Rosji, Holandii, krajach skandynawskich, Kanadzie, Chinach i Japonii; opracowana przez 13 autorów. Wydana przez redakcję czasopisma „*The Journal of Commerce and Commercial Bulletin*", Nowy Jork, 1896 r., tom 3 (Francja, Włochy, Hiszpania, Portugalia, Kanada).

[87] Encyclopedia Britannica, 1964, tom 3, s. 132.

[88] Wydawca *The Journal of Commerce and Commercial Bulletin,* op. cit.

[89] Tamże.

spekulantów z. Był więc swoim własnym bankierem, kontrolującym zarówno tworzenie, jak i dystrybucję pieniądza oraz kredytu, ku wielkiemu niezadowoleniu międzynarodowych bankierów, zwłaszcza Rotszyldów, którzy zostali praktycznie wykluczeni z operacji na rynkach kontynentalnych. Napoleon uczynił franka najbardziej stabilną walutą w Europie. Po tym, jak Francja opuściła rynek obligacji w londyńskiej City, nad bractwem bankierów i lichwiarzy zawisła mgła depresji. Co znamienne, prasa angielska zaczęła rozpowszechniać oszczerstwa na temat Napoleona. Został on oskarżony o nieprzestrzeganie warunków traktatu z Amiens, który został podpisany między Anglią a Francją 25 marca 1802 roku. Stosunki stały się napięte, gdy Napoleon odmówił podpisania umowy handlowej, która miała zwiększyć „swobodę handlu" i umożliwić to, co dziś nazywamy globalizacją, zmuszając go tym samym do ograniczenia autarkii i izolacjonizmu swojej polityki kontynentalnej.

Anglia, pod kierownictwem swoich międzynarodowych bankierów, zajęła się wówczas finansowaniem[90] Austrii, Prus, Rosji, Hiszpanii i Szwecji, a następnie natychmiast wypowiedziała wojnę Francji. Siły koalicji[91] liczyły ponad 600 000 żołnierzy. Napoleon nie był w stanie zebrać nawet jednej trzeciej tej liczby, więc musiałby uciekać się do pożyczek bankowych, aby uzbroić i wyżywić swoje oddziały. 20 grudnia 1803 r. wyprzedził zwolenników wojny, sprzedając Luizjanę Stanom Zjednoczonym za 3 miliony funtów. Nastąpił krótki okres pokoju i dobrobytu. Jednak w 1806 roku nowa koalicja złożona z Anglii, Rosji i Prus, z inicjatywy tej ostatniej, wyruszyła na wojnę. Mimo że pokonał ich pod Jenną 14 października 1806 r., Napoleon był zmuszony przez następne dziewięć lat angażować się w serię bezsensownych wojen, aby chronić Francję i jej nowy system gospodarczy. Ogłosił blokadę kontynentalną, której celem było zniszczenie handlu zagranicznego Anglii, ponieważ wiedział, że Anglicy nie są w stanie jednocześnie opłacać swoich importów i

[90] Według *Encyclopedia Britannica,* 1964, tom 19, str. 573, Rotszyldowie „pozyskali" 100 milionów funtów dla różnych rządów europejskich w trakcie wojen napoleońskich.
[91] Była to pierwsza z sześciu różnych koalicji zbrojnych.

finansować sojuszników.

Traktat w Tylży – Napoleon i car Aleksander I podpisują traktat na tratwie na rzece Niemen.

W ramach traktatu w Tylży, podpisanego 7 lipca 1807 roku na tratwie na środku rzeki Niemen w Prusach Wschodnich, Napoleon i car Aleksander I zawarli sojusz, który uczynił ich panami kontynentalnej Europy. Aleksander zgodził się przyłączyć się do kontynentalnej blokady Napoleona przeciwko Anglii oraz zapewnić sobie wzajemne wsparcie w przypadku sporu z innymi narodami, a w szczególności z Imperium Brytyjskim. W tamtych czasach Francja i Rosja były jedynymi dwoma krajami w Europie, które nie znajdowały się pod panowaniem systemu lichwiarskiego, a zatem nie były zadłużone wobec Rotszyldów. Były to zatem jedyne dwa wolne i niezależne narody. Jednak kilka lat później Rosja zaczęła łamać blokadę. Działanie to wynikało z faktu, że Rosja, kraj produkujący głównie surowce, miała niewielki potencjał przemysłowy i pozostawała zależna od Anglii w zakresie importu wyrobów przemysłowych. Aleksander był gotów kontynuować blokadę tylko wtedy, gdy Francja dostarczała mu towary, które wcześniej importowano z Anglii. Francja nie była w stanie spełnić tych wymagań, ponieważ Anglia panowała na morzach, a w tamtych czasach w Europie nie istniały drogi ani infrastruktura kolejowa. W związku z tym, aby utrzymać blokadę, Napoleon postanowił 24 czerwca 1812 r. najechać Rosję z armią liczącą 500 000 żołnierzy. Chociaż dotarł do Moskwy 14 września 1812 r., zdał sobie sprawę, że miasto zostało opuszczone, a jego odwrót następnej zimy przerodził się w katastrofę – przeżyło zaledwie 110 000 żołnierzy z jego kontyngentu. W następnym roku Napoleon poniósł klęskę w „Bitwie Narodów" na wschód od Lipska, 19 października 1813 roku. 11 kwietnia 1814 roku abdykował w Fontainebleau.

Po zesłaniu na wyspę Elbę, położoną między Korsyką a Toskanią, Napoleon podjął próbę powrotu w bitwie pod Waterloo, na terenie dzisiejszej Belgii, 18 czerwca 1815 roku. Wszystkie walczące strony – Anglia, Prusy i Francja – były finansowane przez Nathana Rothschilda, u którego Francja zaciągnęła pożyczkę w wysokości 10 milionów funtów.[92] Po klęsce Napoleon został zesłany na brytyjską wyspę Świętej Heleny na południowym Atlantyku, gdzie zmarł w tajemniczych okolicznościach 5 maja 1821 r., będąc w pełni sił w wieku 51 lat. Badanie szczątków Napoleona wykazało, że z pewnością zmarł on w wyniku zatrucia cyjankiem, będącego następstwem przewlekłego zatrucia arsenem.[93] W takim przypadku nie ma żadnych wątpliwości, że byłoby to

[92] Zob. N. Ferguson, *The House of Rothschild, Money's Prophets 1798–1848*, tom 1, Penguin Books, Londyn, 1999, s. 95–99, na temat sposobu finansowania armii księcia Wellingtona. W 1936 roku Eberhard Müller napisał sztukę teatralną zatytułowaną *Rothschild Wins at Waterloo*, w której Rothschild wyjaśnia: „Moje pieniądze są wszędzie, a moje pieniądze są przyjazne. To najbardziej przyjazna siła na świecie, tłusta, okrągła jak piłka i uśmiechnięta"; „Moja ojczyzna to londyńska giełda"; oraz „Los Anglii leży w moich rękach", s. 23.

[93] www.napoleon-series.org/ins/weider/c_assassination_w.html Przyczyny śmierci Napoleona zostały dokładnie zbadane przez nieżyjącego już Bena Weidera, który 18 lutego 1998 r. wygłosił wykład zatytułowany *The Assassination of Napoleon/Zabójstwo Napoleona* w Akademii Wojskowej w Sandhurst w Londynie. Weider wskazał hrabiego Charlesa Tristana de Montholona jako prawdopodobnego truciciela. Miał on codzienny kontakt z cesarzem i cechował się wystarczająco rozwiązłym charakterem oraz kryminalną przeszłością, by idealnie pasować do profilu zabójcy potajemnie wynajętego przez Rothschilda. Arsen, substancja bezbarwna, bezwonna i całkowicie pozbawiona smaku, został prawdopodobnie podany Napoleonowi w jego codziennej porcji wina pochodzącego z Przylądka Dobrej Nadziei. (Por. śmierć barona Piotra Wrangla (1878–1928), głównodowodzącego Południową Armią Białą, który został otruty na rozkaz Stalina przez brata swojego majordomusa, mieszkającego wraz z rodziną Wrangla w Brukseli w Belgii).

dzieło zabójcy wynajętego przez Rothschilda, co potwierdzałoby powtarzający się od dwóch stuleci zwyczaj zabijania wszystkich przywódców, którzy proponują, wprowadzają lub utrzymują system bankowy bez lichwy.[94]

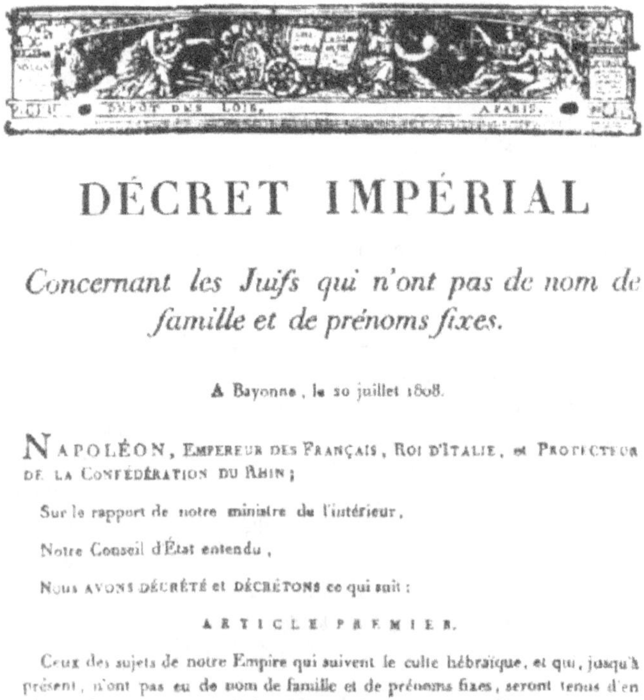

DÉPÔT DES LOIS, A PARIS.

DÉCRET IMPÉRIAL

Concernant les Juifs qui n'ont pas de nom de famille et de prénoms fixes.

A Bayonne, le 20 juillet 1808.

NAPOLÉON, EMPEREUR DES FRANÇAIS, ROI D'ITALIE, et PROTECTEUR DE LA CONFÉDÉRATION DU RHIN;

Sur le rapport de notre ministre de l'intérieur,

Notre Conseil d'État entendu,

NOUS AVONS DÉCRÉTÉ et DÉCRÉTONS ce qui suit :

ARTICLE PREMIER.

Ceux des sujets de notre Empire qui suivent le culte hébraïque, et qui, jusqu'à présent, n'ont pas eu de nom de famille et de prénoms fixes, seront tenus d'en adopter dans les trois mois de la publication de notre présent décret, et d'en faire la déclaration par-devant l'officier de l'état civil de la commune où ils sont domiciliés.

Aby ułatwić asymilację Żydów we francuskim społeczeństwie, Napoleon wydał w 1808 r. dekret nakazujący wszystkim Żydom przyjęcie nazwisk i używanie ich we wszystkich dokumentach. W liście do swojego młodszego brata Jerome'a, napisanym w 1808 r., Napoleon stwierdza: „Podjąłem się zreformowania Żydów, ale nie zamierzam przyciągać ich więcej do mojego królestwa... Konieczne jest ograniczenie, jeśli nie zniszczenie,

[94] Większość amerykańskich prezydentów, którzy zostali zamordowani, była zaangażowana w reformy monetarne. Chodzi o prezydentów Abrahama Lincolna, Jamesa Garfielda, Williama McKinleya, Warrena G. Hardinga i Johna F. Kennedy'ego. Prezydent Richard M. Nixon wykazywał duże zainteresowanie reformą Rezerwy Federalnej, gdy sprawował urząd, i mogło to być czynnikiem, który przyczynił się do jego upadku.

skłonności Żydów do uprawiania wielu działań szkodliwych dla cywilizacji i porządku publicznego społeczeństw na całym świecie. Konieczne jest powstrzymanie zła poprzez zapobieganie mu; aby mu zapobiec, niezbędna jest zmiana Żydów... Gdy część ich młodzieży znajdzie się w naszej armii, przestaną oni żywić żydowskie interesy i uczucia; ich interesy i troski będą francuskie".

OSIĄGNIĘCIA FRANCUSKIEGO BANKU PAŃSTWOWEGO

Jako integralną część Kodeksu Napoleońskiego (*francuskiego kodeksu cywilnego*) Napoleon ogłosił 21 marca 1804 r. nowy kodeks handlowy. Te reformy gospodarcze, obejmujące znaczne obniżenie podatków, szybko pozwoliły francuskiej gospodarce odzyskać siły i spowodowały wzrost handlu oraz rozwój nowych gałęzi przemysłu, takich jak przemysł bawełniany i cukrowniczy, a wszystko to wspierane i uzupełniane barierami celnymi wobec towarów zagranicznych oraz kredytami o bardzo niskim oprocentowaniu. Infrastruktura została znacznie ulepszona, nie tylko we Francji, ale w całej Europie Zachodniej, dzięki budowie 32 186 km dróg cesarskich i 19 312 km dróg regionalnych, prawie 1 609 km kanałów, mostów, pogłębiania i rozbudowy portów, takich jak Cherbourg i Dunkierka, podłączenia do wody pitnej, rozkwitu budynków publicznych, takich jak galeria Luwru – wszystko to finansowane było bezodsetkowymi pieniędzmi emitowanymi przez Bank Francji.

Napoleon powołał również Radę Przemysłu, która dostarczała dane i informacje dla przemysłu krajowego, a następnie powstał Uniwersytet Cesarski odpowiedzialny za zarządzanie edukacją Francuzów, szkoły specjalistyczne lub *licea* służące studiowaniu inżynierii, nauk ścisłych i technik, a szkoły zawodowe poświęcone były kształceniu położnych, nauczaniu położnictwa i weterynarii.

Napoleon opisał później te osiągnięcia swojemu irlandzkiemu lekarzowi, Barry'emu O'Meara, na wyspie Świętej Heleny i stwierdził, że są to pomniki, które pozostaną po nim. „ Siły koalicji nigdy nie będą w stanie odebrać mi zasług za wielkie dzieła publiczne, które podjąłem, ani za drogi, które kazałem wytyczyć przez Alpy[95], ani za morza, które połączyłem. Nie mogą postawić stopy nigdzie, by nie natknąć się na ślady, które pozostawiły moje. Nie mogą wymazać kodeksu prawnego, który stworzyłem i który przetrwa dla potomności."[96]

Podsumowując, możemy przyjrzeć się niektórym osiągnięciom, które Napoleon wymienił przed swoim byłym szambelanem i towarzyszem życia przez 18 miesięcy na Świętej Helenie, hrabią de Las Cases:[97]

> „Zainspirowałem Francję i Europę nowymi ideami, które nigdy nie zostaną zapomniane… finanse Francji są najlepsze na świecie. Komu to zawdzięcza? Gdybym nie został obalony, dokonałbym całkowitej zmiany w dziedzinie handlu i przemysłu. Wysiłki Francuzów były niezwykłe. Dobrobyt i postęp były obecne wszędzie. Nowe idee pojawiały się ze wszystkich stron, były publikowane i rozpowszechniane, ponieważ zadałem sobie trud wprowadzenia nauki wśród ludu… Gdyby dano mi na to czas, wkrótce nie byłoby już w Francji żadnych rzemieślników; wszyscy staliby się artystami".[98]

[95] Przełęcz Simplon. Jednym z głównych powodów, dla których Napoleon zlecił budowę tej przełęczy, było ułatwienie transportu swojej artylerii do Włoch.

[96] I. Tarbell, *A Short Life of Napoleon*, S. S. Mcclure Limited, Nowy Jork, 1895, rozdz. VI Napoleon jako głowa państwa i ustawodawca – finanse – przemysł – roboty publiczne. http://history-world.org/Napoléon7.htm

[97] Hrabia Emmanuel Augustin Dieudonné Joseph Las Cases (1766-1842). Spisał on wspomnienia, przemyślenia i aspiracje Napoleona, które zostały później opublikowane w *Le Mémorial de Sainte-Hélène*.

[98] R. McNair Wilson, op. cit., s. 98-99. Autor odwiedził dom, w którym Piotr Wielki mieszkał przez krótki czas w Zaandam w Holandii w 1697 roku. Napoleon również odwiedził ten dom 13 października 1811 roku i z rozmachem podpisał się na jednej ze ścian wewnętrznych: Napoleon Bonaparte Imperator.

ROZDZIAŁ IV

STULECIE WALKI (1815–1918): ROTHSCHILDOWIE KONTRA NARODY

Kto trzyma świat w ryzach?
Kto rządzi na kongresie rojalistów czy liberałów?
Kto budzi hiszpańskich patriotów bez koszul?
(Patriotów, o których tak wiele piszą gazety starej Europy.)
Kto wylewa na stare i nowe światy cierpienie lub
radość? Kto sprawia, że polityka toczy się płynniej?
Kto może oprzeć się zuchwałości Bonapartego? –
Żyd Rothschild i jego kolega, chrześcijanin Baring.

- Lord Byron, *Don Juan,*
Pieśń dwunasta

BANKI CENTRALNE W STANACH ZJEDNOCZONYCH

Jak pokaże ten rozdział, wszystkie doświadczenia Stanów Zjednoczonych z bankami centralnymi były katastrofalne.

W okresie kolonialnym amerykańskie kolonie tworzyły własny papierowy pieniądz. Pierwszą kolonią, która to uczyniła, była Massachusetts w 1691 roku. Wkrótce dołączyły do niej Pensylwania, stan Nowy Jork, Delaware i Maryland. Nazywali swoją walutę „kolonialnym skryptem" (colonial script) lub wekslami. System ten uwolnił je od kontroli angielskich banków i pozwolił im zarządzać swoimi finansami w środowisku wolnym od inflacji i przy bardzo niskich podatkach. We wszystkich koloniach rozwijał się wzrost gospodarczy, co zaowocowało wielkim dobrobytem, co nie byłoby możliwe w ramach prywatnego systemu bankowego opartego na lichwie.

W 1763 roku amerykański mąż stanu Benjamin Franklin (1706-1790) odwiedził Londyn, gdzie był zszokowany widokiem nędznych dzielnic i powszechnej biedy. Kiedy brytyjski parlament poprosił Franklina o wyjaśnienie źródła dobrobytu amerykańskich kolonii, odpowiedział on:

> „To bardzo proste. W koloniach emitujemy własną walutę. Nazywa się to efektem kolonialnym. Emitujemy ją proporcjonalnie do potrzeb handlu i przemysłu, aby ułatwić wymianę między producentami a konsumentami. W ten sposób, tworząc własną walutę, kontrolujemy jej siłę nabywczą i nie musimy nikomu płacić odsetek".

W następnym roku, w 1794 r., Bank Anglii wprowadził ustawę walutową (Currency Bill[99]), która poważnie ograniczyła prawo kolonii do emisji własnej waluty i faktycznie zakazała jej stosowania jako środka płatniczego w spłacie długów publicznych i prywatnych. Zamiast tego bank zmusił je do emisji oprocentowanych bonów skarbowych i sprzedania ich Bankowi Anglii w zamian za angielską walutę. W rezultacie zwrócono jedynie połowę środków. Ustawa ta spowodowała załamanie gospodarki kolonii, a w ciągu roku ponad połowa ludności znalazła się bez pracy i pogrążyła się w ubóstwie. Uchwalona przez brytyjski parlament ustawa Stamp Act z 1765 r. (ustawa o opłacie skarbowej) była kroplą, która przepełniła czarę, ale to zniesienie waluty kolonialnej było pierwotną przyczyną rewolucji amerykańskiej.

Jednym z pierwszych zadań powierzonych Drugiemu Kongresowi Kontynentalnemu, który zebrał się po raz pierwszy 10 maja 1775 r., było wyemitowanie własnej waluty, głównie w celu sfinansowania wydatków wojennych. W całym okresie istnienia tej waluty wyemitowano łącznie 241 552 788 dolarów. Bank Anglii szybko zareagował. Zatrudniono setki robotników i wkrótce z pras wychodziły miliony dolarów fałszywych banknotów, które wysyłano do Nowego Jorku. Dolar kontynentalny zachował swoją główną siłę z ną w ciągu pierwszych dwóch lat emisji, ale gdy fałszywe banknoty angielskie zaczęły krążyć, jego wartość spadła i w 1780 roku dolar był wart już tylko 2,5 centa.

---

[99] 4 Geo. IIIc. s. 34.

Piętnaście lat później, w 1790 r., Bank Anglii przeprowadził podobną operację, zatrudniając 400 pracowników w 17 fabrykach w środkowej i południowej Anglii w celu drukowania *asignatów*, które były walutą rewolucyjnej Francji. *Asygnaty*, które były indeksowane na majątki kościelne, początkowo z powodzeniem krążyły jako skuteczny i praktyczny środek wymiany. Znaczna część długu publicznego została spłacona. Jednak w 1792 r. masowe wprowadzenie fałszywych banknotów wkrótce spowodowało załamanie wartości *asygnatów*, po czym nastąpił krótki okres hiperinflacji. 14 kwietnia 1803 r. Napoleon Bonaparte wprowadził franka emitowanego przez rząd, który stał się prawnym środkiem płatniczym w 1808 r.

Pierwszy Bank Stanów Zjednoczonych zbudowany w Filadelfii w 1795 roku. Głównym udziałowcem banku był **Mayer Amschel Rothschild** (1744-1812)

Już w 1781 r., przed zakończeniem wojny o niepodległość 11 kwietnia 1783 r., Robert Morris (1734-1806), nadzorca finansów, ogłosił ustawę, która skazała nowe państwo na niewolę, wraz z utworzeniem Banku Ameryki Północno. Bank ten rozpoczął działalność 4 stycznia 1782 r. Przyciągnął on znaczne depozyty złota i srebra w zamian za weksle uzyskane dzięki pożyczkom z Francji i Holandii, co pozwoliło mu następnie emitować papierowe pieniądze w oparciu o swoje duże rezerwy. W latach 1791–1796 inflacja wyniosła 72%. W

1795 r. stan Pensylwania wycofał się z jej jurysdykcji z powodu „niepokojących wpływów zagranicznych i sztucznego kredytu”.[100]

25 lutego 1791 r. Bank Ameryki Północnej został zastąpiony przez drugi bank centralny, który nazwano Pierwszym Bankiem Stanów Zjednoczonych. Został on narzucony w wyniku intryg Alexandra Hamiltona, sekretarz[101] a skarbu, którego działania wskazują, że współpracował on ściśle z dyrektorami Banku Anglii, ponieważ wzorował ten bank na tym ostatnim. Nowy bank dysponował kapitałem w wysokości 10 milionów dolarów, z czego 20% należało do rządu amerykańskiego, a pozostała część była podzielona między prywatnych inwestorów. Bank spotkał się z silnym sprzeciwem przyszłych prezydentów Johna Adamsa, Jamesa Madisona i Thomasa Jeffersona (ówczesnego sekretarza stanu), który później oświadczył:

> „Ten Bank Centralny jest śmiertelną instytucją, która jest sprzeczna ze wszystkimi zasadami i formą naszej Konstytucji... Uważam, że instytucje bankowe są bardziej niebezpieczne dla naszych wolności niż groźne armie. Dały one już początek arystokracji pieniądza, która rzuca wyzwanie rządowi. Uprawnienia emisyjne powinny zostać odebrane bankom i zwrócone ludowi, do którego w pełni należą. Jeśli naród amerykański pozwoli bankom kontrolować emisję swojej waluty, najpierw poprzez inflację, a następnie deflację, banki i korporacje, które rozkwitną wokół nich, pozbawią lud wszelkiej własności, aż do momentu, gdy ich dzieci znajdą się bez dachu nad głową na kontynencie, który podbili ich ojcowie”.[102]

W następnym roku bank zorganizował pierwszy krach znany jako „Panika z 1792 roku”. Zalewając rynek łatwym kredytem,

[100] T. H. Goddard, *History of Banking Institutions of Europe and the United States*, H. C. Sleight, 1831, s. 48-50.
[101] Hamilton urodził się 11 stycznia 1755 lub 1757 roku, jako syn francuskiej matki wyznania hugenockiego, Rachel Faucett Levine, na wyspie Nevis na Karaibach, u podnóża góry Mount Zion. Prawdopodobnie Hamilton nie było jego prawdziwym imieniem. Autor odwiedził wyspę i muzeum Hamiltona.
[102] List do majora Johna Cartwrighta z 5 czerwca 1824 r.

a następnie nagle żądając spłaty większości z nich, bank pogrążył całą gospodarkę w ogólnym marazmie. Wywołało to społeczną nędzę, a giełda załamała się.

Pod koniec 1795 roku bank pożyczył rządowi 6 milionów dolarów, co stanowiło 60% jego kapitału. Ponieważ bank rzekomo obawiał się o stabilność finansów rządowych, zażądał częściowej spłaty swoich pożyczek. Rząd nie dysponował niezbędnymi środkami i w latach 1796–1802 został zmuszony do sprzedaży swoich udziałów w banku. Dzięki temu posunięciu bank przeszedł całkowicie pod kontrolę prywatną, a 75% udziałów znalazło się w rękach obcokrajowców.

W 1811 r. mandat banku miał zostać przedłużony. Bank ukrywał swoje zyski, działał w tajemnicy i był niezgodny z konstytucją. Został stworzony głównie po to, by służyć interesom finansowym północy, ze szkodą dla rozwoju rolnictwa na południu, podczas gdy Demokraci-Republikanie (jeffersonowcy) chcieli go zlikwidować.

Były prezydent Thomas Jefferson był jednym z tych, którzy „zdecydowanie sprzeciwiali się”[103] przedłużeniu ustawy. To, co szczególnie niepokoiło ustawodawców, to fakt, że bank znajdował się obecnie w 100% w rękach inwestorów zagranicznych. Prasa opisywała ustawę ustanawiającą ten bank centralny jako „wielkie oszustwo”, „sępa”, „żmiję” i „kobrę”.[104] Ponadto twierdzili, że Kongres ma konstytucyjne prawo do regulowania miar i wag oraz do emisji monet.[105] Ustawa została odrzucona niewielką większością głosów 65 do 64, co było nie lada wyczynem, ponieważ istnieje duże prawdopodobieństwo, że wiele głosów za zostało kupionych. Ostatecznie 3 marca 1811 r. bank zamknął swoje podwoje.[106]

Kiedy główny udziałowiec First Bank of the United States, Mayer Amschel Rothschild (prawdziwe nazwisko Bauer),

[103] R. E. Search, *Lincoln Money Martyred*, Omni Publications, Palmdale, Kalifornia, 1989 (pierwsze wydanie w 1935 r.), s. 38.
[104] Tamże, s. 38–39.
[105] Konstytucja Stanów Zjednoczonych, artykuł I, sekcja 8, klauzula 5.
[106] http://eh.net/encyclopedia/the-first-bank-of-the-united-states/

dowiedział się o głębokich sporach dotyczących przedłużenia statutu banku, wpadł w szał i oświadczył: „Albo wniosek o przedłużenie statutu zostanie przyjęty, albo Stany Zjednoczone znajdą się w środku najbardziej katastrofalnej wojny. ”[107] Stwierdził również: „Dam lekcję tym bezczelnym Amerykanom i sprowadzę ich z powrotem do etapu kolonialnego”. Rothschild próbował wpłynąć na brytyjskiego premiera Spencera Percevala, aby ten wypowiedział wojnę Stanom Zjednoczonym w celu odzyskania swojego prywatnego banku centralnego.

W 1807 roku Perceval dołączył do gabinetu jako minister skarbu. W tym czasie Anglia była w stanie wojny z Francją, a jednym z jego głównych zadań było pozyskiwanie funduszy na sfinansowanie działań wojennych. Zamiast podnosić podatki, Perceval zaciągnął liczne pożyczki, początkowo w Banku Barings, a później głównie u Rothschildów. Sekretarzem Percevala był John Charles Herries, który został mianowany na to stanowisko pięć lat wcześniej. Herries[108] był bliskim przyjacielem Nathana Rothschilda i aż do swojej śmierci w 1858 roku wiernie służył sprawie Rothschildów, pełniąc różne funkcje w brytyjskim rządzie, jako pierwszy lord skarbu, komisarz generalny armii, a następnie minister skarbu.

W międzyczasie *agenci prowokatorzy*[109] z Rothschildów szerzyli niezadowolenie w Ameryce Północnej. Aby sprowokować Amerykanów, Brytyjczycy zaczęli ingerować w handel Ameryki z Francją, która sama nałożyła blokadę handlową na Anglię. Ponieważ Royal Navy brakowało marynarzy, zaczęli oni przymusowo werbować amerykańskich marynarzy. Dostarczali również broń plemionom indiańskim, w szczególności wodzowi Chaouanons, Tecumsehowi, aby spowolnić i ograniczyć ekspansję pionierów na zachód. Amerykanie ze swojej strony wykazywali chęć przejęcia części Kanady.

W tym samym czasie Perceval musiał zmagać się z rosnącą

[107] www.armchairgeneral.com/forums/showthread.hp%3Ft%3DA109776
[108] N. Ferguson, *The House of Rothschild, Money's Prophets 1798-1848*, tom 1, Penguin Books, Londyn, 1999, s. 86.
[109] Uwaga tłumacza: w tekście po francusku.

presją ze strony Nathana Rothschilda, by wypowiedzieć wojnę Stanom Zjednoczonym. Odmówił. Armia brytyjska była już uwikłana w beznadziejną sytuację w Hiszpanii i Portugalii (Wojna o niepodległość Hiszpanii 1808–1814), walcząc z siłami Napoleona, więc nie miała ochoty angażować dodatkowych oddziałów i środków, a wszystko to finansowane z kolejnych oprocentowanych pożyczek bankowych, tylko po to, by chronić słabnące interesy bankowe Rothschildów w Ameryce.

John Bellingham, zabójca Spencera Percevala, urodził się około 1769 roku w St Neots w hrabstwie Huntingdonshire. W latach 1800–1802 pracował w Archangielsku jako agent ds. importu i eksportu. W 1804 roku powrócił do Rosji, a w listopadzie tego samego roku został fałszywie oskarżony o nieuregulowanie długu w wysokości 4890 rubli, co doprowadziło do jego uwięzienia na cztery lata. Po zwolnieniu z więzienia Bellingham osiadł na Duke Street w Liverpoolu. Bezskutecznie zwracał się do rządu z prośbą o odszkodowanie.

Ten zgorzkniały i pokrzywdzony człowiek znalazł się w towarzystwie dwóch kupców, Thomasa Wilsona, Amerykanina, oraz Elishy Pecka,[110] amerykańskiego Żyda, którzy obaj opowiadali się za uchyleniem dekretu zakazującego krajom neutralnym prowadzenia handlu z Francją. Dekret ten został wydany przez Percevala w odpowiedzi na blokadę kontynentalną Napoleona, którą ten ostatni wprowadził w 1806 roku i która zakazywała wymiany handlowej między Anglią a Irlandią. Jego przedłużenie miało być przedmiotem debaty w parlamencie podczas tego fatalnego wieczoru. Widzimy więc zbieżność interesów: niezrównoważonego i pełnego urazy człowieka, dwóch chciwych kupców oraz lalkarza Rothschilda pociągającego za sznurki za kulisami.

11 maja 1812 r. o godz. 17:15, gdy Perceval wchodził do holu Izby Gmin, Bellingham podszedł do niego i strzelił mu w serce z bliskiej odległości. Perceval upadł, szepcząc:

[110] http://guardian.com/books/2012/may/11/why-spencer-perceval-androlinklater-review

„Morderstwo... O mój Boże!"[111] Następnie zmarł w ciągu kilku minut. Cztery dni później Bellingham stanął przed sądem w Old Bailey (Wysoki Sąd Karny). Proces trwał trzy dni. Wniosek o uznanie za niepoczytalnego został odrzucony. Krótki czas trwania procesu wynikał prawdopodobnie z konieczności zapobieżenia ujawnieniu jakichkolwiek niewygodnych informacji. Jak to zwykle bywa w przypadku tego typu zabójstw politycznych, teorię „samotnego zabójcy" należało za wszelką cenę utrzymać. 18 maja 1812 roku Bellingham został powieszony.

Zabójstwo brytyjskiego premiera **Spencera Percevala** przez zabójcę Rothschilda, Johna Bellinghama.

Kilka tygodni po zabójstwie Percevala uchylono dekret zakazujący państwom handlu z Francją.

W Izbie Reprezentantów Stanów Zjednoczonych Henry Clay, który był masonem, przewodził grupie młodych Demokratów-Republikanów znanych jako „Jastrzębie Wojenne". Głosowanie nad deklaracją wojny odbyło się 1er czerwca 1812 r. stosunkiem głosów 79 do 49, przy czym 39 federalistów odmówiło poparcia ustawy. W Senacie wynik głosowania wyniósł 19 do 13 na jej korzyść. Ponieważ nie było jednomyślności, krytycy często określali tę opozycję mianem

[111] M. Gillen, *Assassination of the Prime Minister: the shocking death of Spencer Perceval*, Sidgwick & Jackson, Londyn, 1972, s. 185.

„wojny pana Madisona".

W Anglii następca Percevala, lord Liverpool, był gorącym zwolennikiem wojny. Jednak żadna ze stron konfliktu nie osiągnęła swoich celów, z wyjątkiem Nathana Rothschilda, który zrealizował swój plan utworzenia Drugiego Banku Stanów Zjednoczonych 10 kwietnia 1816 r. Kiedy ponad dwa lata później, 24 sierpnia 1814 r., działania wojenne ustały, odnotowano ponad 24 000 ofiar. Wojna była bardzo kosztowna dla Stanów Zjednoczonych pod względem finansowym. Spowodowała ogromny dług wojenny w wysokości 105 milionów dolarów, co należy porównać z ówczesną liczbą ludności wynoszącą zaledwie osiem milionów. W rezultacie dług publiczny wzrósł o 182%, z 45 mln dolarów w 1812 r. do 127 mln dolarów w 1815 r. Pokój został podpisany w Gandawie w Belgii 24 grudnia 1814 r.

Drugi Bank Stanów Zjednoczonych dysponował kapitałem w wysokości 35 milionów dolarów. Bank natychmiast otworzył wiele oddziałów, aby udzielać pożyczek pieniężnych z oprocentowaniem składanym. W 1822 roku prezydent James Monroe mianował Nicholasa Biddle'a prezesem banku.

Biddle nawiązał wcześniej kontakt z Rothschildami podczas wizyty rządowej w Paryżu w 1804 roku, kiedy pełnił funkcję sekretarza delegata ministerialnego Stanów Zjednoczonych we Francji, Johna Armstronga. Jako prezes banku służył jako wierny sługa Jamesa de Rothschilda, który był głównym inwestorem banku.[112]

[112] Patrick Carmack, Bill Still, *The Money Masters: How International Bankers Gained Control of America* (Film, 1998), tekst tutaj: http://users.cyberone.com.au/myers/money-masters.html

„Prezydent Ludu", **Andrew Jackson**, który przeżył próbę zamachu, zanim zawetował ustawę, która zezwoliłaby na przedłużenie statutu Drugiego Banku Stanów Zjednoczonych, należącego do Rothschildów.

Sztucznie wywołana recesja gospodarcza w latach 1819–1821 była bardzo opłacalna dla bankierów, ponieważ udało im się kupić aktywa po okazyjnych cenach. To właśnie przekonało przywódcę Demokratów, Andrew Jacksona, że jedynym sposobem na położenie kresu tym nadużyciom jest zamknięcie banku centralnego. Podczas kampanii przed reelekcją w 1832 roku oświadczył: „potwór musi zginąć”[113], a jego głównym hasłem było: „GŁOSUJ NA ANDREWA JACKSONA – ŻADNEGO BANKU”. Stwierdził: „Jeśli Kongres ma konstytucyjne prawo do emisji papierowych pieniędzy, powinien z niego korzystać samodzielnie, a nie przekazywać tę kluczową prerogatywę osobom prywatnym lub korporacjom”.[114] Stwierdził również: „Gdyby tylko naród amerykański zrozumiał skalę niesprawiedliwości naszego systemu bankowego i monetarnego, do jutra rano wybuchłaby rewolucja”.

Pomimo zamachu na jego życie, dokonanego 30 stycznia 1835 r. przez agenta Rotszylda, Richarda Lawrence'a, kiedy w 1836 r. nadszedł czas odnowienia 20-letniej koncesji Drugiego Banku Stanów Zjednoczonych, Jackson doprowadził bank do upadłości, wycofując z niego wszystkie rządowe depozyty. Szybko spłacił w całości dług publiczny, pozostawiając w skarbcu nadwyżkę w wysokości 50 milionów dolarów. Bank centralny został zastąpiony przez niezależny system skarbowy oparty na papierowych pieniądzach i gotówce.

W trakcie kadencji Johna Tylera (1841–1845) Kongres podjął dwie próby, przy wsparciu byłego przewodniczącego Izby Reprezentantów, Henry'ego Claya, odnowienia statutu Banku Stanów Zjednoczonych. Clay, który został Wielkim Mistrzem Loży Kentucky ([115]), był kolejnym znanym agentem pozostającym pod wpływem Rotszyldów. Tyler zawetował oba projekty, po czym został zasypany setkami listów z groźbami śmierci.[116]

Przez kolejne 77 lat Stany Zjednoczone rozwijały się bez potrzeby posiadania jakiegokolwiek banku centralnego. Środki płatnicze opierały się głównie na banknotach

[113] R. V. Remini, *Andrew Jackson*, Twyne Publishers Inc., Nowy Jork, 1966, s. 158.
[114] R. E. Search, op. cit., s. 43.
[115] Aby zapoznać się z analizą masonerii, zob. J. Robison: „*Proof of a Conspiracy against all the Religions and Governments of Europe, carried on in the Secret Meetings of Freemasons, Illuminati, and Reading Societies, collected from Good Authorities*”, Western Islands, Belmont, Massachusetts, 1967 (wydane po raz pierwszy w 1798 r.), s. 304.
[116] O. P. Chitwood, *John Tyler Champion of the Old South*, Russell & Russell, 1964, (wydane po raz pierwszy w 1939 r.), s. 249-251.

emitowanych bez zadłużenia i bez odsetek przez Skarb Państwa, tzw. „greenbackach"[117], po raz pierwszy wprowadzonych przez prezydenta Abrahama Lincolna w 1862 r. w celu sfinansowania wydatków wojskowych podczas wojny secesyjnej, a także na monetach złotych i srebrnych.[118] (Do 1873 r. złoto i srebro mogły być bezpłatnie bite w postaci monet we wszystkich mennicach amerykańskich – US mint.) Po odrzuceniu ofert prywatnych bankierów dotyczących pożyczek dla rządu Stanów Zjednoczonych przy oprocentowaniu wynoszącym od 24% do 36% rocznie,[119] Lincoln, za radą swojego przyjaciela, pułkownika Dicka Taylora[120], wyemitował 347 milionów dolarów w gotówce, bez żadnych dodatkowych kosztów dla Amerykanów poza ceną druku i dystrybucji. Nieufność Lincolna wobec Lionela Rothschilda i jego wuja Jamesa doprowadziła do jego zamachu w nocy 15 kwietnia 1865 r. przez Johna Wilkesa Bootha[121] (prawdziwe nazwisko Botha) na zlecenie lokalnego agenta Rothschilda o nazwisku Rothberg.

Wojna secesyjna (1861-1865) pozostawiła rząd USA z długiem wynoszącym 5 miliardów dolarów. Z powodu inflacji bony te były warte już tylko 2,5 miliarda dolarów. Dużą część tych bonów nabył agent Rothschilda, Auguste Belmont[122], w nadziei na ich realizację po wartości nominalnej w złocie. Podczas wyborów prezydenckich w 1868 r. kandydat Partii Demokratycznej, George H. Pendleton, zobowiązał się wyłącznie do spłaty w papierowych pieniądzach. Wkrótce został on zastąpiony przez Horatio Seymoura z inicjatywy Belmonta, który w 1860 r. objął kierownictwo Krajowego Komitetu Partii Demokratycznej. Seymour obiecał spłatę w

---

[117] Rząd Konfederacji emitował własną walutę bez długu i odsetek, zwaną „graybacks". Nie odniosła ona jednak sukcesu, ponieważ rząd Unii wyprodukował duże ilości fałszywych banknotów.

[118] *R. E. Search, op. cit., s. 67.*

[119] *Appleton Cyclopedia*, 1861, s. 286.

[120] W liście napisanym 16 grudnia 1864 r. Lincoln podziękował pułkownikowi Taylorowi za jego wspaniały pomysł. Zob. załącznik.

[121] R. E. Search, op. cit., s. 114–131. Booth był znany z tego, że mówił „językiem hebrajskim" i często uczęszczał na nabożeństwa w synagodze.

[122] Urodzony jako Schönberg w Alzey w Niemczech. Zob. również N. Ferguson, *The House of Rothschild, Money's Prophets 1798–1848*, tom 1, Penguin Books, Londyn, 1999, s. 370–375.

gotówce. Jednak gdy konwencja przyjęła uchwałę popierającą papierowe pieniądze, Belmont został zmuszony do zmiany stanowiska i poparcia republikańskiego kandydata, generała Ulyssesa S. Granta, a także do wykorzystania swoich udziałów w gazecie „*New York World*" w celu oczerniania Seymoura i podważania jego szans na wybór. Grant wygrał wybory prezydenckie i rozpoczynając swoją kadencję w 1869 roku, szybko wprowadził ustawę Public Credit Act, która regulowała spłatę wartości nominalnej 5 miliardów dolarów bonów skarbowych w złocie. Pozwoliło to Rothschildowi i jego wspólnikom osiągnąć 100-procentowy zysk.

Standard srebrny został zniesiony i zastąpiony standardem złotym na mocy ustawy Coinage Act z 1873 r. 17 stycznia 1873 r. ustawa ta została przegłosowana przez Senat. Zgodnie z zeznaniem pod przysięgą pana Fredericka A. Luckenbacha z dnia 9 maja 1892 r. dowiedział się on od pana Ernesta Seyd w Londynie, że demonetyzacja amerykańskiego srebra została wyraźnie nakazana przez gubernatorów Banku Anglii, którzy ponadto wydali 100 000 funtów (500 000 dolarów) na przekupienie wystarczającej liczby członków amerykańskiego Kongresu zajmujących się kwestiami finansowymi.[123] Ten haniebny czyn znany jest pod nazwą „Zbrodni z 1873 roku".

Wymuszone porzucenie srebrnej waluty ludowej zostało również zorganizowane w Cesarstwie Niemieckim, kiedy to rząd w niewytłumaczalny sposób zaprzestał bicia srebrnych *talarów* w 1871 roku. Nie ma wątpliwości, że był to zsynchronizowany plan koordynowany przez Rotszyldów, mający na celu dalsze umocnienie standardu złota.[124]

---

[123] Tamże, s. 66–68. Wydarzenie to zostało później opisane w powieści W. H. Harveya, Coin Publishing Company, 1894. „Istotą spisku jest fakt, że londyńscy bankierzy, którzy byli Żydami, postanowili zniszczyć Stany Zjednoczone poprzez manipulacje walutowe". W *powieści A Tale of Two* Nations historia ta przedstawiona jest w formie melodramatu, w którym centralną postacią jest B. Rothe – imię, którego znaczenie nie zostało zapomniane przez pokolenie, które słyszało wiele o niecnych czynach Rotszyldów. Dla własnej korzyści Rothe postanawia, że aby uniemożliwić Ameryce osiągnięcie finansowej potęgi, musi doprowadzić do demonetyzacji pieniądza metalowego. » R. Gollam, *The Commonwealth Bank of Australia: Origins and Early History*, Australian National University Press, Canberra, 1968, s. 45-46.

[124] Zob. *Official Proceedings of the Democratic National Convention*, które odbyło się w

Standard złota sprowadził spustoszenie na amerykańską gospodarkę i pozwolił prywatnym bankierom odmawiać udzielania kredytów oraz ograniczać podaż pieniądza według własnego uznania. W rezultacie doszło do serii paniki i nienormalnych run na banki w latach 1873, 1884, 1890-91, 1893-94, 1897, a następnie w 1903 i 1907 roku.[125] Te sztucznie wywołane paniki bankowe tak rozgniewały prezydenta Jamesa Abrama Garfielda, że wkrótce po objęciu urzędu 4 marca 1881 r. wygłosił on w połowie czerwca tego samego roku oświadczenie, w którym wyjaśnił, że zamierza rozwiązać ten problem:

> „Ten, kto kontroluje podaż pieniądza w kraju, jest absolutnym panem całego przemysłu i handlu… A kiedy uświadomicie sobie, że cały system jest bardzo łatwo kontrolowany, w taki czy inny sposób, przez mniejszość wpływowych ludzi na szczycie, nie trzeba wam mówić, skąd biorą się okresy inflacji i depresji”.[126]

Chicago, Illinois, w dniach 7, 8, 9, 10 i 11 lipca 1896 r., (Logansport, Indiana, 1896), str. 226–234, gdzie były kongresman William Jennings Bryan wygłosił swoje słynne przemówienie o *Złotym Krzyżu*: „… Odpowiemy na ich żądanie wprowadzenia standardu złota, mówiąc: nie możecie wbić tej korony cierniowej w czoło świata pracy. Nie wolno wam krzyżować ludzkości na złotym krzyżu”.

[125] C. A. Lindbergh, *The Economic Pinch (Lindbergh on the Federal Reserve)*, The Noontide Press, Costa Mesa, Kalifornia, 1989, (pierwsze wydanie w 1923 r.), s. 93–94.

[126] E. H. Brown, *The Web of Debt, The Shocking Truth About Our Money System and How We Can Break Free*, Third Millenium Press, Baton Rouge, Luizjana, 2008, s. 96.

Prezydent **James Abram Garfield** (po prawej) zastrzelony przez „samotnego zabójcę", Charlesa J. Guiteau, na dworcu Central Station w Waszyngtonie, 2 lipca 1881 r. W środku stoi sekretarz stanu James Blaine.

Dwa tygodnie później Garfield został zastrzelony przez „samotnego zabójcę", Charlesa J. Guiteau, który później uzasadnił swój czyn pretensjami dotyczącymi awansu na stanowisko dyplomatyczne. Garfield nie zginął od razu, ale w wyniku niewłaściwej opieki medycznej, która została mu udzielona, najprawdopodobniej celowo; umierał w agonii aż do śmierci 19 września 1881 roku. Podczas procesu ujawniono ukryty wpływ Rothschilda, gdy Guiteau wykrzyknął, że „ważni ludzie w Europie powierzyli mu to zadanie i obiecali chronić go, gdyby kiedykolwiek został złapany".[127]

Panika z 1907 roku miała katastrofalne skutki. Już na początku 1907 roku Jacob Schiff, dyrektor generalny Kuhn, Loeb & Co., ostrzegł: „O ile nie powstanie bank centralny sprawujący odpowiednią kontrolę nad kredytami, kraj ten doświadczy najpoważniejszej paniki monetarnej, jaką kiedykolwiek widziała historia". "[128] W październiku tego samego roku J. P. Morgan, kolejny słup Rothschilda, wywołał panikę, rozpowszechniając plotkę, że jego rywal, Knickerbocker Bank and Trust Co., jest niewypłacalny. Podczas następującego po

127 http://en.wikipedia.org/wiki/James_A._Garfield
128 Przemówienie wygłoszone w Izbie Handlowej w Nowym Jorku.

tym krachu akcje straciły 50% swojej wartości na nowojorskiej giełdzie. Konsekwencjami tej celowej paniki był 11-procentowy spadek produkcji przemysłowej w następnym roku, 26-procentowy wzrost importu oraz gwałtowny wzrost stopy bezrobocia z 3% do 8%. To właśnie te nieustanne fazy ożywienia i recesji, inflacji i deflacji dostarczyły motywacji i pretekstu do utworzenia banku centralnego, który rzekomo miał rozwiązać wszystkie te problemy raz na zawsze.

UTWORZENIE REZERWY FEDERALNEJ STANÓW ZJEDNOCZONYCH

Aby zmylić opinię publiczną, przedstawiono dwie „alternatywy". Jedną z nich popierała Krajowa Komisja Monetarna pod przewodnictwem senatora Nelsona Aldricha (dziadka Nelsona Aldricha Rockefellera), znaną jako Plan Aldricha. Drugie rozwiązanie, przyjęte przez Specjalny Komitet Monetarny Izby Handlowej w Nowym Jorku, znajdowało się pod kierownictwem Paula Warburga, niemiecko-żydowskiego bankiera, który działał w imieniu interesów Rotszyldów, reprezentowanych przez barona Alfreda Rotszylda. Był on znany jako Plan Wall Street. Poza kwestią podziału rezerw oba plany były identyczne pod każdym względem i miały na celu wyłącznie utworzenie centralnego banku rezerwowego.

22 listopada 1910 r. spiskujący bankierzy, w tym między innymi: A. Piatt, zastępca sekretarza skarbu, Frank Vanderlip, prezes National City Bank of New York, Henry P. Davidson, główny wspólnik JP Morgan and Co., Charles D. Norton, prezes First National Bank of New York, Benjamin Strong, wiceprezes Bankers Trust of New York, oraz Paul Moritz Warburg, wspólnik Kuhn, Loeb & Co., potajemnie opuścili Nowy Jork w wagonie Pullmana należącym do Aldricha (z opuszczonymi roletami), wyruszając z Hoboken, stacji kolejowej w New Jersey, w kierunku wyspy Jekyll w stanie Georgia.[129] Los narodu amerykańskiego miał zostać rozstrzygnięty w ciągu następnych dziesięciu dni w bardzo ekskluzywnym Klubie Łowieckim na wyspie Jekyll, należącym do JP Morgana, przez tę grupę finansistów o zbrodniczych zamiarach, nazywającą się Klubem Imion. Rzeczywiście, używano wyłącznie imion, aby nie ujawniać swojej tożsamości pracownikom.[130]

---

[129] H. S. Kenan, *The Federal Reserve Bank*, The Noontide Press, Los Angeles, 1968, s. 92-99.
[130] Tamże, s. 104.

W Izbie Reprezentantów Amerykanin szwedzkiego pochodzenia **Charles Auguste Lindbergh** zaatakował ustawę bankową i monetarną, nazywając ją „największą zbrodnią legislacyjną wszech czasów".

Ustawa o utworzeniu Rezerwy Federalnej Stanów Zjednoczonych była zaciekle zwalczana przez członka Kongresu, Charlesa Auguste'a Lindbergha, który oświadczył:

> „Ustawa ta ustanawia największy monopol na ziemi, taki, który zostałby rozwiązany na mocy ustawy antymonopolowej Shermana, gdyby Kongres nie stworzył go wyraźnie poprzez tę ustawę, co było zabronione przez to ustawodawstwo. Kiedy prezydent podpisze tę ustawę, niewidzialny rząd władzy monetarnej, którego istnienie zostało udowodnione w dochodzeniu Pujo, zostanie zalegalizowany. Największym przestępstwem Kongresu jest jego system

monetarny. Ta nowa ustawa bankowa i monetarna jest największym przestępstwem legislacyjnym wszech czasów".[131]

Ustawa wywołała również silny sprzeciw w Senacie, wyrażony przez senatora Roberta M. La Follette'a, jednego z jej „najzagorzalszych przeciwników".[132] Niemniej jednak ustawa została przyjęta 23 grudnia 1913 r., po tym jak członkowie Senatu zostali zagrożeni przez mało godnego szacunku prezydenta Woodrowa Wilsona, „równie pozbawionego etyki i zasad, co moralności",[133], który postanowił przedłużyć sesję do czasu uchwalenia ustawy, odmawiając im świątecznego urlopu. Tylko mniejszość 43 senatorów głosowała za ustawą, 25 było przeciw, 27 wstrzymało się od głosu, a 5 członków było nieobecnych. Zwolennicy tej ustawy obiecali, że dolar amerykański stanie się stabilną walutą, a cykle recesji odejdą w przeszłość.

W tym kontekście, od momentu utworzenia Rezerwy Federalnej Stanów Zjednoczonych w 1914 r. dolar amerykański stracił 97% swojej siły nabywczej, a kraj doświadczył 19 recesji, wielkiego kryzysu w latach 30. oraz obecnego wielkiego kryzysu, który rozpoczął się w 2008 roku i który, pomimo propagandy rozpowszechnianej przez oficjalne media, wykazuje wszystkie symptomy depresji. Od 1910 r. dług publiczny wzrósł z 2,65 mld dolarów do 17,5 bln dolarów w 2014 r., podczas gdy zobowiązania nieobjęte rezerwami przekraczają 240 bln dolarów.[134]

Zamiast działać jako bankier bankierów ludu, Rezerwa Federalna Stanów Zjednoczonych prowadziła swoją działalność jak prywatny bank, z korzyścią wyłącznie dla prywatnych bankierów. Fakt, że w ciągu 100 lat istnienia jej księgi nigdy nie były przedmiotem publicznej kontroli, nie jest

[131] *The Senate,* tom 51, listopad 1912 r.

[132] E. M. Josephson, *The „Federal" Reserve Conspiracy & Rockefellers,* Chedney Press, Nowy Jork, 1968, s. 52.

[133] Tamże, s. 43. Prezydent Wilson padł ofiarą żydowskiego szantażu. Zob. M. C. Piper, *The Making of Woodrow Wilson – An American Hero? The Barnes Review,* Waszyngton, tom VI, nr 2, marzec/kwiecień 2000, s. 6–12.

[134] http://www.thecommonsenseshow.com/2014/08/05/the-statistics-do-not-liewelfare-is-the-best-paying-entry-level-job-in-35-states/

zaskakujący.[135]

Poniższa lista przedstawia głównych udziałowców banku:[136]

Banki Rothschildów w Londynie i Paryżu
Bank Braci Lazard w Paryżu
Bank Israel Moïse Sieff z Włoch
Banki Warburg w Hamburgu i Amsterdamie
Bank Shearson American Express
Bank Goldman Sachs w Nowym Jorku
Bank JP Morgan Chase[137]

[135] 25 lipca 2012 r. kongresman Ron Paul (republikanin z Teksasu) złożył wniosek o przeprowadzenie publicznej kontroli, który został przyjęty 327 głosami przeciwko 98. Jak zauważył wówczas: „Uważam, że fakt, iż oni [Rezerwa Federalna] mogą zarządzać bilionami dolarów i wiedzą, że nikt nie ma prawa zadawać im żadnych pytań, stanowi ryzyko moralne. Niniejszy wniosek ma na celu wyeliminowanie tego ryzyka". *USA Today*, sekcja polityczna.

[136] Ród Rothschildów jest obecnie większościowym udziałowcem, posiadającym 58% udziałów. Zob. E. Mullins, *Les Secrets de la Réserve Fédérale,* Retour aux sources.

[137] 20 czerwca 1992 r. JP Morgan przejął Manufacturers Hanover Trust wraz z jego udziałami w Rezerwie Federalnej.

Senator **Robert Marion** „Fighting Bob" **La Folette**, który zrobił wszystko, co było w jego mocy, aby zapobiec uchwaleniu ustawy bankowej i monetarnej oraz planowanemu zniewoleniu narodu amerykańskiego.

PAŃSTWOWY BANK IMPERIUM ROSYJSKIEGO

Bank Państwowy Imperium Rosyjskiego przy ulicy Nelinnaya 12 w Moskwie. W tym samym budynku mieści się obecnie Bank Centralny Federacji Rosyjskiej.

W tym samym czasie, po drugiej stronie Atlantyku, przyjęto inny system finansowy, a mianowicie Bank Państwowy. Od września 1814 r. do czerwca 1815 r. odbywał się Kongres Wiedeński, którego celem było rozstrzygnięcie kwestii wynikających z wojen rewolucji francuskiej, wojen napoleońskich oraz rozwiązania Świętego Cesarstwa Rzymsko-Niemieckiego. Za kulisami Nathan Mayer Rothschild zaproponował utworzenie nowego porządku światowego skupionego wokół jego banków centralnych. Wszystkie najważniejsze mocarstwa, z wyjątkiem Rosji, były zadłużone wobec banków Rothschildów. Car Aleksander I (1801–1825) odmówił podporządkowania się diabelskiemu planowi Rothschildów i doprowadził do jego upadku. Zamiast tego zawarł Święty Sojusz między Austrią, Prusami i Rosją, który został podpisany 26 września 1815 r. przez cesarza Franciszka [I]Austriackiego, króla Fryderyka Wilhelma III Pruskiego i cara Aleksandra. Odrzucił również propozycję utworzenia banku centralnego w Rosji, którą przedstawił mu Rothschild. Historia nie podaje, czy nie miał zaufania do tego bankiera działającego w cieniu, czy też po prostu był świadomy zagrożeń związanych z systemem bankowości centralnej, ale mądrze odrzucił tę propozycję. Jednak to ostrożne zachowanie wywołało mściwy i nieubłagany gniew Rothschildów, którzy według generała majora hrabiego Cherep-Spiridovicha[138] doprowadzili do zamordowania pięciu ostatnich carów i 102 lata później w spektakularny sposób dokonali talmudycznej zemsty.

12 czerwca 1860 r. założono Państwowy Bank Imperium Rosyjskiego[139] w celu pobudzenia dochodów handlowych i wzmocnienia systemu monetarnego. Do 1894 r. był to jedynie organ pomocniczy pod bezpośrednią kontrolą Ministerstwa Finansów. W tym roku został przekształcony w bankiera bankierów i stał się narzędziem polityki gospodarczej rządu. Bijał i drukował monety oraz banknoty kraju, regulował podaż pieniądza i poprzez sieć banków komercyjnych udzielał przemysłowi i handlu kredytów o niskim oprocentowaniu. Jej ogromne rezerwy złota, największe na świecie, przewyższały wartość wyemitowanych banknotów o ponad 100%, z wyjątkiem roku 1906. W 1914 roku stała się jedną z najbardziej wpływowych instytucji kredytowych w Europie.[140] Jak można się było spodziewać, Rosja miała najniższy dług publiczny na świecie. Poniższa tabela przedstawia kwotę długu na mieszkańca w rublach dla każdego kraju.

Francja	Wielka Brytania	Niemcy	Rosja
288,0	169,8	135,6	58,7

W 1914 r. 83% odsetek i spłat długu publicznego, z czego mniej niż 2% znajdowało się w rękach zagranicznych, finansowano z zysków rosyjskich kolei państwowych. W

[138] Generał dywizji hrabia A. Cherep-Spiridovich, *The Secret World Government or „The Hidden Hand"*, The Anti-Bolshevist Publishing Association, Nowy Jork, 1926, s. 41. Żaden z tych carów nie osiągnął dojrzałego wieku. Ich średnia długość życia wynosiła 53 lata. Zob. również S. Goodson, Zabójstwo carów: powiązania z Rothschildami, *The Barnes Review*, Waszyngton, tom XX, nr 5, wrzesień/październik 2014 r., s. 38–40.
[139] A. Del Mar, *Money and Civilization: Or a History of the Monetary Laws and Systems of Various States Since the Dark Ages, and their Influence upon Civilization*, Omnia Publications, Hawthorne, Kalifornia, 1975 (wydane po raz pierwszy w 1886 r.), s. 313.
[140] Bank Państwowy Imperium Rosyjskiego, Bank Centralny Federacji Rosyjskiej, ul. Neglinnaya 12, Moskwa 107016.

latach 1916 całkowita długość głównych linii wynosiła 100 817 wiorst lub kilometrów. Rosyjski tonaż handlowy wynosił 11 130 000 w 1910 r., przewyższając brytyjski tonaż handlowy, który wynosił 10 750 000.

[141]W 1861 roku car Aleksander II (1855-1881) zniósł pańszczyznę, która w tym czasie dotyczyła 30% ludności. W 1914 r. bardzo niewiele ziemi pozostało w rękach rosyjskich właścicieli ziemskich, którzy wywodzili się głównie ze szlachty. 80% gruntów ornych znajdowało się w rękach chłopów, którym zostały one przekazane za bardzo niewielką kwotę. Ziemie te były własnością gminy wiejskiej, tzw. *miru*. Jednak po uchwaleniu przez Stołypina w 1906 r. ustawy[142] chłopi mogli uzyskać tytuły własności wraz z prawami dziedziczenia. W 1913 r. dwa miliony rodzin skorzystało z tej możliwości, nabywając gospodarstwa znane pod nazwą „gospodarstwa Stołypina". Komisja ds. gruntów przydzieliła tym chłopom-właścicielom prawie 7 689 027 hektarów.[143] Państwowy Bank Chłopski, który w tamtych czasach opisywano jako „najbardziej korzystną społecznie instytucję nabywania gruntów na świecie",[144] udzielał pożyczek o obniżonych stopach procentowych, które w rzeczywistości były niczym innym jak opłatami za zarządzanie. W latach 1901–1912 wartość tych pożyczek wzrosła z 222 mln rubli do 1,168 mld rubli. Produkcja rolna gwałtownie wzrosła, do tego stopnia, że w 1913 r. Rosja stała się spichlerzem świata, jak pokazuje poniższa tabela.

	Produkcja światowa	Produkcja rosyjska	%
Jęczmień	1 771,4	750,04	42,3

[141] 13 marca 1881 roku car Aleksander II został zamordowany w Sankt Petersburgu przez członków żydowskiej organizacji terrorystycznej „*Narodnaja Wola*" (Wola Ludu).
[142] Piotr Arkadiewicz Stołypin (1862–1911) był premierem Rosji w latach 1906–1911. 18 września 1911 r. został zamordowany przez żydowskiego terrorystę Dmitrija Bogrowa (prawdziwe nazwisko: Mordechaj Gerszkowicz).
[143] G. Buchanan, *My Mission to Russia and Other Diplomatic Memories*, Cassell and Company Limited, Londyn, 1923, s. 161.
[144] G. Knupffer, *The Struggle for World Power, Revolution and Counter-Revolution*, The Plain-Speaker Publishing Company, Londyn, 1971, s. 230.

Owies	3 324,6	1 087,00	30,3
Żyto	2 378,0	1 593,00	67,0
Pszenica	4 971,4	1 554,80	31,2

Rosyjska produkcja zbóż przewyższała o 25% łączne zbiory Argentyny, Kanady i Stanów Zjednoczonych. W 1913 r. Rosja posiadała 37,5 mln koni – ponad połowę światowej populacji koniowatych. Produkowano tam również 80% światowej produkcji lnu i dostarczano ponad 50% światowego importu jaj. Górnictwo i produkcja przemysłowa również przynosiły ogromne zyski. W latach 1885–1913 produkcja węgla wzrosła z 259,6 mln pudów[145] do 2,159 mln pudów, produkcja surówki wzrosła z 25 mln funtów w 1890 r. do 1,378 mln funtów w 1913 r., a produkcja ropy naftowej wzrosła z 491,2 mln funtów w 1906 r. do 602,1 mln funtów w 1916 r. W latach 1870–1914 w Wielkiej Brytanii roczna produkcja przemysłowa wzrosła o 1%, w porównaniu z 2,75% w Stanach Zjednoczonych i 3,5% w Rosji. W latach 1890–1913 aktywność przemysłowa wzrosła czterokrotnie, a produkcja rosyjska zaspokajała 80% krajowego popytu na wyroby przemysłowe – co stanowi doskonały przykład samowystarczalności gospodarczej. Przez ostatnie 20 lat pokojowych rządów imperialnych (1895–1914) produkt krajowy brutto rósł średnio o 10% rocznie.

Ponieważ Rosyjski Bank Państwowy tworzył pieniądze dla ludu z niczego przy oprocentowaniu bliskim 0%; w przeciwieństwie do reszty świata, gdzie pasożytnicze prywatne banki centralne tworzą pieniądze swoich narodów, naliczając rujnujące lichwiarskie odsetki, nie jest zaskakujące, że Rosja w 1912 roku była krajem o najniższym poziomie opodatkowania na cał. Te bardzo niskie podatki świadczą również o poziomie efektywności ówczesnego rządu rosyjskiego. Ponadto w całym okresie funkcjonowania państwowego systemu bankowego nie odnotowano inflacji ani bezrobocia.

[145] 1 pud = 16,38 kg

Podatki bezpośrednie w rublach na mieszkańca

	Podatki państwowe %	Podatki lokalne %	Razem %
Wielka Brytania	10,01	16,74	26,75
Niemcy	5,45	7,52	12,97
Francja	6,44	5,91	12,35
Austria	5,12	5,07	10,19
Rosja	1,28	1,38	2,66

Podatki pośrednie w rublach na mieszkańca

	Podatki państwow e %	Podatki lokalne %	Razem %
Wielka Brytania	13,86	-	13,86
Niemcy	9,31	0,33	9,64
Francja	13,11	2,89	16,00
Austria	9,9	1,38	11,28
Rosja	5,95	0,03	5,98

W latach 1897–1913 dochody państwa wzrosły z 1 400 mln rubli złota[146] do 3 471 mln rubli złota. W 1914 r. nadwyżka budżetowa wyniosła 512 mln rubli złota, i to bez podwyżki podatków. W tym samym okresie bilans handlu zagranicznego wykazywał nadwyżkę. Kondycję finansową rosyjskiej gospodarki można ocenić, analizując poniższą tabelę porównawczą rezerw złota.

Rezerwy złota

	Złoto	Banknoty

[146] 1 rubel = dwa złote szylingi; 9,4 rubla = 1 funt.

Bank Państwowy Imperium Rosyjskiego	1,550	1 494
Bank Francji (bank centralny)	1 193	2 196
Reichsbank (bank centralny)	411	930
Bank Anglii (bank centralny)	331	263

Niezależne badanie przeprowadzone przez brytyjskich prawników wykazało, że rosyjski kodeks prawny i system sądowniczy były „najbardziej zaawansowane i bezstronne na świecie".[147]

[147] G. Knupffer, op. cit., s. 139–140.

Jego Cesarska Mość, car **Mikołaj II**. Jego Państwowy Bank Imperium Rosyjskiego zapewnił ludowi dobrobyt niespotykany w historii ludzkości.

Edukacja podstawowa była obowiązkowa i bezpłatna aż do poziomu uniwersyteckiego, gdzie pobierano jedynie opłaty za naukę. W latach 1906–1914 otwierano 10 000 szkół rocznie. Rosyjskie uniwersytety cieszyły się światową renomą dzięki wysokim standardom akademickim.

Rosjanie byli pionierami w dziedzinie prawa pracy. Praca dzieci została zniesiona ponad 100 lat przed jej zniesieniem w Wielkiej Brytanii w 1867 roku. Rosja była pierwszym uprzemysłowionym krajem, który uchwalił przepisy ograniczające czas pracy w fabrykach i kopalniach. Strajki, które były zakazane w Związku Radzieckim, były dozwolone, ale rzadko się zdarzały za czasów cara. Prawa związkowe zostały uznane w 1906 roku, a inspekcja pracy ściśle kontrolowała warunki pracy w fabrykach. W 1912 r. wprowadzono ubezpieczenie społeczne. Ustawodawstwo pracy było tak zaawansowane i humanitarne, że prezydent Stanów Zjednoczonych William Taft stwierdził: „Cesarz Rosji ogłosił ustawodawstwo dotyczące pracowników, które jest bliższe doskonałości niż w jakimkolwiek innym demokratycznym kraju".[148]

Ludy różnych ras żyjące w Imperium Rosyjskim cieszyły się równością statusu i szans, jakiej nie ma nigdzie indziej we współczesnym świecie. Jego Cesarska Mość, car Mikołaj II (1894–1917) i jego bank państwowy stworzyli raj dla robotników, jakiego nie ma w historii ludzkości.

7 listopada 1917 r. Rotszyldowie, obawiając się, że powielenie tego niezwykłego modelu wolności i dobrobytu zagrozi ich złowrogiej bankowej imperii, sprowokowali i sfinansowali żydowsko-bolszewicką rewolucję w Rosji,[149], która spustoszyła i zrujnowała ten cudowny kraj oraz spowodowała śmierć poprzez morderstwa i głód – według Aleksandra Sołżenicyna – 66 milionów niewinnych ludzi.[150]

[148] Tamże, s. 142.

[149] Winston Churchill, *Syjonizm kontra bolszewizm, walka o duszę narodu żydowskiego, Sunday Illustrated Herald,* 8 lutego 1920 r. Churchill definiował rewolucję jako: „światowy spisek mający na celu obalenie cywilizacji i przebudowę społeczeństwa w oparciu o zastój rozwoju, złośliwą zazdrość i niemożliwą równość, [...] który nieustannie się rozrastał... Była ona siłą napędową wszystkich ruchów wywrotowych w XIX wieku; a obecnie ta banda niezwykłych osobowości z najniższych warstw społecznych wielkich miast Europy i Ameryki chwyciła naród rosyjski za włosy i stała się praktycznie niekwestionowanymi panami tego ogromnego imperium".

[150] Według szwajcarskiego historyka Jürgena Grafa, Sołżenicyn posłużył się danymi statystyka, który oszacował liczbę ofiar śmiertelnych na 66 milionów. W *magazynie „The American Hebrew"* z 10 września 1920 r. napisano: „Rewolucja bolszewicka w Rosji była

JAK ROTSZYLDOWIE STWORZYLI ZWIĄZEK RADZIECKI I PRZEJĘLI NAD NIM KONTROLĘ

W swojej książce *Wall Street i rewolucja bolszewicka*[151] autor i profesor Antony Sutton, korzystając z dokumentów pochodzących z Departamentu Stanu oraz archiwów amerykańskich bankierów międzynarodowych, szczegółowo opisuje „entuzjastyczny sojusz między Wall Street a socjalizmem marksistowskim "[152] Bez kluczowego wsparcia finansowego ze strony J.P. Morgan Guaranty Trust Company, Chase National Bank Johna D. Rockefellera, Kuhn Loeb and Company Jacoba Schiffa oraz szwedzkiego Nya Banken[153] Olofa Aschberga, rewolucja żydowsko-bolszewicka nie mogłaby się powieść.

Rola Maksima Litwinowa (1876–1951) jest szczególnie interesująca w kontekście finansowania rewolucji. Urodzony jako Meyer-Genokh Mojsjewicz Wallach-Finkelstein, był „rewolucjonistą", który uczestniczył w zniszczeniu carskiej Rosji, aby przekazać ją międzynarodowym bankierom.

Litwinow rozpoczął swoją karierę rewolucjonisty w 1898 roku. W 1901 roku został aresztowany i spędził 18 miesięcy w więzieniu, zanim uciekł. W 1903 r. powierzono mu fundusze przeznaczone na finansowanie i dystrybucję gazety Rosyjskiej Socjaldemokratycznej Partii, *„Iskry"*[154], która była drukowana w Londynie. W 1905 r. Litwinow otrzymał kolejne fundusze od „zagranicznych przyjaciół"[155], co pozwoliło mu na zakup broni – również pochodzącej z Londynu. Następnie Litwinow, znany również pod pseudonimem *Papasha* lub Papi[156], stał się

dziełem żydowskiego planowania i żydowskiego niezadowolenia. Naszym planem jest ustanowienie Nowego Porządku Świata. To, co tak wspaniale zadziałało w Rosji, stanie się rzeczywistością dla całego świata".

[151] A. C. Sutton, *Wall Street and the Bolshevik Revolution*, Arlington House Publishers, New Rochelle, Nowy Jork, 1981.

[152] Tamże, 16.

[153] W 1918 r. bank zmienił nazwę na Svensk Ekonomiebolaget.

[154] Rosyjskie słowo oznaczające iskrę.

[155] N. Starikov, *Rouble Nationalization The Way to Russia's Freedom*, Sankt Petersburg, Piter, 2013, 189.

[156] Tamże, 190.

punktem skupienia wszystkich zagranicznych funduszy i został mianowany skarbnikiem partii – decyzja, której Lenin nie mógł uniemożliwić, ponieważ Litwinow był przedstawicielem Rotszyldów, których władza przewyższała władzę Lenina. Ten ostatni został jedynie poinformowany o tej decyzji. Kilka miesięcy później, podczas spotkania w Genewie, Litwinow został wybrany sekretarzem ds. transportu zagranicznego. Lenin ponownie został poinformowany o tej decyzji. Litwinow nigdy nie był prawdziwym rewolucjonistą, ale raczej wykorzystywał bolszewizm jako pretekst do realizacji celów swoich panów.

W latach 1908–1918 Litwinow mieszkał w Londynie dzięki pomocy swoich „angielskich przyjaciół".[157] W tym okresie pełnił różne funkcje. Pracował dla wydawnictwa Williams and Norgate, a następnie dla biura podróży i sklepu z maszynami rolniczymi. Zajęcia te stanowiły dla niego idealną przykrywkę dla jego tajnych działań. W 1914 roku, wraz z wybuchem I wojny światowej, rząd rosyjski wezwał wszystkich swoich obywateli do powrotu do Rosji w celu wstąpienia do armii. Jednak władze brytyjskie zezwoliły Litwinowowi na pozostanie w kraju. W 1916 roku Litwinow poślubił córkę jednej z najbardziej szanowanych rodzin żydowskich: Ivy Low.

3 stycznia 1918 r. Litwinow został mianowany pełnomocnikiem Rosji Radzieckiej. Jednym z jego pierwszych zadań było wystąpienie z prośbą o przekazanie mu pieniędzy przechowywanych w Banku Anglii, należących do ambasady carskiej. Bank spełnił tę prośbę.

We wrześniu 1918 r. ujawniono spisek przeciwko bolszewikom, w który zamieszany był ambasador Robert Bruce Lockhart. Lockhart i Litwinow zostali aresztowani przez swoje rządy, a w ramach wymiany Litwinow powrócił do Moskwy. Jego nowym zadaniem było „zapewnienie szybkiego wywozu złota i cennych klejnotów z Rosji"[158] przez Skandynawię, pod przykrywką programu zakupu silników

[157] Tamże, 188.
[158] Tamże, 194.

parowych, znanego później jako „złote silniki". Jedna czwarta rezerw złota Rosji została przetransportowana do Szwecji, a następnie wysłana dalej. Nadszedł czas zapłaty dla Rotszyldów.

21 kwietnia 1921 r. Litwinow został mianowany członkiem Rady Komisarzy Ludowych ds. transakcji walutowych i sprzedaży złota za granicą. „Kilkaset milionów [rubli] naszego złota przeszło przez moje ręce, zanim zostało sprzedane za granicę. Większość tego złota sprzedawałem za pośrednictwem różnych pośredników dużym francuskim firmom, które przetapiały je we Francji lub w Szwajcarii, a następnie złoto to trafiało do swojego ostatecznego miejsca przeznaczenia – do skarbców amerykańskiej Rezerwy Federalnej[159] – prywatnego banku należącego do Rotszyldów! Litwinow stał się „upoważnionym przedstawicielem bankierów – właścicieli Rezerwy Federalnej, Banku Anglii i Związku Radzieckiego"[160] Jak widać, rewolucja bolszewicka była niczym innym jak gigantyczną akcją grabieży przeprowadzoną przez Rotszyldów.

W grudniu 1921 roku utworzono Autonomiczną Kolonię Przemysłową Kuzbas. Przekazano w niej kontrolę nad rozległym kompleksem przemysłowym grupie amerykańskich i europejskich inwestorów, którzy go sfinansowali. Od tego momentu „miliony rubli w złocie zostały przewiezione za granicę bez uiszczania żadnych ceł, rzekomo jako odsetki od kapitału zainwestowanego przez europejskich bankierów"[161], mimo że nie wszystkie te inwestycje były aż tak znaczące.

W 1924 roku Józef Stalin został przywódcą Związku Radzieckiego, ale Litwinow, który nie bał się nikogo, pozostał wybitną postacią. Jego niegrzeczność wobec Stalina była przysłowiowa.[162] Podczas czystek w latach 1937–1938 prawie

[159] Tamże, 199.
[160] Tamże, 203.
[161] Tamże, 204.
[162] Tamże, 205, 206 i 209. W czerwcu 1941 roku, podczas spotkania zagranicznych dyplomatów, Litwinow pojawił się w eleganckim garniturze z wełny polarowej. Stalin zapytał go, dlaczego nie ma na sobie ciemnego garnituru, jak wszyscy inni. Litwinow odparł żartobliwie: „Zjadły go mole".

wszyscy posłowie z frakcji Litwinowa zostali aresztowani i rozstrzelani. Litwinow wstawił się za jednym ze swoich najbliższych przyjaciół, Borisem Stomonyakowem, i poinformował Stalina, że ręczy za niego. Stalin spojrzał Litwinowowi w oczy i odpowiedział: „Towarzyszu Litwinow, możesz ręczyć tylko za siebie”.[163]

W latach 1930–1939 Litwinow pełnił funkcję ludowego komisarza spraw zagranicznych Związku Radzieckiego. W 1939 roku stosunki między narodowosocjalistycznymi Niemcami a Związkiem Radzieckim zaczęły się ocieplać. To ocieplenie stosunków było anatema dla zwierzchników Litwinowa, który zachował koszmarne wspomnienia o Świętym Przymierzu łączącym Austrię, Prusy i Rosję w 1815 roku, a także o *Dreikaiserbund* (Związku Trzech Cesarskich), który Bismarck zainicjował między tymi samymi trzema imperiami w 1872 roku. Litwinow interweniował, ale w tym momencie Stalin miał już dość jego bezczelnego zachowania. 3 maja 1939 r. doszło do cichego zamachu stanu, kiedy Stalin „pozbawił marionetkę bankowej mafii tytułu ministra spraw zagranicznych”.[164]

Dzięki własnemu bankowi państwowemu, Gosbankowi, który został założony 16 listopada 1921 r., Związek Radziecki w końcu zyskał suwerenność i niezależność od międzynarodowych bankierów. Wszyscy zastępcy Litwinowa i ich dyrektorzy zostali aresztowani, ale on sam został oszczędzony, ponieważ był nietykalny. Litwinowowi pozwolono wycofać się do swojej *daczy*, ale pozostawał pod stałą obserwacją.

[163] Tamże, 206.
[164] Tamże, 207.

Maksym Litwinow (urodzony jako Wallach-Finkelstein) przez ponad czterdzieści lat był pośrednikiem Rothschildów. Zorganizował grabież Rosji przez międzynarodowych bankierów.

Pod koniec 1941 roku ponownie zażądano usług Litwinowa. Niemcy pukanali już do bram Moskwy, a beznadziejna sytuacja Stalina wymagała pilnej pomocy Zachodu. Litwinow został wysłany do Moskwy jako ambasador radziecki. Amerykanie niechętnie udzielali pożyczek Związkowi Radzieckiemu, ale Litwinow szybko wszystko załatwił i w ciągu kilku tygodni przyznano pożyczkę w wysokości miliarda dolarów. Podpisano umowę o pożyczce i dzierżawie, a w ciągu następnych czterech lat dostarczono surowce i usługi o wartości 11 miliardów dolarów.

Litwinow „mógł skontaktować się z Białym Domem w dowolnym momencie, a prezydent [Roosevelt] przyjmował go natychmiast"[165]. Ci dwaj poplecznicy międzynarodowych bankierów wypompowali złoto – z jednej strony z Rosji, z drugiej od obywateli Stanów Zjednoczonych – prosto do skarbców Rezerwy Federalnej Rotszyldów.[166]

Litwinow[167] został odwołany w 1943 roku, gdy wojna obróciła się na korzyść Rosji. Jego następca na stanowisku ministra spraw zagranicznych, Wiaczesław Mołotow, przedstawia nam wymowny punkt widzenia: „Litwinow okazywał nam całkowitą wrogość... Zasługiwał na najsurowszą karę z rąk proletariatu. Karę przykładową".[168]

W dniach od[1]do 22 lipca 1944 r. międzynarodowi bankierzy zorganizowali konferencję w Bretton Woods w stanie New Hampshire. Jej celem było utworzenie Banku Światowego i Międzynarodowego Funduszu Walutowego, które miałyby regulować stosunki między niezależnymi państwami i utrzymywać stałe kursy walutowe. Przedstawiciele Związku Radzieckiego wzięli udział w konferencji, ale odmówili podpisania dokumentu, twierdząc, że proponowane instytucje

---

[165] Litwinow był ambasadorem od 10 listopada 1941 r. do 22 sierpnia 1943 r.
[166] N. Starikov, op.cit., 211. 5 kwietnia 1933 r. na mocy dekretu nr 6102 rząd Stanów Zjednoczonych skonfiskował całe złoto swoich obywateli, z wyjątkiem monet numizmatycznych, i wymienił je na papierowe pieniądze.
[167] Nic dziwnego, że Litwinow odmówił napisania swoich wspomnień.
[168] F. Chuev i A. Resis, *Molotov Remembers*, Chicago, 1993, 68.

są jedynie „oddziałami Wall Street".[169] Ta zuchwałość Stalina prawdopodobnie wywołała gniew Rothschildów, ale nie mogli oni wiele zdziałać, dopóki Niemcy pozostawały niepokonane.

W dniach od 17 lipca do 2 sierpnia 1945 r. w Niemczech odbyła się konferencja w Poczdamie. Wyznaczyła ona nowe granice Europy. Od tego momentu Związek Radziecki był stopniowo izolowany i był to początek zimnej wojny. Stalin nie miał żadnego wpływu na Europę Zachodnią. Jego armia była całkowicie wyczerpana, a on sam miał już pełne ręce roboty, aby włączyć Europę Wschodnią pod swoją hegemonię i naprawić wszystkie szkody poniesione przez swój kraj, które sam spowodował, prowokując Niemcy wojną prewencyjną.[170] Z militarnego punktu widzenia zrzucenie bomb atomowych na Hiroszimę i Nagasaki było niepotrzebne, ponieważ w styczniu 1945 r. Japonia już próbowała negocjować warunki kapitulacji. Holokaust nuklearny służył dwóm ponurym celom: (i) ukaraniu Japończyków za utworzenie własnego banku państwowego oraz (ii) wysłaniu ostrzeżenia do Związku Radzieckiego, który już posiadał bank państwowy.

Zimna wojna była początkowo prowadzona przez Zachód w celu rzucenia Związku Radzieckiego na kolana. Stalin, który był bardziej nacjonalistą[171] niż komunistą, stawiał opór i rzekomo został otruty, po czym pozwolono mu umrzeć[1]marca 1953 r. na skutek udaru mózgu, w związku z którym nie otrzymał żadnej pomocy medycznej.[172] Od tego momentu zimna wojna przerodziła się w farsę, ponieważ Zachód, a w szczególności Stany Zjednoczone, zainwestowały znaczne

[169] E.S. Mason i R.E. Asher, *„The World Since Bretton Woods: The Origins, Policies, Operations and Impact of the International Bank for Reconstruction"*, Waszyngton, Brookings Institution, 1973, 29.

[170] Stalin planował zaatakować Niemcy 6 lipca 1941 r. Zob. V. Suworow, *The Chief Culprit Stalin's Grand Design to Start World War II*, Naval Institute Press, Annapolis, Maryland, 2008, 328 s. Suworow uważa, że „Związek Radziecki przegrał II wojnę światową", 280.

[171] Zob. K. Bolton, *Stalin, The Enduring Legacy*, Black House Publishing, Londyn, 2012, 164 s.

[172] S.S. Montefiore, *Stalin: The Court of the Red Tsar*, Weidenfeld & Nicolson, Londyn, 2005, 651–665. Udar mózgu Stalina mógł być spowodowany podaniem warfaryny, leku przeciwzakrzepowego, dodanego do jego wina w dniach poprzedzających jego śmierć.

środki w Związek Radziecki. Znaczne inwestycje zrealizowano w fabryce w Gorki, produkującej ciężarówki marki Ford, a także w największym na świecie zakładzie motoryzacyjnym w Wołgogradzie, z którego wychodziły samochody marki Fiat. Znaczne środki finansowe przeznaczono również na lotnictwo, informatykę i energetykę. Związek Radziecki stał się atrakcyjnym miejscem dla lukratywnych inwestycji.

Rosjanie wstąpili do armii, ale przy 50% budżetu przeznaczanego na zbrojenia była to wojna, której nie mogli wygrać w dłuższej perspektywie. To wyjaśnia, dlaczego poziom życia w Związku Radzieckim nigdy nie dorównał poziomowi życia na Zachodzie, z wyjątkiem sektora usług publicznych, takich jak edukacja i mieszkalnictwo.

W 1991 roku Związek Radziecki rozpadł się, a z USA przybyła grupa doradców, aby wprowadzić cuda kapitalistycznego wolnego handlu, w tym podatek dochodowy i lichwę. Głównym celem tych doradców było „przedstawienie ustawy o Banku Centralnym Rosji w odpowiednim momencie, co spowodowało więcej szkód niż armia najeźdźców, jeśli chodzi o utratę suwerenności Rosji”.[173]

Przez prawie 200 lat carowie i sowieci stawiali opór, ale ostatecznie Rosja w całości wpadła w ręce Rotszyldów.

[173] N. Starikov, op.cit., 182-183.

ODPOWIEDZIALNOŚĆ ROTSZYLDÓW W WOJNIE BURSKIEJ.

Przez cały XIX wiek światowy system monetarny opierał się na standardzie złota, który został opracowany i utrzymywany przez Rotszyldów. Odkrycie rozległych złóż złota w Witwatersrandzie stworzyło nowe źródło wydobycia, które należało kontrolować, aby ten nieuczciwy system finansowy mógł przetrwać. Na nieszczęście dla Rotszyldów te nowe kopalnie znajdowały się na terenie niepodległej *Republiki Południowej Afryki.*

Do kraju natychmiast napłynęły fale migrantów i spekulantów. Niektórzy z nich byli Brytyjczykami, ale znaczna część to w większości „rosyjscy, polscy i niemieccy Żydzi, skłonni do wędrówki i pozbawieni jakiegokolwiek przywiązania czy zakorzenienia w konkretnym kraju".[174] Właścicielami kopalni złota byli zatem niemal zawsze Żydzi. Dominującym przedsiębiorstwem w tym sektorze była Grupa Eckstein, nazwana na cześć jej dyrektora Hermanna Eckesteina. Koncern ten obejmował firmy Consolidated Goldfields oraz S. Neumann & Co. Profesor John Atkinson Hobson pisze w *książce „The War in South Africa Its Causes and Effects"*, że „Rothschildowie posiadali większość udziałów w Goetz & Co." oraz że „Rothschildowie stali za Exploration Company, którą faktycznie kierowali Wernher, Beit i Rothschild". [175] Ponadto dodaje, że monopol na dynamit oraz „bogaty i potężny handel alkoholem, zarówno legalny, jak i nielegalny, znajdował się całkowicie w rękach Żydów"; „nie trzeba dodawać, że giełda jest całkowicie w rękach Żydów" oraz „że

[174] J.A. Hobson, *The War in South Africa Its Causes and Effects*, James Nisbet & Co., Limited, Londyn, 1900, 70. Hobson wspomina na stronie 12, że w Johannesburg Directory z 1899 r. odnotowano 24 osoby o nazwisku Jones, 53 o nazwisku Brown i 68 o nazwisku Cohen.

[175] Tamże, 193. Zob. również R. Rudman, *England Under The Heel Of The Jew.* Ta 21-stronicowa broszura została zaczerpnięta z książki pod tym samym tytułem napisanej w 1918 r. przez dr Johna Henry'ego Clarke'a, lekarza, i została opublikowana przez C.F. Rowortha w Londynie. Zawiera ona wymowny opis spisku knutego przez żydowskich właścicieli w celu obalenia rządu Krugera.

prasa w Johannesburgu jest głównie ich prywatną domeną".[176]

Już na początku lat 90. XIX wieku zagraniczni robotnicy i spekulanci przeważali liczebnie nad Burami. W 1896 roku, po nieudanym najazdzie Jamesona, który próbował obalić rząd Transwalu, powstała Liga Południowoafrykańska jako przykrywka do podburzania opinii publicznej na rzecz praw wyborczych *uitlanderów*, czyli obcokrajowców. Aby chronić swój status, Burzyni chcieli przyznać im prawo do głosowania dopiero po 14 latach pobytu. 30 maja 1899 r., podczas konferencji w Bloemfontein, stolicy Wolnego Państwa Orania, prezydent Paul Kruger zaproponował skrócenie okresu pobytu do siedmiu lat. Brytyjski wysoki komisarz, sir Alfred Milner, nie pogodził się z tym i stwierdził, że z jego punktu widzenia będzie to „reforma albo wojna".[177] W końcu Kruger, „chwytając głowę w dłonie, ze łzami spływającymi po brodatych policzkach"[178], krzyknął z niepokojem: „To mojego kraju wy chcecie!"[179]

We wrześniu 1899 r., w ramach prowokacji, Brytyjczycy zgromadzili swoje wojska na południe od granicy Transwalu. 9 października 1899 r. prośba, aby „rząd Jego Królewskiej Mości zaprzestał gromadzenia wojsk na granicach Republiki i wysyłania posiłków wojennych z całego Imperium Brytyjskiego"[180] została zignorowana. Dwa dni później wybuchła wojna.

Chociaż Burzy dysponowali jedynie armią amatorów na koniach, początkowo odnieśli niezwykłe sukcesy. Ostatecznie jednak zostali pokonani przez przewagę zbrojną przeciwnika, a jednocześnie znaleźli się w mniejszości liczebnej. Od czerwca 1900 r. Burzyni zastosowali taktykę partyzancką. Niewielki kontyngent liczący 6000 żołnierzy był w stanie

[176] Tamże, 193.
[177] P.J. Pretorius, *Volksverraad*, Libanon-Uitgewers, Mosselbaai, Western Cape, 1996, 58.
[178] R. Kraus, *Old Master Thereof Jan Christian Smuts*, E.P. Dutton & Co. Inc., Nowy Jork, 1944, 92.
[179] T. Pakenham, *The Boer War*, Jonathan Ball Publishers, Londyn, 1979, 68.
[180] S.M. Goodson, *General Jan Christian Smuts The Debunking of a Myth*, Bienedell Uitgewers, Pretoria, 2013, 11.

powstrzymać prawie 450 000 żołnierzy z największego imperium świata.

Rozejm podpisano w Vereeniging 31 maja 1902 roku. Wojna była dla Burów całkowitą katastrofą. W trakcie bezprecedensowej operacji spalonej ziemi zniszczono majątki Burów, zatruwano studnie, mordowano ich stada (głównie poprzez przecinanie ścięgien „w celu oszczędzania amunicji") oraz gwałcono ich kobiety. Zniszczono 25 miast. 136 000 kobiet i dzieci umieszczono w 46 obozach koncentracyjnych zbudowanych z namiotów, w których zimą temperatura spadała poniżej zera. 34 000 z nich zmarło z powodu niedożywienia i fatalnych warunków sanitarnych. 75% z nich miało mniej niż 16 lat.

Brytyjczycy również ponieśli ciężkie straty, z 21 942 zabitymi (35% w walce, 65% z powodu chorób) i 22 829 rannymi. Bankierzy mieli satysfakcję z sfinansowania wojny kwotą 222 milionów funtów, zwiększając w ten sposób dług publiczny Wielkiej Brytanii o 132 miliony funtów. Dla Rotszyldów wojna angielsko-burska była całkowitym zwycięstwem.

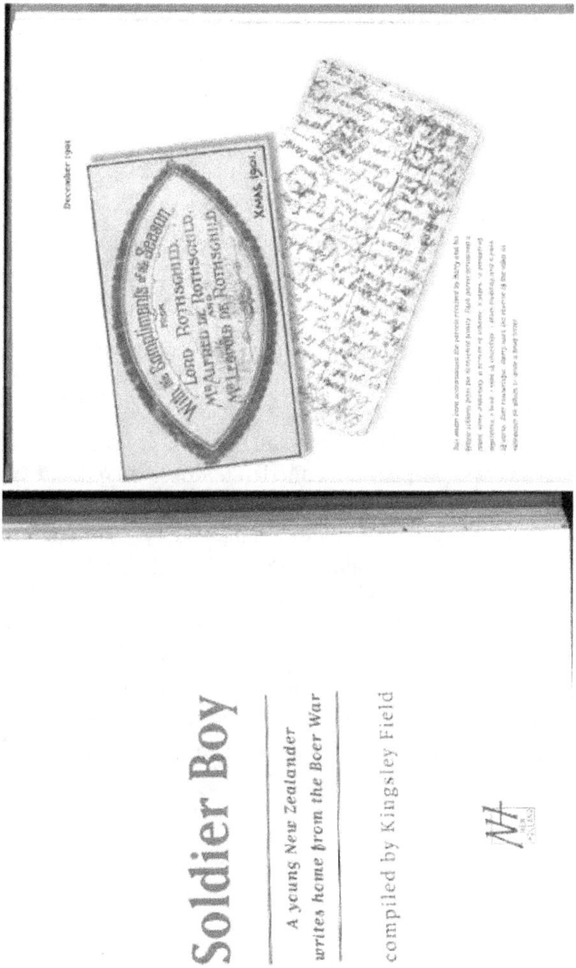

Kartka z życzeniami wysłana przez **Rothschildów**. W grudniu 1901 roku Rothschildowie wysłali swoim „żołnierzom” na froncie świąteczny koszyk zawierający przybory do pisania, porcję tytoniu, fajkę, 12 paczek papierosów, książkę, ciasto czekoladowe, pudding i talię kart.

BANK COMMONWEALTHU AUSTRALII

Bank Commonwealthu Australii został zainspirowany przez Kinga O'Malleya, Amerykanina, który odkrył sekret systemu bankowego opartego na rezerwie cząstkowej, pracując w banku swojego wuja w Nowym Jorku w latach 80. XIX wieku. Kiedy pierwszy prezes banku, Sir Dennison Miller, został zapytany, skąd weźmie kapitał na swój bank, odpowiedział: „Jaki kapitał? Nie potrzebuję kapitału, moim kapitałem jest bogactwo i wiarygodność kredytowa całej Australii".[181]

Dzięki zaliczce w wysokości 10 000 funtów od rządu, która została szybko spłacona, 15 lipca 1912 r. powstał Bank Commonwealth of Australia. Chociaż został założony jako bank prywatny, funkcjonował jak bank państwowy, posiadając pełną swobodę w prowadzeniu działalności, tak jak każdy inny bank, w tym możliwość pełnienia funkcji kasy oszczędnościowej. Ponadto bank był uprawniony do pozyskiwania kapitału poprzez sprzedaż obligacji gwarantowanych kredytem państwowym. Jego zyski były równo dzielone między dwa fundusze – fundusz rezerwowy służący do wywiązywania się z zobowiązań banku oraz fundusz spłaty służący do spłaty obligacji lub akcji wyemitowanych przez bank. Następnie 50% zysków przeznaczano na spłatę długu publicznego.

[181] R. Gollam, op. cit., przedstawia szczegółowe źródła wydarzeń, które doprowadziły do powstania banku.

King O'Malley (1854–1953) był inspiratorem utworzenia australijskiego banku państwowego, Commonwealth Bank of Australia.

Przez 12 lat, pomimo I wojny światowej (1914–1918), Australia przeżywała jeden ze swoich najwspanialszych okresów prosperity. Udzielając rządowi pożyczek przy nominalnym oprocentowaniu wynoszącym 2/3 procenta rocznie, bank umożliwił krajowi inwestycje w szeroko zakrojony program infrastrukturalny. Kwota 18,72 mln dolarów australijskich została przeznaczona na budowę tam i systemu nawadniającego rzeki Murrumbidgee, transkontynentalnej linii kolejowej, elektrowni, gazowni, portów, dróg i tramwajów. Ponadto uprawa owoców, pszenicy oraz zbiory wełny rolników zostały sfinansowane kwotą 3 mln dolarów australijskich przy nominalnym oprocentowaniu. 4 mln dolarów australijskich przeznaczono na zakup 15 parowców w celu zorganizowania rosnącego eksportu Australii, a 8 mln dolarów australijskich przeznaczono na budownictwo mieszkaniowe. Pierwsza wojna światowa kosztowała Australię 700 mln dolarów australijskich, ale została sfinansowana przez Bank w formie nieoprocentowanego długu.

Ten okres fenomenalnej prosperity zakończył się w 1924 r., kiedy to Stanley Melbourne Bruce, a (1924–1929) oraz dr. Earle'a Page'a, jego partnera koalicyjnego.[182] Bruce był często

[182] Bruce i Earle byli przywódcami dwóch partii politycznych: National i Country.

podejrzany o przyjmowanie łapówek, ponieważ jego działania były całkowicie sprzeczne z interesami Australijczyków. W trakcie jego kadencji rząd australijski pożyczył 230 milionów funtów od londyńskiego City[183], a w 1927 r. zarówno dług federalny, jak i stanowy osiągnęły poziom 1 miliarda funtów, a budżet był deficytowy.[184]

10 października 1924 r. ustawa została ogłoszona. W jej wyniku Bank znalazł się pod kontrolą grupy mężczyzn, którzy później pozbawili go prawa do emisji waluty krajowej bez długu i bez odsetek. W 1927 r. Bank stracił swoje oddziały kas oszczędnościowych i chociaż nadal miał prawo emitować banknoty, a tym samym czerpać minimalne zyski z seigniorage, stał się następnie bankiem centralnym działającym wyłącznie na rzecz banków prywatnych. Ostateczna zdrada Banku miała miejsce 20 marca 1947 r., kiedy Izba Reprezentantów przegłosowała 55 głosami przeciwko 5 jego członkostwo w Międzynarodowym Funduszu Walutowym, poddając się tym samym dekretom i dyktatom Banku Rozrachunków Międzynarodowych kontrolowanego przez Rotszyldów.

[183] S. McIntyre, *A Concise History of Australia*, Cambridge University Press, Melbourne, 2009, s. 168.
[184] I. M. Cumpston, *Lord Bruce of Melbourne*, Longman Cheshire, Melbourne, 1989, s. 74.

PIERWSZA WOJNA ŚWIATOWA

Pierwsza wojna światowa wybuchła 28 czerwca 1914 r., kiedy Gavrilo Princip, rzekomo pochodzenia żydowskiego i członek grupy terrorystycznej Czarna Ręka, zamordował arcyksięcia Franciszka Ferdynanda, następcę tronu Austrii, oraz jego czeską żonę w Sarajewie w Bośni i Hercegowinie. Princip był współpracownikiem Leona Trockiego (prawdziwe nazwisko Lew Dawidowicz Braunstein),[185] rosyjskiego Żyda, który spiskował ze swoim żydowskim towarzyszem Włodzimierzem Leninem (przyjętym nazwiskiem Uljanow, ale o prawdziwym nazwisku Zederbaum)[186] w celu obalenia rosyjskiej monarchii. Ten z kolei był finansowany przez amerykańskiego Żyda Jacoba Schiffa,[187], który był figurantem angielskiego Żyda lorda Waltera Rothschilda, głównego sprawcy tej straszliwej katastrofy. Fakty te zostały potwierdzone przed Senatem Stanów Zjednoczonych w 1921 roku, kiedy to stwierdzono, że „pełna odpowiedzialność za I wojnę światową spoczywa na barkach międzynarodowych

185 Jeśli chodzi o domniemane pochodzenie Principa, zob. W. G. Simpson, *Which Way Western Man?*, Yeoman Press, Nowy Jork, 1978, s. 682, gdzie autor cytuje dzieło Léona de Poncinsa, *Les Forces Secrètes de la Révolution*, Éditions Saint-Rémi, które z kolei powołuje się na archiwa procesu zabójcy. Zob. również *Symphonie Rouge* J. M. Landowskiego, Hadès Éditions, przesłuchanie przeprowadzone przez NKWD (tajną policję Stalina) z Christianem G. Rakowskim (prawdziwe nazwisko Chaim Rakover), w którym przyznaje on, że za zabójstwem arcyksięcia Ferdynanda stał Trocki, a pięcioramienna gwiazda radziecka symbolizuje pięć oddziałów braci Rothschildów (Weimare, Londyn, Neapol, Paryż i Wiedeń).

186 Ojciec Lenina był Buriatem, a więc nie był etnicznym Rosjaninem. Jego pradziadkiem ze strony matki był Moishe Itskovich Blank, a dziadkiem Srul Moisevich Blank. Ten ostatni zmienił swoje imię na Aleksander. Zev Ben-Shlomo, życie i dziedzictwo Lenina, Dimitri Volkogonov, *Jewish Chronicle*, Londyn, 4 kwietnia 1995 r. Żydowską matką Lenina była Maria Blank. Kiedy zmarli jego rodzice, on i jego brat zostali adoptowani przez żydowską rodzinę. W 1929 r. siostra Lenina, Anna Uljanowa-Jelizarowa, zaproponowała Stalinowi ujawnienie jego pochodzenia, aby przeciwdziałać powszechnemu antysemityzmowi i zaszczepić w masach „żydowskiego ducha rewolucji". Pomimo tego, że Lenin był rzekomo czczony przez masy, Stalin poprosił go o zachowanie tajemnicy, ponieważ ujawnienie tej informacji mogło sprawić, że wszyscy zrozumieliby, iż rewolucja bolszewicka była w 100% żydowska. Jesse Zel Lurie, „Lenin był potajemnym Żydem", *Bronward Jewish Journal*, 25 lutego 1992 r. Według raportu opublikowanego w *The Times* 10 maja 1920 r., opartego na źródłach radzieckich, 458 z 556 głównych urzędników reżimu było Żydami, co stanowiło 82,4%. Autor odwiedził jedno z ostatnich muzeów Lenina w Tampere w Finlandii, gdzie Lenin planował rewolucję listopadową 1905 r. w Rosji.

187 Zob. Anthony C. Sutton, *Wall Street i rewolucja bolszewicka*, Le Retour aux Sources 2010.

bankierów żydowskich. Są oni odpowiedzialni za miliony ofiar śmiertelnych. "[188] Pod koniec października 1926 r. kolejne potwierdzenie tych niepodważalnych faktów ujawniono w rozmowie między brytyjskim parlamentarzystą Victorem H. Cazaletem a Henrym Fordem (1863–1947). Kiedy ten ostatni został zapytany, kim są międzynarodowi żydowscy finansiści, odpowiedział: „Dysponuję kilkoma książkami, które powiedzą panu, kim oni są. Byli oni odpowiedzialni za ostatnią wojnę, a w przyszłości zawsze będą w stanie wywołać wojnę, gdy tylko poczują taką potrzebę".[189]

[188] Archiwa Kongresu Stanów Zjednoczonych, 67 sesja, 4 posiedzenie, Dokumenty Senatu nr 346, 1921. W 1928 roku żydowski pisarz Marcus Élie Ravage napisał: „Nie zaczęliście jeszcze w pełni doceniać prawdziwej głębi naszej winy. To my jesteśmy intruzami. To my jesteśmy wypaczeniami. Przejęliśmy wasz naturalny świat, wasze ideały, wasze przeznaczenie i zniszczyliśmy je. Byliśmy przyczyną nie tylko ostatniej wielkiej wojny [[1]wojny światowej], ale niemal wszystkich waszych wojen, nie tylko rewolucji rosyjskiej, ale wszystkich wielkich rewolucji w waszej historii. Sialiśmy niezgodę i zamęt oraz zasialiśmy frustrację w waszym życiu prywatnym i publicznym. Nadal to robimy. Nikt nie jest w stanie powiedzieć, jak długo będziemy to robić". *The Century Magazine*, styczeń 1928 r., tom 115, nr 3, s. 346–350, cytowane przez B. Klassena w *The White Man's Bible, The Church of the Creator*, Otto, Karolina Północna, 1981 r., s. 287–289.

[189] A. N. Field, *The Truth About the Slump – What the News Never Tells*, wydanie prywatne, Nelson, Nowa Zelandia.

Henry Ford, pionier motoryzacji, wskazał międzynarodowych bankierów żydowskich jako podżegaczy do wybuchu I wojny światowej, przedstawiając swoje analizy w artykule *„Międzynarodowy Żyd"* opublikowanym w gazecie *„Dearborn Independent"*.

Rywalizacja handlowa, gra sojuszy i źle zrozumiane stanowiska są często przedstawiane jako główne przyczyny I wojny światowej. Jednak prawdziwe przyczyny, w kolejności według ważności, były następujące:

1) Zniszczenie Imperium Rosyjskiego i jego Banku Państwowego

2) Rozbicie pozostałych imperiów (austro-węgierskiego, niemieckiego i osmańskiego) poprzez podzielenie ich na mniejsze państwa, które można by łatwiej kontrolować poprzez utworzenie banków centralnych.

3) Przejęcie Palestyny i utworzenie marionetkowego państwa syjonistycznego pod bezpośrednią kontrolą Rotszyldów.[190]

Pod koniec 1916 roku armie brytyjska i francuska znalazły się w niebezpieczeństwie przegrania wojny, a Francuzi zbuntowali się już na froncie zachodnim. Brytyjczycy stracili już swoją dominację na morzu w bitwie jutlandzkiej, 3 maja 1916 r., kiedy to niemiecka marynarka wojenna, mimo przewagi liczebnej w stosunku jeden do dwóch, upokorzyła niepokonaną Royal Navy, zatapiając 12 okrętów i tracąc 6, ponosząc straty w wysokości 2551 marynarzy w porównaniu z 6094 po stronie brytyjskiej.[191] Obaj cesarze desperacko próbowali położyć kres tej bezsensownej bratobójczej rzezi. Wtedy pojawiła się oferta lorda Rothschilda, gwarantująca wsparcie Ameryki w zamian za przyznanie Palestyny grupie syjonistycznych Żydów po upadku Imperium Osmańskiego.[192]

6 kwietnia 1917 r. Stany Zjednoczone wypowiedziały wojnę Niemcom[193] i pozostałym mocarstwom centralnym, a 2 listopada 1917 r. lord Rothschild i jego syjonistyczni współpracownicy otrzymali od Wielkiej Brytanii pisemne zapewnienie o przyznaniu Palestyny żydowskim osadnikom.[194] Ten niesławny dokument, znany jako

[190] N. Ferguson, *The House of Rothschild, The World's Banker 1849-1999,* tom 2, Penguin Books, Londyn, 1999, s. 449.

[191] Léon Degrelle, *Hitler urodzony w Wersalu*, tom 1 serii *„Wiek Hitlera"*.

[192] Ruch Młodych Turków, który doprowadził do upadku Imperium Osmańskiego, składał się głównie z Żydów *donmeh* (tureckie określenie na nawróconych), wyznających judaizm sabataistyczny, założony przez Sabbatai Zevi w połowie XVII wieku. P. Papaherakles, Młodzi Turcy i masakra 117 milionów białych, *The Barnes Review*, Waszyngton, D. C. Tom XVIII, nr 2, marzec/kwiecień 2012, s. 22-31.

[193] W przemówieniu wygłoszonym w hotelu Willard w Waszyngtonie w 1961 r. Benjamin Freedman (Friedman), były Żyd, który przeszedł na katolicyzm, potwierdził, w jaki sposób niemieccy Żydzi zdradzili Niemcy podczas I wojny światowej, wciągając w pułapkę Stany Zjednoczone i zmuszając je do przyłączenia się do Anglii w zamian za przyszłą obietnicę Palestyny.

[194] Ponad 98% syjonistycznych osadników w Palestynie to Aszkenazyjczycy, którzy nie mają absolutnie żadnego semickiego pochodzenia etnicznego związanego z tym

Deklaracja Balfoura, został sporządzony przez lorda Arthura Jamesa Balfoura, brytyjskiego ministra spraw zagranicznych, oraz generała Jana Christiana Smutsa, członka Imperialnego Gabinetu Wojennego.

terytorium. Są oni potomkami królestwa Chazarów, które znajdowało się na południu Rosji, w regionie dzisiejszej Gruzji. Chazarowie zostali poddani masowej konwersji na judaizm przez swojego monarchy, króla Bulana, w VIII wieku n.e. Potwierdzenie tego można znaleźć w artykule dr. Maurice'a Fishberga na temat kraniometrii w *Jewish Encyclopaedia* IV, 1902, s. 331-335. Badanie to, obejmujące prawie 3000 czaszek żydowskich pochodzących z różnych krajów w okresie 20 lat, wykazało, że należały one do kategorii brachycefalicznej, czyli o poszerzonej głowie, o wskaźniku 80; w przeciwieństwie do czaszek Arabów, które są dolicefaliczne, czyli o wydłużonej głowie. Zob. również Arthur Koestler, *Trzynaste plemię: Imperium Chazarów i jego dziedzictwo.* Random House, 1976, s. 255. Oraz Shlomo Sand, *Jak wymyślono naród żydowski*, Verso, 2009, s. 344 oraz *Jak wymyślono ziemię Izraela: Od Ziemi Świętej do ojczyzny*, Verso, 2012, s. 304. 5 grudnia 2012 r. Oxford University Press opublikowało w imieniu Towarzystwa Biologii Molekularnej i Ewolucyjnej badanie autorstwa dr. Erana Elhaika, genetyka z Johns Hopkins University School of Medicine, które potwierdziło, że „teza chazarska" jest naukowo poprawna.

Foreign Office,
November 2nd, 1917.

Dear Lord Rothschild,

I have much pleasure in conveying to you, on behalf of His Majesty's Government, the following declaration of sympathy with Jewish Zionist aspirations which has been submitted to, and approved by, the Cabinet

"His Majesty's Government view with favour the establishment in Palestine of a national home for the Jewish people, and will use their best endeavours to facilitate the achievement of this object, it being clearly understood that nothing shall be done which may prejudice the civil and religious rights of existing non-Jewish communities in Palestine, or the rights and political status enjoyed by Jews in any other country"

I should be grateful if you would bring this declaration to the knowledge of the Zionist Federation.

List lorda **Arthura Balfoura** do lorda **Waltera Rothschilda**, przywódcy Federacji Syjonistycznej, potwierdzający brytyjskie poparcie dla utworzenia państwa syjonistycznego w Palestynie.

Rzeź spowodowana tą niepotrzebną wojną trwała jeszcze przez dwa lata. Rosja została całkowicie zniszczona, a na Bliskim Wschodzie powstał problem niemożliwy do rozwiązania. Jak proroczo zauważył rabin Reichorn w 1859 roku: „Wojny są żniwem Żydów, ponieważ dzięki nim eksterminujemy chrześcijan i przejmujemy kontrolę nad ich złotem. Zabiliśmy już 100 milionów. Wciągniemy chrześcijan w kolejne wojny, wykorzystując ich dumę narodową i głupotę. Wtedy będą się nawzajem mordować, tworząc w ten sposób więcej miejsca dla naszego ludu. [195] W podobnym duchu Gutle Schnapper, żona Mayera Amschela Rothschilda, powiedziała tuż przed śmiercią w 1849 roku: „Gdyby moi synowie nie chcieli wojny, nie byłoby jej".[196]

11 listopada 1918 r. podpisano rozejm, a siedem miesięcy później, 28 czerwca 1919 r., podpisano głęboko wadliwy traktat wersalski. Niemcy musiały zgodzić się na przyjęcie wyłącznej winy i zapłacenie wygórowanych reparacji w wysokości 6,6 mld funtów[197], co stanowiło równowartość całego bogactwa kraju, mimo że inne strony konfliktu – Anglia, Francja i Rosja – były równie, jeśli nie bardziej, winne. Odszkodowanie to miało zostać wykorzystane do spłaty międzynarodowym bankierom fałszywych pożyczek i fikcyjnych odsetek, które zostały udzielone rządom Wielkiej Brytanii i Francji. Jak stwierdził generał Smuts podczas konferencji: „Wszystko, co tu zrobiliśmy, jest znacznie gorsze niż Kongres Wiedeński. Mężowie stanu z 1815 roku przynajmniej wiedzieli, co się dzieje. Nasi politycy nie mają o tym pojęcia".[198]

[195] *Le Contemporain*, 1 lipca 1880 r.
[196] N. Ferguson, op. cit., s. 20.
[197] Według kalkulatora inflacji Banku Anglii 6,6 mld funtów odpowiadało 289 mld funtów w 2012 r. www.bankofengland.co.uk/education/Pages/inflation/calculator/flash/default.aspx
[198] Léon Degrelle, op. cit., s. 335.

ROZDZIAŁ V

Wielki Kryzys

„Kapitał musi się chronić wszelkimi możliwymi sposobami, zarówno poprzez intrygi, jak i ustawodawstwo. Długi muszą zostać spłacone, a hipoteki przejęte tak szybko, jak to możliwe. Kiedy w wyniku procesu prawnego zwykli ludzie tracą swoje domy, stają się bardziej posłuszni i łatwiejsi do rządzenia przez świeckie ramię rządu, kierowane przez centralną władzę sprawowaną przez bogatych pod kierownictwem finansistów. Te prawdy są dobrze znane naszym agentom, którzy obecnie pracują nad stworzeniem imperializmu, aby rządzić światem. Dzieląc wyborców za pomocą systemu partii politycznych, zmuszamy ich do trwonienia energii i walki o sprawy nieistotne. W ten sposób, poprzez dyskretne działania, uda nam się zapewnić sobie to, co zostało już tak dobrze zaplanowane i z takim sukcesem zrealizowane."

– Montagu Norman, prezes Banku Anglii, przemawiając przed Stowarzyszeniem Bankierów Stanów Zjednoczonych w Nowym Jorku w 1924 roku.

Na początku XX wieku istniało zaledwie 18 banków centralnych: Szwedzki Riksbank (1668), Bank Anglii (1694), Bank Hiszpanii (1782), Bank Francji (1800), Bank Finlandii (1812), Bank Niderlandów[199] (1814), Bank Norwegii (1816), Bank Austrii (1816), Banku Danii (1818), Banku Portugalii (1846), Banku Belgii (1850), Banku Indonezji (dawniej Banku Jawy) (1865), niemieckiego Reichsbanku (1876), Narodowego Banku Bułgarii (1879), Bank Narodowy Rumunii (1880), Bank Japonii (1882), Bank Narodowy Serbii (1884) oraz Bank Włoch (1893).

W 1922 r. w Genui w dniach od 10 kwietnia do 19 maja odbyła się konferencja, w której uczestniczyli wszyscy szefowie państw, prezesi Banku Anglii, Banku Francji i Rezerwy Federalnej w Nowym Jorku, a także wielu międzynarodowych bankierów. Podczas tej konferencji postanowiono utworzyć

[199] *De Nederlandsche Bank* poprzedzał *Amterdamsche Wisselbank*, założony w 1609 r. przez Dircka van Osa, który może być zatem uznany za pierwszy bank centralny na świecie.

banki centralne we wszystkich krajach, które jeszcze ich nie posiadały. Prezes Banku Anglii, Montagu Norman,[200] podkreślał, że banki centralne muszą być niezależne od swoich rządów.[201] A. N. Field opisuje to znaczące wydarzenie w swojej książce *All These Things*:

> „Pomimo śmiałości tych działań, zakończyły się one pełnym sukcesem. Opłacani ekonomiści z zachwytem odkryli, że banki rezerwowe są cudownymi instrumentami naukowymi, gazety dołączyły do oklasków, a politycy z różnych państw zachowywali się jak zdyscyplinowani strażnicy prowadzący owce na rzeź. Fakt, że finansiści nie są w żadnym wypadku urzędnikami, lecz zwykłymi agentami opłacanymi przez akcjonariuszy banku, a ich interesy nie mają najmniejszego związku z interesem narodowym".[202]

BANK ROZRACHUNKÓW MIĘDZYNARODOWYCH

Liczba nowych banków centralnych wzrosła, szczególnie „po utworzeniu Banku Rozrachunków Międzynarodowych w Bazylei w 1930 r., [kiedy] banki centralne rezerwowe (mniej lub bardziej niezależne od rządów krajów, w których się znajdowały) [rosły] jak grzyby po deszczu na całym świecie, przy jednogłośnym poparciu rządów i ich ludów, które zostały oszukane przez te banki mające zamiar je zniewolić.[203]

Pierwotnym celem BIS było ułatwienie Niemcom spłaty reparacji wojennych zgodnie z warunkami traktatu wersalskiego, ale gdy zaczęły być odczuwalne skutki Wielkiego Kryzysu – wywołanego sztucznie – a narodowi

---

[200] Montagu Norman, mason, był bardzo skryty i często działał w tajemnicy. Podczas podróży zagranicznych posługiwał się pseudonimem „Profesor Skinner". Było to nazwisko jego sekretarza, Ernesta Skinnera. Przez cały okres sprawowania urzędu nigdy nie odwiedzał krajów, które nie posiadały banku centralnego, i nigdy nie wdawał się w rozmowę z prezesem banku centralnego w obecności zagranicznego ministra finansów. R. S. Sayers, *The Bank of England 1891-1944*, Cambridge University Press, Cambridge, 1976, s. 159-160.

[201] A. N. Field, *All These Things*, Omni Publications, Hawthorne, Kalifornia, 1936, s. 7.

[202] D. J. Amos, *The Story of the Commonwealth Bank*, Veritas Publishing Company Pty Ltd, Bullsbrook, Australia, 1986, s. 27.

[203] Tamże, s. 8.

socjaliści przejęli władzę w styczniu 1933 r., wszystkie płatności zostały zawieszone, a BIS musiał obrać nowy kierunek, a mianowicie promowanie współpracy monetarnej. W rzeczywistości BIS kieruje i zarządza globalnym systemem finansowym poprzez banki centralne poszczególnych krajów, z których 60 jest bezpośrednio z nim powiązanych.

Siedziba banku znajduje się w Bazylei w Szwajcarii, a obecnie mieści się w 18-piętrowym budynku, który przypomina wieżę chłodniczą elektrowni. Jest to bank centralny banków centralnych, jego kierownictwo nie jest wybierane i nie odpowiada przed nikim, jego statut gwarantuje mu immunitet wobec przepisów krajowych i podatkowych, a ponadto dysponuje on własnymi prywatnymi siłami policyjnymi. Ponadto, na mocy porozumienia zawartego ze Szwajcarską Radą Federalną, archiwa banku, a także wszystkie jego dokumenty i dane elektroniczne, są nienaruszalne zawsze i wszędzie. Porozumienie to wywodzi się z artykułu X ustępu 2 Protokołu Haskiego, który został podpisany 31 sierpnia 1929 r. i który stanowi: „Bank, jego mienie i aktywa, a także depozyty lub inne fundusze powierzone mu na terytorium lub podlegające administracji… pozostają wolne od wszelkich ograniczeń i środków restrykcyjnych, takich jak cenzura, rekwizycje, zajęcia lub konfiskaty, w czasie pokoju lub wojny, a także wolne od wszelkich środków odwetowych, zakazów lub ograniczeń eksportu złota lub walut oraz innych podobnych ingerencji, ograniczeń lub zakazów. Jej comiesięczne posiedzenia, podczas których omawiana jest sytuacja gospodarcza na świecie, odbywają się w absolutnej tajemnicy. Nie ma tam żadnego pisemnego porządku obrad, chyba że konieczna jest zmiana jednego z statutów banku, a protokoły nie są przechowywane. Główne zadania banku to oficjalnie:

(i) Ułatwianie współpracy między bankami centralnymi poprzez zawieranie porozumień.

(ii) Promowanie stabilności finansowej

(iii) Poszukiwanie rozwiązań politycznych

(iv) Pełnienie funkcji kontrahenta w transakcjach finansowych banków centralnych.

(v) Pełnienie funkcji agenta lub administratora w związku z międzynarodowymi operacjami finansowymi.

Jednak prawdziwy charakter BIS został ujawniony w książce *„Tragedy and Hope"* („Tragedia *i nadzieja"*), napisanej przez znawcę tematu, profesora Carrolla Quigley'a z Uniwersytetu Georgetown, który wyjaśnił:

> „Oprócz wszystkich tych pragmatycznych celów siły finansowego kapitalizmu dążyły do realizacji ambitnego zamierzenia, a mianowicie stworzenia globalnego systemu kontroli finansowej w rękach prywatnych, zdolnego do dominacji nad systemem politycznym każdego kraju oraz nad całą światową gospodarką. System ten miał być kontrolowany w sposób feudalny przez banki centralne z całego świata, działające wspólnie na podstawie tajnych porozumień zawieranych podczas częstych spotkań i konferencji. Szczytem tego systemu miał być Bank Rozrachunków Międzynarodowych w Bazylei w Szwajcarii, prywatny bank należący do światowych banków centralnych i przez nie kontrolowany, które same w sobie są podmiotami prywatnymi. Każdy bank centralny, w rękach takich ludzi jak Montagu Norman z Banku Anglii, Benjamin Strong z Rezerwy Federalnej w Nowym Jorku, Charlesa Rista z Banku Francji oraz Hjalmara Schachta z Reichsbanku, dążył do dominacji nad swoim rządem poprzez zdolność do kontrolowania pożyczek państwowych, manipulowania handlem zagranicznym, wywierania wpływu na ogólny poziom aktywności gospodarczej w kraju oraz wynagradzania współpracujących polityków wpływowymi stanowiskami w świecie biznesu."[204]

[204] Carroll Quigley, *Tragedy and Hope, A History of the World in Our Time,* The Macmillan Company, Nowy Jork, 1966, s. 324.

Iluzja i rzeczywistość – kolejka bezrobotnych w Chicago w 1937 roku.

Jak przewidział profesor Quigley w 1966 r., ostatecznym celem BIS jest jedna światowa waluta, jeden światowy system gospodarczy i jeden światowy rząd, w którym prawa krajowe nie będą już miały zastosowania i nie będą miały uzasadnienia. Kontrola nad Bankiem spoczywa w rękach rodu Rothschildów poprzez ich inwestycje w różne banki centralne i inne banki prywatne.

Po II wojnie światowej i rozpadzie europejskich imperiów kolonialnych, ponieważ nie były one już opłacalne ekonomicznie i oferowały lepsze perspektywy eksploatacji poprzez międzynarodowe pożyczki,[205] nastąpił gwałtowny wzrost liczby banków centralnych, a obecnie ich liczba wynosi 155. Osiem z tych banków znajduje się całkowicie pod kontrolą prywatną: Bank Narodowy Belgii, Bank Grecji, Bank Włoch, Bank Japonii, Bank Rezerw Republiki Południowej Afryki, Szwajcarski Bank Narodowy, Bank Centralny Republiki Turcji oraz Rezerwa Federalna Stanów Zjednoczonych. Skoordynowane utworzenie wszystkich tych banków centralnych dowodzi bez cienia wątpliwości, że

[205] Aby zapoznać się z opisem tego, w jaki sposób Bank Światowy i w szczególności MFW, poprzez program dostosowań strukturalnych tego ostatniego, wykorzystywały kraje rozwijające się za pomocą zagranicznych pożyczek, zob. P. T. Bauer, *Equality, the Third World, and Economic Delusion*, Harvard University Press, Cambridge, Massachusetts, 1981, s. 304, oraz J. Perkins, *Wyznania zabójcy finansowego*, Alterre, 2005.

wszystkie one stanowią część „międzynarodowego konglomeratu bankowego".[206]

REZERWA FEDERALNA STANÓW ZJEDNOCZONYCH

W latach 1820–1910, pomimo tymczasowego wzrostu cen podczas wojny secesyjnej (1861–1866), dolar zachował swoją siłę nabywczą, co oznacza, że 90 lat później jeden dolar był nadal wart jednego dolara. Jednak wystarczyło zaledwie sześć lat, aby Rezerwa Federalna zniszczyła wartość dolara. W latach 1914–1920 ceny wzrosły o 125%, obniżając jego wartość o 56,1%.

Zanim skupimy się na Wielkim Kryzysie, należy pokrótce przyjrzeć się przyczynom pierwszej poważnej deflacji. W celu kontrolowania cen 18 maja 1920 r. w Waszyngtonie odbyło się tajne spotkanie bankierów pod mylącą nazwą „Komitet Metodyczny ds. Deflacji Stowarzyszenia Bankierów Amerykańskich".[207] Na polecenie Rezerwy Federalnej, bez uprzedzenia ani ostrzeżenia, stopa dyskontowa gwałtownie wzrosła z 2% do 9% i więcej. Jednocześnie Rezerwa Federalna zaczęła agresywnie sprzedawać obligacje skarbowe, obniżając ich wartość o 20%. Spadek cen bonów skarbowych obniżył wartość rezerw banków, które zostały zmuszone do żądania spłaty pożyczek. Spowodowało to „straszliwą wyprzedaż wszystkich produktów rolnych"[208], a „ceny rolne spadły, osiągając najniższy poziom i doprowadzając rolników do ruiny".[209]

W tym samym czasie firmy transportowe, które posiadały największe monopole, takie jak Harrimans, podniosły stawki za transport drogowy do takiego poziomu, że w niektórych stanach koszt transportu przewyższał koszt produkcji. Indeks produkcji rolnej spadł o ponad połowę, z 244 do 117, rok później, w maju 1920 roku. Wielu rolników zbankrutowało,

---

[206] A. N. Field, op. cit., s. 5.
[207] G. M. Coogan, *Money Creators, Who Creates Money? Who Should Create it?* Omni Publications, Hawthorne, Kalifornia, 1963 (wydane po raz pierwszy w 1935 r.), s. 62.
[208] Tamże, s. 62.
[209] Tamże, s. 62.

ponieważ ich koszty ogólne pozostały niezmienione, ale ich obciążenia finansowe gwałtownie wzrosły.

Nieograniczone uprawnienia, jakie posiada Rezerwa Federalna, pozwoliły jej zmniejszyć podaż pieniądza w Stanach Zjednoczonych oraz kredyt Stanów Zjednoczonych o 2 miliardy dolarów, co spowodowało „obniżenie cen o połowę oraz wywołanie niedoli i zamieszania”. [210] Polityka ta została celowo wdrożona[211] w celu zubożenia sektora rolnego[212] poprzez przeniesienie pieniędzy z obszarów wiejskich do ośrodków miejskich, jednocześnie ograniczając samowystarczalność żywnościową Ameryki, co uczyniło ją podatną na intrygi i kaprysy oszustów oraz spekulantów finansowych.[213]

W lipcu 1921 r. Rezerwa Federalna odwróciła tę politykę, dokonując masowego wykupu bonów skarbowych. Jednak szkód poniesionych przez banki rolnicze nie dało się naprawić, a produkty rolne pozostawały w stanie sztucznej depresji, a niektóre z nich były nawet sprzedawane po cenach niższych od kosztów produkcji.

W sierpniu 1927 r. spiskowcy posiadający i kierujący Rezerwą Federalną zdecydowali, że nadszedł czas na stworzenie nowej „bańki”. Pomimo protestów 11 z 12 banków federalnych, które dostrzegły związane z tym zagrożenia, nakazano im obniżyć stopy redyskontowe i rozpocząć program masowego wykupu bonów skarbowych (współczesny odpowiednik obecnego luzowania ilościowego), aby zwiększyć podaż pieniądza.[214]

Bardzo niewielka część tej pieniądza stworzonego *ex nihilo* została przeznaczona na inwestycje produkcyjne, a została

---

[210] A. N. Field, *The Truth About The Slump*, wydanie własne, Nelson, Nowa Zelandia.
[211] Tamże, s. 200.
[212] Celowe załamanie amerykańskiego sektora rolnego można porównać do zniszczenia produkcji rolnej w latach 30. na Ukrainie (rosyjskie słowo oznaczające granicę) przez Stalina oraz do następującego po tym Holodomoru (rosyjski termin oznaczający eksterminację przez głód), podczas którego sześć milionów kułaków (rosyjskie słowo oznaczające pięść) zostało straconych lub zginęło z głodu.
[213] A. N. Field, op. cit., s. 204.
[214] G. M. Coogan, op. cit., s. 67.

wpompowana na rynki giełdowe, gdzie wskaźnik cena/zysk[215] wkrótce osiągnął poziom 20, a w niektórych przypadkach nawet 50. Sprzedane media i „ekonomiści" ogłosili nadejście „nowej ery" trwałego dobrobytu i celowo podsycali ogień spekulacji, podczas gdy 16 milionów Amerykanów spośród 73 milionów dorosłej populacji kupowało i sprzedawało akcje.

9 marca 1929 r. mason Paul Warburg, twórca Rezerwy Federalnej, poradził wszystkim bankom członkowskim, a także sekretarzowi skarbu, swojemu bratu masonowi Andrew Mellonowi, aby wycofali się z rynku akcji lub sprzedawali je na krótką pozycję. Poinformował ich, że jeśli podejmą natychmiastowe działania, osiągną ogromne zyski, ponieważ indeks Dow Jones miał wkrótce załamać się.

24 października 1929 r. Rezerwa Federalna postanowiła położyć kres tej orgii spekulacji i rozpocząć oszustwo na wielką skalę. Stopa redyskontowa nagle wzrosła do 6%. Z różnych stron wysłano tysiące zleceń na giełdę w Nowym Jorku, aby sprzedawać po „cenie rynkowej", co jest typowym zabiegiem stosowanym przez spekulantów w celu szybkiego załamania kursów. Zaufanie nagle wyparowało i rozpoczęła się pierwsza zaplanowana Wielka Depresja. Punktem zwrotnym było sześć dni później, 30 października 1929 r., kiedy Rezerwa Federalna nakazała ograniczenie kredytów udzielonych maklerom o kwotę 2,3 mln dolarów. Rynek akcji załamał się, a w grudniu 1932 r. wartość notowanych papierów wartościowych spadła o 83,1%, z 89 mld dolarów do 15 mld dolarów.

Ekonomiczne i społeczne konsekwencje tego załamania były druzgocące. Spośród 24 000 banków 10 000 ogłosiło upadłość, pozostawiając swoich deponentów zrujnowanych. 200 000 firm ogłosiło upadłość, a 8,3 mln osób znalazło się na ulicy. W ciągu następnych 3 lat 24,9%[216] ludności aktywnej zawodowo pozostawało bez pracy. Dochód narodowy Stanów Zjednoczonych spadł o 40,7%, z 81 mld dolarów w 1927 r. do

[215] Wskaźnik oblicza się, dzieląc cenę akcji przez zysk na akcję.
[216] Liga Narodów, World Economic Survey: Eighth Year, 1938/1939 (Genewa, 1939) s. 128.

48 mld dolarów w 1932 r. Szacuje się, że w latach wielkiego kryzysu z głodu zmarło trzy miliony osób. Głównymi przyczynami były niedożywienie, choroby zakaźne i samobójstwa.

Odnosząc się do krachu na nowojorskiej giełdzie, który wywołał kryzys, kongresman Louis T. McFadden trafnie stwierdził: „Było to wydarzenie starannie wywołane... Międzynarodowi bankierzy[217] dążyli do stworzenia rozpaczliwych warunków, aby lepiej wyłonić się jako najwyżsi przywódcy nas wszystkich".[218]

A. N. Field potępił bezużyteczność banków centralnych i wypaczone cele, do których były one nieustannie wykorzystywane:

> „Banki centralne jako środek zapobiegania kryzysom finansowym wykazały się całkowitą porażką w Stanach Zjednoczonych. Fakt ten w żaden sposób nie wpłynął negatywnie na tworzenie banków centralnych we wszystkich krajach. Twierdzono, że finansiści kierujący Rezerwą Federalną Stanów Zjednoczonych nie chcą stabilnych warunków, a bezprecedensowe bańki i recesje, które następowały po sobie od momentu jej utworzenia, były spowodowane celowo. „Przynajmniej pewne jest, że ci, którzy kontrolują system, stawiali najsilniejszy opór każdemu, kto próbował skłonić Kongres do uchwalenia ustaw zmuszających Rezerwę Federalną do wykorzystania swojej ogromnej władzy w celu utrzymania siły nabywczej swojej waluty na stabilnym poziomie".[219]

[220]W artykule opublikowanym w *Financial Times* w 1930 roku profesor Karl Gustav Cassel z Uniwersytetu w Sztokholmie

---

[217] W latach 20. i 30. XX wieku termin „bankierzy międzynarodowi" był powszechnie używanym określeniem na bankierów żydowskich. Innym stosowanym eufemizmem było określenie „finansiści kosmopolityczni".

[218] A. N. Field, op. cit., s. 202.

[219] A. N. Field, *All These Things*, Omni Publications, Hawthorne, Kalifornia, 1936, s. 121–122.

[220] Profesor Cassel był członkiem-założycielem *Handelshögskolen i Stockholm* (Szkoły Ekonomicznej w Sztokholmie). Szkoła ta była zasadniczo przeciwna standardowi złota, którego broniła Szkoła Ekonomiczna Austriacka.

zauważył: „Absolutna władza nad dobrobytem świata została praktycznie oddana w ręce Rady Zarządzającej Rezerwy Federalnej. Nie można nie być zaniepokojonym, widząc, w jak pozornie przypadkowy sposób administratorzy ci korzystają z tej władzy i jak bardzo jest to sprzeczne z wymogami, które powinny kierować polityką monetarną Ameryki”.[221]

Zatrzymajmy się na chwilę, aby przytoczyć poruszające przemówienie wygłoszone w piątek 10 czerwca 1932 r. w Izbie Reprezentantów przez byłego przewodniczącego Komisji Bankowej i Monetarnej (1920–1931), czcigodnego Louisa T. McFaddena:[222]

> „Panie przewodniczący, w tym kraju mamy jedną z najbardziej skorumpowanych instytucji, jakie kiedykolwiek znano na świecie. Mam na myśli Radę Zarządzającą Rezerwy Federalnej oraz banki Rezerwy Federalnej.
>
> Ta rada dyrektorów, organ rządowy, oszukała rząd Stanów Zjednoczonych i naród amerykański na kwotę wystarczającą do spłaty długu publicznego. Spustoszenie i niesprawiedliwości spowodowane przez Radę Dyrektorów Rezerwy Federalnej i banki Rezerwy Federalnej, działające wspólnie, kosztowały ten kraj wystarczająco dużo pieniędzy, by wielokrotnie spłacić dług publiczny. Ta nikczemna instytucja zubożyła i zrujnowała naród Stanów Zjednoczonych; doprowadziła do własnej upadłości i praktycznie doprowadziła do upadłości nasz ny rząd. Osiągnęła to poprzez luki w prawie, na mocy którego działa, poprzez niewłaściwe stosowanie tego prawa przez Radę Zarządzającą oraz poprzez skorumpowane praktyki bogatych drapieżników, którzy ją kontrolują.
>
> Niektórzy uważają, że banki Rezerwy Federalnej są instytucjami rządu Stanów Zjednoczonych. Nie jest to

[221] A. N. Field, *The Truth About The Slump*, s. 118.

[222] *„Collective Speeches of Congressman Louis T. McFadden”*, Omnia Publications, Hawthorne, Kalifornia, 1970, rozdział XVI, Zdradzieckie i nieuczciwe postępowanie Rezerwy Federalnej i banków Rezerwy Federalnej, s. 298–329.

prawdą. Są to prywatne monopole kredytowe, które żerują na obywatelach Stanów Zjednoczonych dla własnej korzyści i korzyści swoich zagranicznych klientów: spekulantów i oszustów, a także bogatych, drapieżnych pożyczkodawców. Ta mroczna klika finansowych piratów składa się z ludzi, którzy podcięliby gardło człowiekowi, by okraść go z pieniędzy; to oni zalewają stany pieniędzmi, aby kupować głosy i kontrolować nasze ustawodawstwo; i to oni prowadzą międzynarodową propagandę, aby nas oszukiwać i zmusić do udzielania im kolejnych ustępstw, które pozwolą im ukryć swoje dawne zbrodnie i utrzymać swoją gigantyczną organizację przestępczą.

Te 12 monopoli kredytowych zostało nieuczciwie i podstępnie narzuconych temu krajowi przez bankierów przybyłych z Europy, którzy podziękowali nam za gościnność, sabotując nasze amerykańskie instytucje. Ci bankierzy wykorzystali pieniądze tego kraju do sfinansowania Japonii w jej wojnie z Rosją. Stworzyli rządy terroru w Rosji za nasze pieniądze, aby przedłużyć tę wojnę; byli oni twórcami odrębnego pokoju między Niemcami a Rosją, co zasiało niezgodę między sojusznikami podczas wojny światowej. Sfinansowali masowe zgromadzenia Trockiego w Nowym Jorku, aby szerzyć niezadowolenie i bunt. Opłacili podróż Trockiego z Nowego Jorku do Rosji, aby mógł uczestniczyć w zniszczeniu Imperium Rosyjskiego. Podżegali do rewolucji rosyjskiej i ją wywołali, a także udostępnili Trockiemu znaczne sumy w jednym z oddziałów s u w Szwecji, aby za jego pośrednictwem całkowicie zniszczyć rosyjskie rodziny i oddzielić rosyjskie dzieci od ich naturalnych opiekunów. Od tego czasu rozpoczęli swoje przedsięwzięcie niszczenia amerykańskich rodzin i rozpraszania amerykańskich dzieci.

Stwierdzono, że prezydent Wilson dał się zwieść trosce okazywanej przez tych bankierów oraz filantropijnym postawom, jakie przyjmowali. Mówi się, że kiedy odkrył, w jaki sposób został wprowadzony w błąd przez pułkownika House'a, zerwał z tym intruzem, tym „świętym mnichem" imperium finansowego, i wskazał mu drzwi. Miał odwagę to zrobić i moim zdaniem wykazał się wielką zasługą.

Prezydent Wilson zmarł jako ofiara oszustwa. Kiedy objął urząd prezydenta, posiadał pewne cechy umysłu i serca, które pozwoliły mu piastować wysokie stanowiska w tym kraju; nigdy jednak nie aspirował do zostania bankierem. Zawsze powtarzał, że niewiele wie o systemie bankowym. Tak więc to właśnie za radą innych podczas jego kadencji uchwalono ustawę o Rezerwie Federalnej, która była wyrokiem śmierci dla amerykańskiej wolności.

Panie przewodniczący, nie powinno być stronniczości, jeśli chodzi o sprawy bankowe i monetarne tego kraju, a mówię to bez cienia stronniczości.

W 1912 roku Narodowe Stowarzyszenie Monetarne, pod przewodnictwem nieżyjącego już senatora Nelsona W. Aldricha, przedstawiło raport przygotowujący ustawę znaną jako Ustawa o Rezerwie Narodowej. Ustawa ta jest bardziej znana pod nazwą Ustawa Aldricha. Senator Aldrich nie napisał ustawy Aldricha. Był on narzędziem, a nie wspólnikiem europejskich bankierów [żydowskich], którzy od prawie 20 lat planowali utworzenie banku centralnego w tym kraju i którzy w 1912 roku wydali i nadal wydawali ogromne sumy pieniędzy, aby osiągnąć swój cel.

Ustawa Aldricha została odrzucona po wyborze Theodore'a Roosevelta w 1912 roku, a w tym samym roku, gdy wybrano Woodrowa Wilsona, Partia Demokratyczna, zgodnie z uchwałą konwencji w Biltmore, wyraźnie oświadczyła: „Sprzeciwiamy się planowi Aldricha dotyczącemu banku centralnego". " To wszystko stanowi jasny i jednoznaczny komunikat. Przywódcy Partii Demokratycznej obiecali wówczas ludowi, że jeśli zostaną wybrani na stanowiska, nie powstanie żaden bank centralny, dopóki będą sprawować władzę. Trzynaście miesięcy później obietnica ta została złamana, a administracja Wilsona, pod kuratelą tych złowrogich postaci z Wall Street stojących za pułkownikiem House'em, ustanowiła w naszym wolnym kraju skorumpowaną monarchiczną instytucję „banku królewskiego”, aby kontrolować nas i zniewolić od kołyski aż po grób. Ustawa o Rezerwie Federalnej zniszczyła nasz tradycyjny sposób prowadzenia działalności gospodarczej; dyskryminuje nasze weksle oparte na nazwisku,[223], które są najbardziej zaawansowanym modelem na świecie; przywróciła starożytny system podwójnej waluty,[224], który jest obecną klątwą tego kraju i który spustoszył wszystkie kraje, które go wprowadziły; narzuciła temu krajowi tę samą tyranię, przed którą ojcowie Konstytucji chcieli nas uchronić.

Jedna z największych bitew o zachowanie tej Republiki rozegrała się właśnie tutaj za czasów Jacksona, kiedy to Drugi Bank Stanów Zjednoczonych, który został założony na tych samych fałszywych zasadach, co te zawarte w ustawie o Rezerwie Federalnej, został unieszkodliwiony. Po upadku Drugiego Banku Stanów Zjednoczonych w 1837 roku kraj został ostrzeżony przed niebezpieczeństwami związanymi z dopuszczeniem, by interesy kierowane drapieżnymi intencjami powróciły w przebraniu, po tym jak zostały odrzucone, pozwalając im nawiązać współpracę z władzą wykonawczą i poprzez nią przejąć kontrolę nad rządem. Jednak właśnie taki e zastosowały te same siły, kiedy powróciły pod płaszczykiem hipokryzji i pod fałszywymi pretekstami doprowadziły do uchwalenia ustawy o Rezerwie Federalnej.

Niebezpieczeństwo, przed którym ostrzegano kraj, jest teraz faktem i przynosi nam długą serię okropności, które

[223] Umowa handlowa lub weksel zawierający tylko jeden podpis.
[224] Umowa handlowa podpisana przez dwie osoby, potwierdzająca ich pełną odpowiedzialność.

towarzyszą zdradzieckim i nieuczciwym działaniom Rady Zarządzającej Rezerwy Federalnej i jej powiązanych banków. Rozejrzyjcie się wokół, gdy opuścicie tę salę, a wszędzie zobaczycie na to dowody. Ta era ekonomicznej nędzy jest w całości przypisywana Rezerwie Federalnej. Jest to era przestępstw finansowych, a w finansowaniu tych przestępstw Rezerwa Federalna nie odgrywa roli bezstronnego obserwatora.

Obywatele Stanów Zjednoczonych są poważnie oszukiwani. Jeśli tak nie jest, to nie wiem, co oznacza „oszukiwanie ludzi". Stracili oni pracę. Zostali pozbawieni domów. Zostali eksmitowani z wynajmowanych mieszkań. Stracili dzieci. Zostali skazani na śmierć z powodu braku schronienia, jedzenia, odzieży i leków.

Bogactwo Stanów Zjednoczonych i ich produktywność zostały im odebrane, a wszystko to spoczywa albo w skarbcach niektórych banków i wielkich korporacji, albo zostało wywiezione za granicę z korzyścią dla tych zagranicznych klientów, banków i korporacji. Jeśli chodzi o naród amerykański, miarka się przebrała. To prawda, że magazyny i składowiska węgla, a także silosy zbożowe są pełne, ale magazyny i silosy są zamknięte na kłódkę, a klucze do nich posiadają wielkie banki i korporacje.

Grabież Stanów Zjednoczonych przez Rezerwę Federalną i jej popleczników jest największą zbrodnią w historii.

Panie przewodniczący, Izba Reprezentantów stoi dziś w obliczu poważnej sytuacji. Jesteśmy przedstawicielami narodu, a prawa narodu są mu obecnie odbierane. Za pośrednictwem Rezerwy Federalnej i powiązanych z nią banków lud jest pozbawiany praw gwarantowanych mu przez Konstytucję. Ich mienie zostało skonfiskowane bez żadnego procesu sądowego. Panie przewodniczący, przyzwoitość wymaga, abyśmy zbadali rachunki rządowe w celu wykrycia przestępstw przeciwko dobru publicznemu, które zostały popełnione lub są w trakcie popełniania.

Potrzebny jest powrót do Konstytucji Stanów Zjednoczonych. Musimy doprowadzić do całkowitego rozdzielenia banków od państwa. Należy ponownie podjąć odwieczną walkę, która toczyła się tu za czasów Jacksona. Należy przywrócić niezależność Skarbu Stanów Zjednoczonych, a rząd powinien przechowywać swoje pieniądze pod kluczem w budynku udostępnionym w tym celu przez naród. Musimy pozbyć się papierowych pieniędzy, narzędzia oszustów.

Rząd powinien nabywać złoto i emitować walutę wyłącznie w oparciu o posiadane rezerwy. Zarządzanie sprawami powinno zostać przywrócone niezależnym bankierom. Państwowy system bankowy powinien być wolny od wszelkich ograniczeń. Okręgi Rezerwy Federalnej powinny zostać zniesione, a granice stanów powinny być respektowane. Rezerwy bankowe powinny być utrzymywane w państwie, którego obywatele są wierzycielami, a ta waluta rezerwowa ludu powinna być chroniona, aby międzynarodowi bankierzy nie mogli jej przejąć. Wszelka wymiana handlowa powinna zostać wstrzymana na czas uporządkowania naszych spraw finansowych. Ustawa o Rezerwie Federalnej oraz banki Rezerwy Federalnej, które naruszyły swój statut, powinny zostać natychmiast zlikwidowane.

Nielojalni urzędnicy rządowi, którzy złamali swoje przysięgi, powinni zostać odwołani i postawieni przed sądem. Jeśli tak się nie stanie, przewiduję, że naród amerykański, oburzony, okradziony, splądrowany, obrażony i zdradzony na własnej ziemi, zbuntuje się i w swoim gniewie wyśle tutaj prezydenta, który wygna kupców ze świątyni. [Oklaski]

Na podstawie powyższego przemówienia można zauważyć, że obawy zgłoszone przez Partię Pracy w RPA podczas debaty nad południowoafrykańską ustawą bankową i monetarną, która „została opracowana w USA i nie służyła interesom ludu, lecz bankom",[225] były w pełni uzasadnione. Fakt, że naiwni i nieświadomi ustawodawcy pozwolili w 1920 r. na utworzenie Banku Centralnego Republiki Południowej Afryki, wzorowanego na amerykańskim Rezerwie Federalnej, którą członek Kongresu McFadden opisał jako „jedną z najbardziej skorumpowanych i szkodliwych instytucji na świecie", jest faktem głęboko godnym ubolewania i musi zostać jednoznacznie potępiony.

[225] *Cape Times*, 28 lipca 1920 r.

Kongresman **Louis Thomas McFadden** był przewodniczącym Komisji Bankowej i Monetarnej Stanów Zjednoczonych (1920–1931). Jego nieustanne ujawnianie informacji na temat gigantycznej „organizacji przestępczej", jaką był Rezerwa Federalna, doprowadziło do jego zamordowania[1] października 1936 r.

CLIFFORD HUGH DOUGLAS

Clifford Hugh Douglas (1879–1952) był inżynierem, który podczas pracy jako zastępca kierownika w fabryce samolotów Royal Aircraft Factory w Farnborough w Anglii w czasie I wojny światowej zauważył, że całkowity koszt produkcji był wyższy niż kwoty wypłacane w postaci wynagrodzeń i dywidend. Postanowił zbadać tę nierównowagę w sposobie przepływu pieniędzy w przemyśle, a po zebraniu danych od setek firm odkrył, że istnieje stały deficyt siły nabywczej konsumentów w stosunku do całkowitych kosztów produkcji. Uważał podatek dochodowy za dywidendę ujemną i zaproponował zamiast tego wypłatę dywidendy narodowej wszystkim obywatelom, która wypełniłaby lukę między dochodami a cenami. Dywidenda ta zapewniłaby konsumentom dodatkową siłę nabywczą niezbędną do wchłonięcia całej bieżącej produkcji dóbr w sposób niepowodujący inflacji. Jest to część twierdzenia Douglasa A+B, zgodnie z którym ceny zawsze rosną w tempie szybszym niż generowane są dochody, tak aby łączna wartość cen wszystkich dóbr krążących w gospodarce na dowolnym etapie przewyższała łączną siłę nabywczą konsumentów. Teoria ekonomiczna Douglasa, znana jako Social Credit[226], opowiadała się za przeniesieniem procesu tworzenia pieniądza z banków prywatnych do banku państwowego, odbierając tym ostatnim przywilej tworzenia pieniądza z niczego w formie oprocentowanego długu.

Proponował również mechanizm dostosowawczy zwany „Sprawiedliwą Ceną". Mechanizm ten pozwoliłby na obniżenie cen o określony procent, proporcjonalnie do skutków wzrostu wydajności procesu produkcji wynikającego z postępu technologicznego. W ten sposób korzyści płynące z technologii odbiłyby się bezpośrednio na pracownikach i

[226] W liście do H. S. (Jima) Ede'a z dnia 5 kwietnia 1935 r. Laurence z Arabii wyraził swoją opinię na temat schematu kredytowego Douglasa w książce Maurice'a Colbourne'a „*Economic Nationalism*": „Gospodarka jest podobna do pływów. Nie potrafimy jej wykorzystać, a jednak przypływa i odpływa. Trzeba by ją zmapować, ale nikt nie potrafi dostrzec jej księżyca". *The Letters of T. E. Lawrence*, pod redakcją D. Garnetta, Jonathan Cape, Londyn, 1938, s. 866.

poprawiłyby ich warunki życia. Douglas był w pełni świadomy, że te rosnące postępy technologiczne uniemożliwią osiągnięcie celu pełnego zatrudnienia.

Stąd jego nacisk na wypłatę dywidendy narodowej, obliczanej poprzez dodanie do dochodu minimalnego części równoważnej wzrostowi produkcji krajowej i danych dotyczących konsumpcji.

Po I wojnie światowej Douglas poświęcił resztę swojego życia na promowanie swoich idei i wygłaszał wykłady w wielu krajach, w tym w Australii, Kanadzie, Japonii, Nowej Zelandii i Norwegii. Odniósł dwa znaczące sukcesy:

(i) Partia Kredytu Społecznego przejęła kontrolę nad rządem prowincji Alberta w Kanadzie w 1935 roku.

(ii) Po serii wykładów w Japonii w 1929 r. jego rozwiązania zostały przyjęte przez rząd japoński w 1935 r.

Propozycje Douglasa budziły ogromny strach wśród międzynarodowych bankierów i w latach 30. przeznaczyli oni znaczną kwotę 5 milionów funtów[227], aby przeciwdziałać jego w dużej mierze udanemu programowi budzenia świadomości mas. Douglas darzył bankierów centralnych jedynie pogardą i pewnego razu, podczas przemówienia w Newcastle-upon-Tyne w 1937 roku, nazwał Bank Anglii „szpitalem psychiatrycznym".[228]

---

[227] Według kalkulatora inflacji Banku Anglii 5 milionów funtów odpowiadało 301 milionom funtów w 2012 roku.

[228] C. H. Douglas, *Security Institutional and Personal*, przemówienie wygłoszone w ratuszu w Newcastle-upon-Tyne, 9 marca 1937 r., s. 6. Ezra Pound, przemawiając w Radio Rome[1]czerwca 1943 r., nazwał Bank Anglii „*kanalizacją Anglii*".

Certyfikat dobrobytu wydany przez Partię Kredytu Społecznego, Alberta, 1936 r.

Clifford Hugh Douglas. Jego propozycje dotyczące kredytu społecznego i państwowego systemu bankowego zostały przyjęte przez rząd Alberty w Kanadzie oraz rząd Cesarstwa Japonii.

IRVING NORTON FISHER

Irving Fisher (1867–1947) był znanym profesorem ekonomii na Uniwersytecie Yale, który przyjął matematyczne podejście do rozwiązywania problemów ekonomicznych. Znany jest ze swojej teorii użyteczności, która zestawia mierzalność funkcji użyteczności z teorią popytu. W swoim traktacie *„The Theory of Interest"* (*„Teoria odsetek"*) zaobserwował zmiany w względnej wartości dóbr w zależności od zmian stóp procentowych w czasie. Stało się to podstawą ilościowej teorii pieniądza. Przez całe życie był aktywnym uczestnikiem ruchu eugenicznego.

W marcu 1913 r. senator Robert L. Owen, przewodniczący Senackiej Komisji Bankowej, próbował przeforsować alternatywną ustawę, aby przeciwdziałać propozycjom bankowym i monetarnym oszukańczego duetu Rothschild/Rockefeller.[229] Ustawa ta pozwoliłaby na włączenie produktów pierwszej potrzeby do bazy monetarnej, oprócz złota i srebra, i w ten sposób zapobiegłaby możliwości wystąpienia inflacji i deflacji, tworząc prawdziwą swobodę na rynku pracy. Irving Fisher pomagał Owenowi w redagowaniu tego projektu ustawy, ale później został szantażowany, aby wycofać swoje poparcie.

Ten wymowny fragment pochodzi z książki Emmanuela Josephsona *„The Federal Reserve Conspiracy & Rockefellers 'Their Gold Corner'"* i doskonale opisuje, co z tego wynikło:

> „Spiskowcy byli zdeterminowani, by zapobiec przedłożeniu ustawy Owena. Wezwali profesora Fishera przed władze Yale i skonfrontowali się z nim, nazywając jego argument, że waluta powinna być oparta i zabezpieczona przez równowartość surowców innych niż złoto, „bezsensownym". Senator Owen opowiada, że Fisher został ostrzeżony, iż nie będzie już miejsca na

[229] Rockefellerowie są potomkami niemieckich imigrantów, prawdopodobnie Żydów, którzy w średniowieczu pisali swoje nazwisko jako Roggenfelder. Ponieważ Żydów nie uznawano za pełnoprawnych obywateli, niemieccy książęta zmusili ich do dodania do nazwisk przyrostka oznaczającego przedmiot nieożywiony. Stąd –berg (góra), -stein (kamień) itp.

Uniwersytecie Yale ani na żadnej innej uczelni dla kogoś tak „bezsensownego". Profesor Fisher doskonale zdawał sobie sprawę, z jakiej ręki czerpie środki do życia, i niestety był tak samo pozbawiony zasad, jak rzesza „profesorów" sprzedających się konspiratorom i ich fundacjom. Uległ ich szantażom i zdradził senatora Owena, wycofując swoje poparcie jako wykładowca dla tej ustawy, która miała być uczciwym lekarstwem, a którą sam pomógł napisać. Zamiast tego profesor Fisher opowiedział się za tym, co szyderczo nazwał „surowcowym" dolarem, którego wartość miała być określana przez „indeks złota", co miało doprowadzić do stabilizacji gospodarki poprzez nadanie wartości surowcowej złota i dolara, spekulacyjną podstawę, która dziesięciokrotnie zwiększyłaby zdolność konspiratorów do manipulowania lub „zarządzania" gospodarką, aby łatwiej oszukiwać naród. *Ostateczny cios*[230] dla projektu ustawy monetarnej senatora Owena zadał prezydent Wilson, kiedy kategorycznie go odrzucił."[231]

[230] Uwaga tłumacza: w tekście po francusku.
[231] E. M. Josephson, *The „Federal" Reserve Conspiracy & Rockefellers, Their „Gold Corner"*, Chedney Press, Nowy Jork, 1968, s. 51.

Plan chicagowski z 1933 r. autorstwa profesora **Irvinga Fishera**, proponujący system bankowy oparty na pełnej rezerwie, został zatwierdzony przez badaczy Międzynarodowego Funduszu Walutowego w 2012 r.

W 1920 r., po ustąpieniu i zdradzeniu wysiłków senatora Owena na rzecz reformy prawa bankowego i monetarnego, Fisher opublikował pracę zatytułowaną „*Dollar Stabilisation*" ([232]), zawierającą to, co później stało się Planem z Chicago.[233] Plan został opublikowany prywatnie w formie sześciostronicowego memorandum i rozesłany do 40 osób 16 marca 1933 r. Twierdził on, że państwo powinno przejąć kontrolę nad tworzeniem podaży pieniądza, a prywatne banki powinny funkcjonować jako pełnoprawne banki rezerwowe.

---

[232] A. N. Field, op. cit., s. 169.

[233] Fisher zdawał sobie sprawę z zalet waluty emitowanej publicznie, bez długu i odsetek, na poziomie lokalnym w Europie. W *książce Stamp Scrip*, Adelphi Publishers, Nowy Jork, 1933, poświęcił rozdział IV pierwszemu eksperymentowi za granicą: Silvio Gesellowi. Gesell wprowadził papierowe pieniądze Wara (*Ware und Währung* – Towary i Waluta) w dotkniętym kryzysem górniczym mieście Schwanenkirchen w Bawarii. W rozdziale V: Nagłe rozprzestrzenienie się „certyfikatów" opisuje, jak certyfikaty przekształciły dotknięte kryzysem miasto Wörgl w Austrii w centrum kwitnącego dobrobytu.

Wykorzystując zasady matematyczne, Fisher zdołał udowodnić, że doprowadziłoby to do pełnego zatrudnienia, zlikwidowałoby cykle koniunkturalne, a inflacja zostałaby zredukowana i utrzymała się na poziomie zerowym.

W sierpniu 2012 r. dwaj badacze z Międzynarodowego Funduszu Walutowego, Jaromir Benes i Michael Kumhoff, przedstawili *publikację „The Chicago Plan Revisited" („Plan chicagowski ponownie rozważony").* Stwierdzili oni, że każdy z argumentów Fishera był w 100% trafny. Oto ich wniosek:

> „Niniejsze opracowanie stanowi ponowne spojrzenie na Plan z Chicago, propozycję fundamentalnej reformy monetarnej, którą popierało wielu wybitnych ekonomistów ze Stanów Zjednoczonych w najbardziej krytycznych momentach Wielkiego Kryzysu. Fisher (1936), w swoim znakomitym streszczeniu Planu z Chicago, twierdził, że ma on cztery główne zalety, od większej stabilności makroekonomicznej po znacznie niższy poziom zadłużenia w całej gospodarce. W niniejszym opracowaniu udało nam się rygorystycznie ocenić te argumenty, stosując wytyczne Planu z Chicago do najnowocześniejszego modelu monetarnego typu DSGE ([234]), zawierającego w skali miniaturki doskonale skalibrowany i mikrofiniansowany model obecnego amerykańskiego systemu finansowego. Istotną cechą tego modelu jest to, że masa pieniężna krążąca w gospodarce jest tworzona przez banki poprzez zadłużenie, a nie przez rząd bez zadłużenia.
>
> Analizy i wyniki naszej symulacji w pełni potwierdzają tezy Fishera (1936). Plan z Chicago mógłby znacznie zmniejszyć zmienność cykli gospodarczych spowodowaną szybką zmianą postawy banków wobec ryzyka kredytowego, wyeliminowałby prawdopodobieństwo paniki bankowej i doprowadziłby do natychmiastowego obniżenia poziomu zadłużenia publicznego i prywatnego. Osiągnąłby tę redukcję

[234] Dynamic Stochastic General Equilibrium. (Dynamiczna stochastyczna równowaga ogólna).

poprzez przywrócenie państwu uprawnień emisyjnych, które w równym stopniu reprezentują dobro wspólne, a nie dług, który stał się głównym aktywem gospodarki, podczas gdy banki koncentrują swoje wysiłki na rozszerzaniu kredytu na projekty inwestycyjne wymagające nadzoru i wiedzy eksperckiej w zakresie ryzyka. Uważamy, że korzyści płynące z Planu z Chicago wykraczają nawet poza stanowisko bronione przez Fishera.

Jedną z wielu dodatkowych korzyści jest wzrost wydajności spowodowany wyeliminowaniem lub ograniczeniem wielu czynników zakłócających, a mianowicie stóp procentowych, premii za ryzyko, konfiskacyjnych podatków oraz kosztownego i bezużytecznego nadzoru nad ryzykiem makroekonomicznym. Kolejna korzyść wynika z możliwości utrzymania inflacji na poziomie bliskim zeru w sytuacji, gdy nie ma blokady płynności, a monetaryzm staje się wykonalny i pożądany, ponieważ rząd sprawuje pełną kontrolę nad agregatami monetarnymi. Ta zdolność do generowania i utrzymywania inflacji na poziomie zerowym jest wynikiem o zasadniczym znaczeniu, ponieważ odpowiada na wszystkie dość niejasne zarzuty przeciwników wyłącznego monopolu rządowego na emisję pieniądza, twierdzących, że taki system byłby w znacznym stopniu inflacyjny. Nasza analiza teoretyczna nie zawiera niczego, co mogłoby potwierdzić ten argument. Jak wspomniano w sekcji II, nie ma również nic w całej historii monetarnej starożytnych społeczeństw zachodnich, co by to potwierdzało.[235]

[235] Prace MFW, sierpień 2012 r. https://www.imf.org/external/pubs/ft/wp/2012/wp12202.pdf

ROZDZIAŁ VI

POWSTANIE I UPADEK PAŃSTWOWEGO SYSTEMU BANKOWEGO (1932–1945)

„Jak zapewne wiecie, standard złota doprowadził do ruiny państwa, które go przyjęły, ponieważ nigdy nie był w stanie zaspokoić ich potrzeb monetarnych, biorąc pod uwagę, że wycofaliśmy złoto z obiegu w jak największym stopniu."

– Protokół nr 20[236]

„Twierdziłem wówczas, że standard złota, ustalanie kursów walutowych i tym podobne kwestie to nic innego jak bełkot, którego nigdy nie uważałem i nigdy nie będę uważał za niezmienne zasady ekonomiczne. Pieniądze były dla mnie po prostu środkiem wymiany za wykonaną pracę, a ich wartość zależała całkowicie od wartości wykonanej pracy. Tam, gdzie pieniądze nie reprezentowały wykonanej usługi, podkreślałem, że nie mają one żadnej wartości".

– Adolf Hitler[237]

REICHSBANK: PAŃSTWOWY BANK NARODOWOSOCJALISTYCZNYCH NIEMIEC

Z globalnego chaosu i gospodarczej zapaści lat 30., spowodowanych przez banki centralne kontrolowane przez Rotszyldów, wyłoniły się trzy feniksy.

W maju 1919 roku zwykły żołnierz uczestniczył w wykładzie wygłoszonym przez byłego inżyniera budownictwa lądowego, który został ekonomistą, dr. Gottfrieda Feder (1883-1941), zatytułowanym „ " („Manifest o zerwaniu łańcuchów

[236] *Protokoły mędrców Syjonu*, przetłumaczone z języka rosyjskiego przez Victora E. Marsdena, byłego korespondenta *The Morning Post* w Rosji, Londyn, 1934, s. 214. (Victor Marsden był rzecznikiem prasowym Jego Królewskiej Wysokości Księcia Walii podczas jego podróży po Imperium w 1920 r.)
[237] *Hitler's Table Talk*, zebrane przez M. Bormanna, Ostera Publications, 2012, s. 311.

lichwy").[238]

Celem tej serii wykładów było przekazanie żołnierzom podstaw polityki i ekonomii, które pozwoliłyby im śledzić liczne ruchy rewolucyjne działające w Monachium w tamtym czasie. Poniższe cytaty z *Mein* Kampf[239] ujawniają decydujący wpływ, jaki Feder wywarł na idee Adolfa Hitlera.

> „Po raz pierwszy w życiu słyszałem przemówienie, które dotyczyło zasad giełdowych i kapitału wykorzystywanego w działalności kredytowej. Po wysłuchaniu pierwszego wykładu wygłoszonego przez Federa natychmiast pomyślałem, że znalazłem jeden z najbardziej podstawowych warunków niezbędnych do stworzenia nowej partii.
>
> „Moim zdaniem zasługa Feder polegała na jego ostrym i bezlitosnym sposobie opisywania dwoistego charakteru kapitału giełdowego i transakcji związanych z pożyczkami, obnażając fakt, że kapitał ten jest nadal i zawsze uzależniony od spłaty odsetek. W kwestiach fundamentalnych jego wypowiedzi były tak pełne zdrowego rozsądku, że ci, którzy go krytykowali, *w gruncie rzeczy* nigdy nie zaprzeczali[240], że jego idee są sensowne, ale wątpili, czy da się je wdrożyć. Dla mnie wydawało się to najbardziej przekonującym elementem nauk Feder, choć inni uważali to za słabość".[241]

A także:

> „Od razu zrozumiałem, że zasady te kryją w sobie prawdę o transcendentalnym znaczeniu dla przyszłości narodu niemieckiego. Całkowite oddzielenie kapitału giełdowego od życia gospodarczego narodu pozwoliłoby

---

[238] W 1917 roku Feder założył organizację o nazwie *Deutscher Kampfbund gegen Zinsknechtschaft* (Niemiecki Związek Walki o zniesienie niewoli lichwiarskiej). W 1919 roku opublikował swój manifest w rozdziale zatytułowanym *An Alle, Alle! Das Manifest zur Brechung der Zinsknechtschaft* (Do wszystkich, dla wszystkich! Manifest na rzecz zniesienia niewoli lichwiarskiej) w swojej książce *Kampf gegen die Hochfinanz* (Walka z wielką finansjerią).

[239] A. Hitler, *Mein Kampf*, 1939, s. 122.

[240] Uwaga tłumacza: w tekście w języku francuskim.

[241] Tamże, s. 124.

przeciwstawić się procesowi internacjonalizacji niemieckiego handlu, nie atakując przy tym kapitału jako takiego, ponieważ to tylko podważyłoby fundamenty naszej niezależności narodowej. Wyraźnie dostrzegłem, co się rozwijało w Niemczech, i zdałem sobie wtedy sprawę, że walka, którą musieliśmy stoczyć, nie była skierowana przeciwko wrogim narodom, ale przeciwko międzynarodowemu kapitałowi. W przemówieniu Feder znalazłem hasło mobilizujące do walki, która nas czekała.[242]

Gottfried Feder (1883–1941), który opracował całą politykę finansową NSDAP. Później popadł w niełaskę u Hitlera z powodu braku poparcia dla jego projektu zastąpienia węgla

[242] Tamże, s. 124.

paliwem syntetycznym.

Kilka tygodni później Hitler otrzymał od swoich przełożonych wojskowych polecenie zbadania stowarzyszenia politycznego o nazwie *Deutsche Arbeiterpartei* (Niemiecka Partia Robotnicza). Podczas tego publicznego spotkania, które odbyło się 19 września 1919 r. w Sterneckerbrau Inn w Monachium, obecnych było około 20–25 osób. Głównym mówcą był Gottfried Feder. Niedługo potem Hitler wstąpił do tej partii i otrzymał tymczasowe świadectwo członkostwa o numerze siedem. Jego pierwszą inicjatywą po przejęciu kontroli nad partią była zmiana jej nazwy *na Nationalsozialistische Deutsche Arbeiterpartei* (Narodowosocjalistyczna Niemiecka Partia Robotnicza).

Feder, który był głównym autorem 25 zasad założycielskich partii, stał się architektem i teoretykiem jej programu. W lipcu 1933 r. został mianowany podsekretarzem stanu ds. gospodarczych, a w 1934 r. *Reichskommissarem* (komisarzem Rzeszy).

Hiperinflacja w Niemczech – pracownicy otrzymujący wynagrodzenie w koszach na bieliznę w 1923 r.

Reforma monetarna była kwintesencją narodowego socjalizmu, jak pokazują poniższe fragmenty „ ” (*Program NSDAP, Narodowosocjalistycznej Niemieckiej Partii*

Robotniczej i jej ogólnych koncepcji)[243], opublikowanego w Monachium w 1932 roku.

Adolf Hitler kazał wydrukować swoje dwa główne cele wielkimi literami:

„WSPÓLNY INTERES PRZED INTERESEM WŁASNYM – DUCH PROGRAMU ZNIESIENIE NIEWOLI ODSETEK – SERCE NARODOWEGO SOCJALIZMU".

> „Gdy te dwie zasady zostaną zrealizowane, udowodnią one zwycięski charakter swojej uniwersalnej treści, porządkującej społeczeństwo poprzez zniesienie obecnego rozdziału państwa, narodu i gospodarki, wynikającego z demoralizującego wpływu panujących teorii indywidualistycznych. Dzisiaj panuje oszustwo. Klasy pracujące są uciskane, a nieuczciwe zyski bankierów i spekulantów są chronione, co pozwala na nieodpowiedzialne prywatne wzbogacanie się, ze szkodą dla wszelkiej stabilności politycznej, wszelkiej wzniosłej myśli wśród ludu oraz przy braku jakiegokolwiek wyższego związku moralnego i jakiegokolwiek poczucia jedności. Władza pieniądza, najbardziej bezlitosna ze wszystkich władz, sprawuje absolutną kontrolę i wywiera demoralizujący i destrukcyjny wpływ na państwo, naród, społeczeństwo, moralność, świat kultury oraz na wszystkie kwestie obyczajowe, które trudniej jest ocenić.[244]
>
> „Złamanie niewoli lichwiarskich odsetek jest naszym okrzykiem wojennym[245] Co rozumiemy przez niewolę lichwy? W jej jarzmie znajduje się właściciel ziemski, który musi zaciągać pożyczki na sfinansowanie swojej działalności rolniczej, pożyczki o tak wysokim oprocentowaniu, że pochłaniają one praktycznie cały

[243] G. Feder, *Program NSDAP, Narodowosocjalistyczna Niemiecka Partia Robotnicza i jej ogólne koncepcje*, Monachium, 1932, s. 51.
[244] Tamże, s. 21.
[245] Tamże, s. 25.

plon jego pracy, lub który zmuszony jest do zaciągania długów i dźwigania hipotek niczym niewidzialnych smycz. To samo dotyczy pracownika, który produkuje w magazynach i fabrykach za grosze, podczas gdy akcjonariusz czerpie dywidendy i premie, na które nie musiał pracować. Tak wygląda klasa średnia, której plon pracy służy prawie w całości do spłaty odsetek od debetów bankowych.[246]

„Jarzmo odsetek jest prawdziwym wyrazem antagonizmów: kapitał/praca, krew/pieniądze, twórcza praca/wyzysk. Konieczność złamania tego jarzma ma tak wielkie znaczenie dla naszego narodu i naszej rasy, że na niej samej spoczywa nadzieja narodu na wyrwanie się z hańby i niewoli; w rzeczywistości nadzieja na odzyskanie szczęścia, dobrobytu i cywilizacji na całym świecie. Jest to oś, wokół której wszystko się kręci; chodzi o znacznie więcej niż tylko konieczność wynikającą z polityki finansowej. Chociaż jej zasady i konsekwencje są głęboko zakorzenione w życiu gospodarczym i politycznym, jest to kwestia o zasadniczym znaczeniu dla wszelkich badań ekonomicznych, a zatem dotyczy każdego człowieka i wymaga od każdego z nich podjęcia decyzji: służyć narodowi czy bezgranicznie się wzbogacać. Stanowi ona rozwiązanie Kwestii Społecznej.[247]

Nasza zasada finansowa: finanse muszą służyć interesom państwa; magnaci finansowi nie mogą tworzyć państwa w państwie. Stąd nasz cel, jakim jest zerwanie łańcuchów lichwy.

Odciążenie państwa, a tym samym całego narodu, od zadłużenia wobec wielkich domów finansowych, które udzielają pożyczek na procent.

Nacjonalizacja Reichsbanku i banków emisyjnych, udzielających pożyczek oprocentowanych.

[246] Tamże, s. 26.
[247] Tamże, s. 27.

> Zapewnienie środków finansowych niezbędnych do realizacji wielkich projektów publicznych (energia wodna, kolej itp.), nie poprzez zaciąganie pożyczek, ale poprzez emisję bezodsetkowych bonów skarbowych bez wykorzystania gotówki.
>
> Wprowadzenie stałego standardu walutowego opartego na stabilnej podstawie.
>
> Utworzenie krajowego banku inwestycyjnego (reforma monetarna) w celu udzielania nieoprocentowanych pożyczek.
>
> Gruntowna przebudowa systemu podatkowego w oparciu o zasady społeczno-gospodarcze. Odciążenie konsumenta od obciążenia podatkami pośrednimi, a producenta od paraliżującego i konfiskacyjnego opodatkowania (reforma i zwolnienia podatkowe).[248]
>
> Nieodpowiedzialne drukowanie banknotów bez tworzenia nowej wartości dodanej prowadzi do inflacji. Wszyscy na tym cierpimy. Jednak prawidłowy wniosek jest taki, że emisja nieoprocentowanych bonów skarbowych przez państwo nie może generować inflacji, jeśli jednocześnie tworzona jest nowa wartość dodana.
>
> Fakt, że obecnie duże przedsiębiorstwa nie są w stanie stanąć na nogi bez uciekania się do pożyczek, jest czystym szaleństwem. To właśnie w tym obszarze rozsądne wykorzystanie suwerennego prawa do bicia monety może przynieść najbardziej korzystne rezultaty.[249]

30 stycznia 1933 r. narodowi socjaliści zostali wyniesieni do władzy[250] dzięki koalicji między *Regierung der Nationalen Konzentration* (Rządem Koncentracji Narodowej) a

---

[248] Tamże, s. 30.

[249] Tamże, s. 43.

[250] W wyborach 6 listopada 1932 r. narodowi socjaliści uzyskali 11 737 398 głosów, czyli 33,1%. W wyborach 5 marca 1933 r. liczba głosów oddanych na NSDAP wzrosła do 17 277 180, co stanowiło 43,9% głosów oddanych. W wyborach z 12 listopada 1933 r., które odbyły się w formie referendum, NSDAP uzyskała 39 655 224 głosów, czyli 92,1% wszystkich oddanych głosów przy frekwencji wynoszącej 95,3%.

Deutschnationale Volkspartei (ną Narodową Partią Ludową Niemiec). Wprowadzono dość złagodzoną wersję reformy monetarnej. W celu sfinansowania prac państwowych i programów zbrojeniowych utworzono dwie fikcyjne spółki o nazwach *Gesellschaft für Offentliche Arbeiten* (Offa) i *Metallforschung Gesellschaft* (Mefo). Korporacje te przyjmowały weksle od dostawców realizujących zamówienia państwowe. Weksle te były następnie dyskontowane w Reichsbanku według stopy procentowej wynoszącej 4%. Były one wystawiane wyłącznie na okres trzech miesięcy, co było ewidentnie niewystarczające, biorąc pod uwagę długoterminowy charakter różnych projektów, które finansowały. Można je było jednak przedłużyć w trzech miesięcznych odstępach na okres do pięciu lat.

W styczniu 1939 r. sytuacja uległa zaostrzeniu, gdy prezes Reichsbanku, Hjalmar Schacht, odmówił przedłużenia weksli Offa i Mefo o wartości trzech miliardów, obawiając się wywołania „inflacji". 7 stycznia 1939 r. Schacht wysłał do Hitlera memorandum podpisane przez siebie i ośmiu innych członków zarządu Reichsbanku, zawierające następujące główne punkty:

1) Rzesza może wydawać jedynie kwotę pokrytą z podatków.

2) Cała kontrola finansowa musi zostać przywrócona Ministerstwu Finansów. (Zmuszonemu wówczas do pokrywania wszystkich wydatków wojskowych).

3) Należy wprowadzić skuteczną kontrolę cen i wynagrodzeń. Należy położyć kres obecnym nieprawidłowościom w zarządzaniu.

4) Korzystanie z rynku pieniężnego i inwestycyjnego musi pozostać wyłączną prerogatywą Reichsbanku. (Oznaczało to praktyczne wyeliminowanie Czteroletniego Planu Göringa).[251]

[251] E. N. Peterson, *Hjalmar Schacht: for and against Hitler: A political-economic study of Germany, 1923-1945*, The Christopher Publishing House, Boston, 1954, s. 179.

Schacht kończy swoje memorandum niejednoznacznymi słowami: „Chętnie współpracowalibyśmy jak najlepiej z sze przyszłe cele, ale teraz nadszedł czas, aby zatrzymać się".[252]

Wykorzystując te środki, Schacht zamierzał doprowadzić do załamania niemieckiej gospodarki,[253] która w latach 1933–1939 odnotowała wzrost produktu krajowego brutto o 100 procent. Z kraju zrujnowanego w styczniu 1933 r., z 7 500 000 bezrobotnych,[254] Hitler przekształcił Niemcy w nowoczesny socjalistyczny raj. Był słusznie rozgniewany i odrzucił zalecenia Reichsbanku, nazywając je „buntem".[255] Dwa tygodnie później Schacht został zwolniony. Roger Elletson opisuje ten pamiętny moment: „19 stycznia 1939 r. Schacht został zwolniony bez wypowiedzenia, a Reichsbank otrzymał rozkaz przyznania Rzeszy wszystkich kredytów, o które poprosił Hitler. To zdecydowane działanie jednym ruchem pozbawiło Reichsbank kontroli nad krajową polityką pieniężną oraz podważyło podstawy władzy międzynarodowego żydostwa w Niemczech. Żydowscy bankierzy właśnie zostali pozbawieni możliwości dewaluacji i zniszczenia niemieckiej gospodarki.

Pomijając konsekwencje odsetek płaconych od weksli Mefo, Niemcy mogły teraz uznać, że funkcjonują całkowicie w ramach „systemu Feder", a nie „systemu Schachta". Reichsbank stał się skuteczną bronią rządu, a jedyną zmianą było to, że weksle były teraz monetyzowane lub spłacane pod auspicjami państwa, a nie przez żydowskiego sługusa na

[252] J. Weitz, *Hitler's Banker Hjalmar Horace Greely Schacht*, Little, Brown and Company, Londyn, 1999, s. 17.

[253] Tamże, s. 343. Wskazówkę pozwalającą zrozumieć, komu tak naprawdę był lojalny Schacht, ujawniono podczas jego pogrzebu kilka dni po śmierci w wieku 93 lat, 4 czerwca 1970 r. Na jednym z wieńców na jego trumnie znajdowała się kartka z napisem: „Towarzyszu z trudnych czasów – Fundacja 20 lipca". Członkowie tej organizacji bezskutecznie próbowali zamordować Hitlera 20 lipca 1944 roku.

[254] Spośród 7 500 000 osób bezrobotnych 5 575 492 było zarejestrowanych jako bezrobotni, a 4 000 000 pozostałych pracowało w niepełnym wymiarze godzin. *Statistical Year-Book of the League of Nations*, 1940, Genewa, s. 70. Zob. również B. R. Mitchell, International Historical Studies, Europe 1750–1993, wydanie czwarte.

[255] D. Marsh, *The Bundesbank: The Bank That Rules Europe*, William Heinemann Ltd, Londyn, 1992, s. 119.

stanowisku prezesa Reichsbanku.[256] W ten sposób w styczniu 1939 r. Reichsbank stał się prawdziwym bankiem państwowym. Rezygnacja Schachta położyła również kres przekazywaniu poufnych informacji dotyczących wszystkich wydarzeń gospodarczych w Niemczech,[257], które były nieprzerwanie przekazywane Montagu Normanowi,[258], bratu masonowi i prezesowi Banku Anglii (1920–1944).

Nowa ustawa o Reichsbanku, ogłoszona 15 czerwca 1939 r., sprawiła, że bank stał się **„bezwarunkowo podporządkowany suwerenności państwa”.**[259]

Artykuł 3 stanowił, że bank, przemianowany na *Deutsche Reichsbank*, miał być „kierowany i zarządzany zgodnie z instrukcjami oraz pod nadzorem Führera i Kanclerza Rzeszy”. [260] Hitler był teraz swoim własnym bankierem, ale odcinając się od międzynarodowych oszustów i lichwiarzy, musiał, podobnie jak Napoleon Bonaparte, który w 1800 roku ustanowił Banque de France jako bank państwowy, spotkać ten sam los; nastąpiła bezsensowna wojna, która doprowadziła do ruiny jego narodu i kraju. To właśnie to wydarzenie wywołało II wojnę światową – Rothschildowie zdali sobie sprawę, że powszechne powielanie niemieckiego systemu bankowości państwowej bez lichwy zniszczy na zawsze ich

---

[256] R. E. Elletson, *Monetary Parapometrics: A Case Study of the Third Reich*, Christian International Publications, Wilson, Wyoming, 1982, s. 57.

[257] D. Irving, *The War Path: Hitler's Germany 1933-1939*, Macmillan, Londyn, 1978, s. 172. Uwaga: „Montagu Norman, prezes Banku Anglii, oświadczył amerykańskiemu ambasadorowi Josephowi Kennedy'emu, że Schacht był jego stałym informatorem przez 16 lat w sprawie niepewnej sytuacji finansowej Niemiec (ambasador Joseph Kennedy przekazał tę informację do Waszyngtonu 27 lutego 1939 r.). W 1946 r. Norman próbował wstawić się za Schachtem w Norymberdze za pośrednictwem brytyjskiego brata masona z zespołu prokuratora, Harry'ego Phillimore'a (Schacht również był masonem). Zespół amerykański kategorycznie odrzucił propozycje Phillimore'a, ale angielski sędzia Birkett uniewinnił oskarżonego. Zob. również D. Irving, *Nuremberg The Last Battle*, Focal publishers, Londyn, 1996, s. 271–272. Montagu Norman był również ojcem chrzestnym najmłodszego prawnuka Schachta, Normana. Zob. wizyta pana Normana w Berlinie, *The Glasgow Herald*, 5 stycznia 1939 r., dwa dni przed wysłaniem przez Schachta bezczelnego memorandum do Hitlera.

[258] Montagu Norman był postacią skrytą, poruszającą się w stylu przygodówek, a raz nawet widziano go, jak wychodził z luku ładunkowego frachtowca. Oprócz wspomnianego już pseudonimu, profesora Skinnera, czasami używał swojego drugiego imienia, Collet, jako nazwiska.

[259] D. Marsh, op. cit., s. 128.

[260] Tamże, przypis 40, s. 300.

złowrogie imperium finansowe. Aby dać Polakom carte blanche, co miało im pozwolić na przeciwstawianie się i prowokowanie Niemców, 31 marca 1939 r. Wielka Brytania złożyła zwodniczą i bezwartościową ofertę[261], mającą zagwarantować suwerenność Polski.

„**Wilhelm** Gustloff" (24 484 ton brutto), nazwany na cześć przywódcy Szwajcarskich Narodowych Socjalistów. W ramach programu *Kraft durch Freude* (siła przez radość) niemieccy robotnicy zarabiający mniej niż 300 RM miesięcznie mogli pozwolić sobie na rejsy do egzotycznych miejsc. Jednak statkom tym zakazano wpływania do brytyjskich portów z obawy przed wywołaniem niepokojów i zazdrości wśród ubogich i bezrobotnych brytyjskich robotników.

[261] Był to czek in blanco, który miał wszelkie szanse na odrzucenie, ponieważ Anglia była gotowa przyjść z pomocą Polsce jedynie w przypadku niemieckiej inwazji na Polskę lub polskiej inwazji na Niemcy, ale w żadnym wypadku nie w przypadku Związku Radzieckiego. Polacy nie byli świadomi tej ewentualności. Sowieci ostatecznie zaanektowali zdecydowanie największą część Polski, a mianowicie 77 300 mil kwadratowych, w porównaniu z 49 800 milami kwadratowymi zwróconymi Niemcom. Sekretarz stanu Ernst von Weizsäcker cytowany przez D. L. Hoggana, *The Forced War: When Peaceful Revision Failed*, Institute for Historical Review, Costa Mesa, Kalifornia, 1989, s. 391, z pogardą opisując: „Brytyjska gwarancja dla Polski była podobna do dawania cukru małemu dziecku pozostawionemu samemu sobie!".

Wnętrze statku „Wilhelm Gustloff"

We wrześniu 1939 r. **autostrada Rzeszy** miała długość 3862 km. Nie została zaprojektowana pod kątem użyteczności, ale po to, by zapewnić kierowcom zapierające dech w piersiach widoki.

W ciągu następnych pięciu miesięcy rząd polski stopniowo nasilał represje, nękanie i ataki na 1,5-milionową społeczność niemiecką mieszkającą w Polsce. Ataki te,[262] w trakcie których

[262] D. L. Hoggan, op. cit., rozdz. 16, *Przerażeni Niemcy w Polsce*, s. 388–390, oraz zamieszki w Łodzi, s. 391–392. Hoggan stwierdza również, że: „... wśród dobrze poinformowanych osób w tamtym czasie [1939 r.] nie było żadnych wątpliwości, że Niemcom w Polsce codziennie wyrządzano straszliwe okrucieństwa", s. 554.

58 000 niemieckich cywilów zostało zabitych przez Polaków w sporadycznych wybuchach okrucieństwa, osiągnęły punkt kulminacyjny w masakrze w Brombergu 3 września 1939 r., w której zginęło 5 500 osób. Początkowo te prowokacje i okrucieństwa były stoicko ignorowane. Ostatecznie Hitler został zmuszony do podjęcia interwencji zbrojnej w celu ochrony Niemców w Polsce. 30 sierpnia 1939 r., w geście godnym męża stanu, Hitler ponownie przedstawił rządowi polskiemu propozycje z Marienwerder.[263]

Cztery główne propozycje były następujące:

(i) Utrzymanie istniejących granic określonych w traktacie wersalskim.

(ii) Powrót do Niemiec ludności Gdańska (370 000 osób), w 97% składającej się z Niemców.

(iii) Budowa autostrady o długości 96 km oraz linii kolejowej łączącej Prusy Zachodnie i Wschodnie, od Schönlanke do Marienwerder.

(iv) Wymiana ludności między Niemcami a Polakami.

Z polecenia międzynarodowych bankierów brytyjski minister spraw zagranicznych, lord Halifax, zdecydowanie zalecił rządowi polskiemu, by nie podejmował negocjacji.[264] W ten sposób wybuchła II wojna światowa, co obala mit o niemieckiej winie. Od 1939 r., mimo że Niemcy podjęły co najmniej 28 znanych prób zawarcia bezwarunkowego pokoju, wszystkie zostały odrzucone. Wynikiem tej wymuszonej wojny było zwycięstwo międzynarodowych finansistów oraz klęska i zniewolenie narodów Europy, a w rzeczywistości całego świata. W Europie zniewolenie to zostało ostatecznie dopełnione utworzeniem kontrolowanego przez Rotszyldów Europejskiego Banku Centralnego[1]czerwca 1998 r. oraz wprowadzeniem *euro*[1]stycznia 1999 r.

---

[263] *„Das Letze Angebot in Verheimlichte Dokumente – Was den Deutschen verschwiegen wird"* (Ostatnia propozycja w tajnych dokumentach – co ukrywa się przed Niemcami), Fz-Verlag, Monachium, 1993, s. 172–174. Zawiera pełny tekst wszystkich 16 punktów.
[264] D. H. Hoggan, op. cit., s. 565–569.

OSIĄGNIĘCIA NIEMIECKIEGO SYSTEMU BANKOWOŚCI PAŃSTWOWEJ

Jednym z pierwszych pozytywnych skutków, jakie system bankowości państwowej i reforma monetarna przyniosły narodowi niemieckiemu, było zapewnienie odpowiednich warunków mieszkaniowych. W latach 1933–1937 wybudowano 1 458 178 nowych domów, spełniających najnowocześniejsze standardy tamtej epoki.[265] Każdy dom nie mógł mieć więcej niż dwa piętra i musiał posiadać ogród. Ograniczano budowę mieszkań, a czynsz nie mógł przekraczać 25 RM miesięcznie, czyli 1/8 średniego dochodu pracownika. Pracownicy zarabiający więcej płacili maksymalnie 45 RM miesięcznie.

Młodym parom przyznawano nieoprocentowane pożyczki do kwoty 1000 RM (równowartość pięciomiesięcznego wynagrodzenia), znane pod nazwą *Ehestanddarlehen* (kredyty małżeńskie). Kredyt był spłacany w ratach 1% miesięcznie, ale za każde urodzone dziecko 25% kwoty kredytu było umarzane. W ten sposób, jeśli rodzina miała czworo dzieci, kredyt był uznawany za całkowicie spłacony. Ta sama zasada miała zastosowanie do kredytów mieszkaniowych, które były udzielane na okres dziesięciu lat przy bardzo niskim oprocentowaniu. Urodzenie każdego dziecka skutkowało również umorzeniem 25% kredytu.[266] Nauka w szkołach, technikumach i na uniwersytetach była bezpłatna, a powszechny system opieki zdrowotnej zapewniał wszystkim bezpłatną opiekę medyczną.[267]

[265] W latach 1932–1938 wskaźnik ukończonych budów wzrósł o 163,2%, z 38 do 100.

[266] S. M. Goodson, *Illustrated Guide to Adolf Hitler & The Third Reich*, Waszyngton, The Barnes Review, 2009, s. 15.

[267] System był finansowany ze skromnej składki pobieranej z wynagrodzeń pracowników i wpłacanej do *Allgemeine Ortskrankenkasse* (Ogólnego Lokalnego Funduszu Zdrowia).

Samochód dla ludu – **Adolf Hitler** odwiedza fabrykę „Volkswagen" w Wolfsburgu, 1938 r. Proponowaną nazwą dla nowej miejscowości było Hitlerstadt, ale Hitler sprzeciwił się temu, twierdząc, że wolałby przyjąć zamiast tego swój pseudonim Wolf.

W latach 1933–1937 import wzrósł o 31%, z 4,2 mld RM do 5,5 mld RM, podczas gdy eksport, zwłaszcza do południowo-wschodniej Europy, wzrósł o 20,4%, z 4,9 mld RM do 5,9 mld RM. Wzrost wymiany handlowej ilustruje 76,9-procentowy wzrost żeglugi śródlądowej, która wzrosła z 73,5 do 130 mln ton przewiezionych towarów, oraz 69,4-procentowy wzrost żeglugi oceanicznej, która wzrosła z 36 do 61 mln ton przewiezionych towarów. W tym okresie handel uległ znacznej poprawie dzięki barterowi, który pozwalał ominąć międzynarodowy system płatności oraz wymóg uiszczania prowizji i odsetek od weksli. Pod koniec lat 30. 50% całego handlu zagranicznego odbywało się w ramach transakcji opartych na barterze. W tym samym okresie wydatki na infrastrukturę drogową, a w szczególności na Reichsautobahn, której 3 862 km ukończono we wrześniu 1939 r., wzrosły o 229,5%, z 440 mln RM do 1,45 mld RM. Budowa tej gigantycznej autostrady, poza jej symbolicznym znaczeniem, była konieczna, aby pomieścić rosnącą liczbę pojazdów, która wzrosła o 425%, z 41 000 do 216 000 rejestracji, oraz aby sprostać jeszcze bardziej spektakularnemu wzrostowi o 622% liczby samochodów osobowych, z 7 000 do 50 600.

W latach 1932–1938 produkcja rudy żelaza wzrosła o 45,4%, z 843 000 do 1 226 000 ton. Niemiecka ruda zawierała jedynie 25% żelaza, w przeciwieństwie do rudy szwedzkiej o wyższej zawartości żelaza, na którą Niemcy nie mieli środków. Trudność tę udało się przezwyciężyć dzięki procesowi Krupp-Renn, który pozwalał na produkcję stali wysokiej jakości. W latach 1932–1939 wskaźnik produkcji węgla wzrósł o 85,5%, z 69 do 128, podczas gdy wskaźnik energetyczny wzrósł w tym samym okresie o 76%, z 75 do 132.[268]

Ta stale rosnąca aktywność gospodarcza spowodowała spadek stopy bezrobocia, która w 1933 r. osiągnęła 30,1%, do niemal zera w lipcu 1939 r.[269], tak że emerytowani pracownicy musieli zostać ponownie zachęceni do powrotu do pracy, aby zapełnić brak siły roboczej. Natomiast stopa bezrobocia w Stanach Zjednoczonych, która w 1933 r. osiągnęła poziom 25,1%, według National Industrial Conference Board spadła jedynie nieznacznie, osiągając 19,8% w styczniu 1940 r.;[270] sytuację tę należy przypisać irracjonalnej, ale celowej polityce Rezerwy Federalnej kontrolowanej przez Rotszyldów oraz pasożytniczemu sektorowi bankowości prywatnej.

Dochód narodowy Niemiec wzrósł o 43,8% z 45,2 mld RM do 65 mld RM w latach 1932–1937, podczas gdy w okresie od 1932 r. do czerwca 1939 r. wskaźnik produkcji dóbr wzrósł o 219,6%, z 46 do 147;[271] jednak koszty utrzymania wzrosły jedynie o 4%, czyli mniej niż 1% rocznie, a tempo to utrzymało się przez całe 12 lat funkcjonowania państwowego systemu bankowego w okresie narodowego socjalizmu. Niemiecka polityka pieniężna „miała charakter nieinflacyjny dzięki wydatkom rządowym, które zwiększały popyt, co z kolei mogło powodować rosnący wzrost ilości dostępnych dóbr".[272]

W 1939 roku Niemcy stały się najpotężniejszym krajem w

[268] *Statistical Year-Book of the League of Nations*, op.cit., s. 169. Wskaźniki produkcji zostały dostarczone przez *Konjunkturforschung* na podstawie roku 1928.
[269] W lipcu 1939 r. zarejestrowanych jako bezrobotni było 38 379 osób.
[270] *Rocznik statystyczny Ligi Narodów*, op.cit., s. 70.
[271] Tamże, s. 169.
[272] R.E. Elletson, op.cit., s. 60.

historii Europy. Ich produkt krajowy brutto rósł w tempie 11% rocznie i podwoił się w ciągu sześciu lat funkcjonowania państwowego systemu bankowego. Niemcy byli teraz najszczęśliwszym i najlepiej prosperującym narodem na świecie, cieszącym się pełnym zatrudnieniem i najwyższym standardem życia. Sukces ten osiągnięto dzięki pracowitości narodu niemieckiego oraz wsparciu uczciwego systemu monetarnego, który nie opierał się na lichwie ani standardzie złota.

Jednym z mitów rozpowszechnianych przez oficjalnych historyków jest twierdzenie, że niemieckie odrodzenie gospodarcze opierało się na produkcji zbrojeniowej. Poniższa tabela pokazuje skromny poziom wydatków wojskowych, które zaczęły rosnąć dopiero w latach 1938–1939, kiedy Niemcy zaczęły czuć się zagrożone przez swoich sąsiadów.

Lata	Wydatki wojskowe RM	Dochód narodowy
1933/34	1,9 mld	4%
1934/35	1,9 mld	4%
1935/36	4 miliardy	7%
1936/37	5,8 mld	9%
1937/38	8,2 mld	11%
1938/39	18,4 mld	22%

Źródło: Deutsche Reichsbank

Nawet wydatki na obronę wynoszące 22% dochodu narodowego tuż przed wybuchem II wojny światowej można uznać za niezbyt wygórowane, jeśli weźmiemy pod uwagę, że granice Niemiec nie mają wielu naturalnych barier, a w tamtym czasie kraj ten otoczony był wrogimi sąsiadami:, Czechosłowacją, Francją i Polską. Niemcy musiały również odbudować uzbrojenie, którego nie mogły posiadać zgodnie z postanowieniami traktatu wersalskiego. Angielski historyk A. J. P. Taylor pisze: „Stan niemieckiego uzbrojenia w 1939 roku stanowi decydujący dowód na to, że Hitler nie planował wojny totalnej i prawdopodobnie w ogóle nie miał zamiaru prowadzić wojny".[273]

Rozwój sytuacji po wojnie

W maju 1945 r. *Deutsche Reichsbank* zaprzestał działalności, choć jego działalność faktycznie zakończyła się dopiero w 1961 r. W zachodniej części kraju jego następcą został 1 maja 1948 r. *Bank deutscher Länder* (Bank Niemieckich Krajów Związkowych). Bank ten wprowadził markę niemiecką 21 czerwca 1948 r., a później stał się znany jako *Deutsche Bundesbank*, który został utworzony 26 lipca 1957 r. Chociaż bank ten był prawnie niezależny i wzorowany na amerykańskiej Rezerwie Federalnej, Bundestag, czyli parlament federalny, sprawował nad nim znaczną kontrolę i wpływ na jego politykę, dlatego nie był on w tamtym czasie tak niezależny, jak większość dzisiejszych banków centralnych.

Od 2001 r., jako członek Europejskiego Banku Centralnego, *Deutsche Bundesbank* przekazał większość swoich uprawnień tej organizacji. Pozostałe obowiązki, które dzieli z EBC, to emisja banknotów, zarządzanie izbą rozliczeniową oraz nadzór i zarządzanie rezerwami walutowymi. Głównym celem EBC, zgodnie z art. 127 ust. 1 Traktatu o funkcjonowaniu Unii Europejskiej, jest utrzymanie stabilności cen. Ta obsesja jest w dużej mierze odpowiedzialna za rekordowy poziom bezrobocia i niskie tempo wzrostu PKB, z którymi mamy do czynienia, a także za spadek wskaźnika dzietności.

EBC został utworzony 1 stycznia 1998 r. i formalnie rozpoczął dział ną 1 stycznia 1999 r. wraz z wprowadzeniem wspólnej waluty – euro. Ten kontrolowany przez Rothschildów bank znajduje się, jak na ironię, przy ulicy Kaiserstrasse 29 we Frankfurcie nad Menem, niedaleko *Judengasse* (ulicy Żydów), gdzie Mayer Amschel Rothschild i jego brat Kalman założyli w latach 80. XVIII wieku kantor wymiany monet i medali. Dla

[273] A.J.P. Taylor, *The Origins of the Second World War*, Hamish Hamilton, Londyn, 1961, 218.

18 krajów, które głupio przyjęły euro i dołączyły do EBC, ich podporządkowanie i zniewolenie są *faktem dokonanym*[274].

FASZYSTOWSKIE WŁOCHY

28 października 1922 r. do władzy doszli Benito Mussolini i jego Narodowa Partia Faszystowska. Faszyzm należałoby określić bardziej precyzyjnie jako korporacjonizm, ponieważ symbolizuje on połączenie państwa i władzy korporacyjnej. W 1936 r. Izba Deputowanych została zastąpiona przez Krajową Radę Korporacji, składającą się z 823 przedstawicieli przemysłu, pracowników i prowincji, którzy kierowali produkcją przemysłową i rozstrzygali spory pracownicze.

W latach 20. XX wieku, dzięki wydatkom publicznym, rozpoczęto program robót publicznych o skali niespotykanej w ówczesnej współczesnej Europie. Zbudowano mosty, kanały, autostrady o długości 4 000 km, szpitale, szkoły, dworce kolejowe i sierocińce. Zasadzono lasy i wyposażono uniwersytety.[275] Osuszono bagna Pontyńskie i odzyskano 802 km²terenu.[276] Rolnictwo było dotowane i regulowane w ramach programu samowystarczalności narodowej lub autarkii.

PAŃSTWOWY BANK WŁOCH

W 1926 r. Mussolini po raz pierwszy wkroczył do sektora bankowego, przyznając Banca d'Italia prawo do emisji banknotów oraz zarządzania minimalnymi rezerwami banku, w tym zapasami złota. Wykorzystanie włoskiego faszyzmu „głównie do stworzenia państwa autarkicznego, niepodlegającego kaprysom światowego handlu i finansów"[277] stanowiło istotę jego polityki. W 1927 r. Włochy otrzymały od

---

274 Uwaga tłumacza: w tekście po francusku

275 R.G. Price, *Faszyzm, część 1: Zrozumieć faszyzm i antysemityzm*, 23 października 2003 r. www.rational/revolution.ne/articles/understandingfascism.htm

276 Obecnie w tym niegdyś opuszczonym regionie mieszka 520 000 osób.

277 K. Bolton, *The Banking Swindle Money Creation and the State*, Black House Publishing Ltd, Londyn, 2013, 118.

JP Morgana pożyczkę w wysokości 100 mln dolarów na pokrycie pilnych potrzeb. Następnie Mussolini odmówił „negocjowania lub przyjmowania kolejnych pożyczek z zagranicy", ponieważ „był zdecydowany utrzymać Włochy wolne od wszelkiej finansowej zależności od zagranicznych interesów bankowych".[278]

Benito Mussolini sprawdza postępy osuszania bagien Pontynów – jednego z jego inżynieryjnych triumfów, który przekształcił ten dotknięty malarią region w obszar obfitujący w plony rolne.

W 1931 r. państwo przejęło prawo do nadzorowania wszystkich głównych banków za pośrednictwem *Instituto Mobiliare Italiano* (Włoskiego Instytutu Papierów Wartościowych). W 1936 r. proces ten został zakończony, gdy na mocy *Atto Reforma Bancaria* (ustawy o reformie bankowości) Bank Włoch i wszystkie główne banki stały się instytucjami państwowymi.[279]

Bank Włoch stał się wówczas pełnoprawnym bankiem państwowym, jako jedyny posiadający prawo do tworzenia

[278] L. Villari, *Italian Foreign Policy under Mussolini*, Holborn Publishing Company, Londyn, 1959, s. 59.
[279] A. J. de Grund, *Fascist Italy and Nazi Germany: The 'Fascist' Style of Rule*, George Routledge & Sons Ltd, Londyn, 2004, s. 52.

kredytu z niczego i dystrybucji go innym bankom za niewielką opłatą. Zniesiono ograniczenia dotyczące pożyczek państwowych (podobnie jak w przypadku Banku Japonii, patrz dalej), a Włochy porzuciły standard złota.

BANK PAŃSTWOWY JAPONII

Bank Japonii, czyli 日本銀行 *Nippon Ginkō*, został założony 10 października 1882 roku. Chociaż największym udziałowcem był japoński dom cesarski, funkcjonował on jak typowy bank centralny, tj. z korzyścią dla banków prywatnych i ze szkodą dla dobra publicznego.

W 1929 roku C. H. Douglas, którego system kredytu społecznego został już przedstawiony, odbył serię wykładów w Japonii. Jego propozycje, aby umożliwić rządowi tworzenie pieniądza i kredytu narodowego bez odsetek, zostały entuzjastycznie przyjęte przez przywódców rządu japońskiego i świata przemysłu. Wszystkie książki i broszury Douglasa zostały przetłumaczone na język japoński, a w tym kraju sprzedano więcej egzemplarzy niż w pozostałych częściach świata.[280]

Reorganizacja Banku Japonii w bank państwowy zarządzany wyłącznie w interesie narodowym rozpoczęła się w 1932 roku. Reforma banku została zakończona w 1942 roku, kiedy to ustawa o Banku Japonii została przeredagowana na wzór ustawodawstwa niemieckiego Reichsbanku z 1939 roku.[281] Bank funkcjonował w następujący sposób:

> „Przyjmuje się, że Bank jest specjalną korporacją o silnie narodowej strukturze. Bank ma za zadanie kontrolować walutę i finanse, a także wspierać i promować system kredytowy zgodnie z polityką państwa, aby zapewnić

[280] „New Economics", 19 stycznia 1934 r., s. 8, cytowane przez D.J. Amosa, *The Story of the Commonwealth Bank*, Veritas Publishing Company, Bullsbrook, Australia Zachodnia, 1986, s. 44.

[281] www.veteranstoday.com/2011/06/26was-world-war-ii-fought-to-make-theworld-safe-for-usury i S. M. Goodson, La véritable raison de l'attaque japonaise sur Pearl Harbor, *The Barnes Review*, Waszyngton, tom XIV, nr 6, listopad/grudzień 2008, s. 41–45.

> pełne wykorzystanie potencjału narodu. Z drugiej strony, musi on **być „zarządzany z realizacją celów narodowych jako jedyną zasadą przewodnią”** (art. 2). Jeśli chodzi o funkcje Banku, ustawa zniosła starą zasadę pierwszeństwa finansów komercyjnych, dając mu pełną swobodę w nadzorowaniu finansowania przemysłowego. Ustawa upoważniła również Bank do udzielania rządowi nieograniczonych pożyczek bez zabezpieczenia oraz do subskrybowania i wykupywania bonów skarbowych. Jeśli chodzi o emisję pieniądza, ustawa uczyniła system emisji maksymalnej stałym, dzięki czemu Bank mógł emitować pieniądze według własnego uznania, aby zaspokoić potrzeby przemysłu obronnego i rządu. Z drugiej strony znacznie wzmocniono nadzór rządu nad Bankiem. Rząd mógł mianować i wydawać polecenia prezesom i dyrektorom; klauzula przyznawała rządowi szerokie uprawnienia do wydawania bankowi tzw. „polecenia operacyjnych”, aby zmusić go do stosowania środków uznanych za niezbędne do realizacji celów Banku. Ponadto ustawa poddawała znaczną część spraw finansowych Banku zatwierdzeniu przez rząd, w tym w takich obszarach jak zmiana stóp procentowych, emisja banknotów i nadzór nad rachunkami.[282]

Japonia doświadczyła tych samych traumatycznych trudności spowodowanych sztuczną Wielką Depresją. Jednak na transformacja prywatnego banku centralnego w organ państwowy przyniosła wyniki, które były zarówno przekonujące, jak i trwałe.

[282] *Money and Banking in Japan*, Departament Badań Ekonomicznych Banku Japonii, tłumaczenie: S. Nishimura, redakcja: L.S. Pressnell, Macmillan, Londyn, 1973, s. 38.

WSKAŹNIKI GOSPODARCZE JAPONII 1931–1941

	Produkty przemysłowe	Wszystkie gałęzie przemysłu	Dochód krajowy	PKB
1931	19,1	19,7	10,5	12,5
1932	20,2	20,8	11,3	13,0
1933	24,7	25,3	12,4	14,3
1934	26,4	27,0	13,1	15,7
1935	27,9	28,7	14,4	16,7
1936	31,5	32,3	15,5	17,8
1937	37,2	37,7	18,6	23,4
1938	38,2	39,0	20,0	26,8
1939	42,4	43,0	25,4	33,1
1940	44,3	44,9	31,0	39,4
1941	45,8	46,5	35,8	44,9

Źródło: Departament Statystyki, Bank Japonii

Tabela ta ilustruje stopniową poprawę sytuacji gospodarczej Japonii po zniesieniu ograniczeń dotyczących lichwy. W latach 1931–1941 produkcja wyrobów przemysłowych i produkcja przemysłowa wzrosły odpowiednio o 140% i 136%, podczas gdy dochód narodowy i PKB wzrosły odpowiednio o 241% i 259%. Te niezwykłe wzrosty znacznie przewyższały tempo wzrostu gospodarczego pozostałych krajów uprzemysłowionych. Bezrobocie spadło z 5,5% w 1930 r. do 3% w 1938 r. Spadła liczba sporów przemysłowych wraz ze zmniejszeniem liczby nieplanowanych przestojów, która spadła z 998 w 1931 r. do 159 w 1941 r.

Wyzwanie Japonii dla europejskich producentów samochodów – mały Datsun był w sprzedaży za cenę niższą od najtańszych samochodów w USA czy Wielkiej Brytanii. Zamówiono go na próbę w Indiach, Czechosłowacji i Wielkiej Brytanii. Książę Chichbe, brat cesarza Hirohito, widoczny jest na zdjęciu siedzący za kierownicą pojazdu w Japońskim Stowarzyszeniu Przemysłowym w Jokohamie w grudniu 1934 roku.

Pod koniec lat 30. XX wieku Japonia stała się dominującą potęgą gospodarczą Azji Wschodniej, a jej eksport regularnie przewyższał eksport Ameryki i Anglii. W sierpniu 1940 roku Japonia ogłosiła utworzenie Strefy Wspólnego Dobrobytu Wielkiej Azji Wschodniej.[283] Obawa, że kraje te zaczną stosować japońskie metody bankowości państwowej, stanowiła tak duże zagrożenie dla Rezerwy Federalnej, której właścicielem był Rothschild, że wojna wydawała się jedynym sposobem, aby zapobiec powielaniu tego cnotliwego modelu na większą skalę.

[283] Projekt pierwotnie opracowany przez generała Hachiro Aritę, który pełnił funkcję ministra spraw zagranicznych w latach 1936–1940. Współpraca ta została oficjalnie ogłoszona przez ministra spraw zagranicznych Matsuokę Yosuke[1]sierpnia 1940 r.

JAK JAPONIA ZOSTAŁA WCIĄGNIĘTA W II WOJNĘ ŚWIATOWĄ

Od lipca 1939 r. stosunki z Ameryką gwałtownie się pogorszyły po tym, jak Stany Zjednoczone jednostronnie unieważniły Traktat Handlowy z 1911 r., ograniczając w ten sposób zdolność Japonii do importu niezbędnych surowców. Środki te zostały otwarcie nałożone z powodu wojny w Chinach, a w czerwcu 1940 r. nastąpiło embargo na naftę, a w listopadzie 1940 r. zakaz eksportu rudy żelaza i stali do Japonii. 25 lipca 1941 r. zamrożono wszystkie japońskie aktywa w Anglii, Holandii i Ameryce, po tym jak Japonia, za zgodą Francji Vichy, pokojowo zajęła Indochiny, aby zablokować chińskie dostawy z południa, a cały handel między Japonią a Ameryką został zawieszony. W tym samym czasie prezydent Franklin D. Roosevelt nakazał zamknięcie Kanału Panamskiego dla wszystkich japońskich statków oraz wprowadził embargo na kauczuk i ropę naftową, co w tym ostatnim przypadku spowodowało utratę 88% wszystkich dostaw. Bez ropy Japonia nie mogła przetrwać.

Generał premier Hideki Tojo (październik 1941 – lipiec 1944) wyjaśnia w swoim dzienniku, w jaki sposób Stany Zjednoczone nieustannie utrudniały japońskie wysiłki dyplomatyczne mające na celu utrzymanie pokoju. Pokojowe stosunki handlowe Japonii były nieustannie sabotowane przez USA, a te utrudnienia stanowiły poważne zagrożenie dla przyszłości kraju. Blokada gospodarcza stopniowo zaciskała pętlę wokół szyi Japonii. Nie tylko Stany Zjednoczone, Anglia, Chiny i Holandia otaczały Japonię sankcjami gospodarczymi, ale siły morskie w regionie Filipin, Singapuru i Malezji były przegrupowywane i wzmacniane. Amerykańskie okręty wojenne były widziane, jak patrolowały wody terytorialne Japonii. Amerykański admirał, twierdził, że flota japońska może zostać zatopiona w ciągu dwóch tygodni, podczas gdy brytyjski premier Winston Churchill oświadczył, że Anglia dołączy do Ameryki w ciągu 24 godzin.

Generał Tojo napisał: „Japonia próbowała obejść te niebezpieczne okoliczności poprzez negocjacje dyplomatyczne i chociaż Japonia wykazała się wieloma ustępstwami, jedno po drugim, w nadziei na znalezienie rozwiązania poprzez wzajemny kompromis, nie nastąpił żaden postęp, ponieważ Stany Zjednoczone nie odstąpiły od swojego pierwotnego stanowiska. Ostatecznie Stany Zjednoczone ponowiły żądania, których Japonia w tej sytuacji nie mogła zaakceptować: całkowite wycofanie wojsk z Chin, odrzucenie rządu w Nankinie oraz wycofanie się z Paktu Trójstronnego".[284]

Japonia podjęła wiele działań dyplomatycznych, w tym propozycję szczytu 8 sierpnia 1941 r., ale wszystkie one zakończyły się niepowodzeniem. 2 grudnia 1941 r. Japonia została odcięta od 75% swojego handlu zagranicznego przez blokadę aliantów i w związku z tym została zmuszona do zaatakowania Ameryki, aby spróbować utrzymać swój dobrobyt i zabezpieczyć swoje istnienie jako suwerenne państwo. Ciągła presja i brak kompromisu ze strony nowojorskich lichwiarzy celowo sprowokowały Japonię do podjęcia działań odwetowych.

Rozwój sytuacji po wojnie

Po klęsce Japonii jedną z pierwszych decyzji sił okupacyjnych Stanów Zjednoczonych w Japonii we wrześniu 1945 r. była restrukturyzacja japońskiego systemu bankowego, aby dostosować go do standardów międzynarodowych bankierów, czyli „ ", czyli lichwy. Zniesiono nieograniczone finansowanie państwa przez Bank Japonii, a wielkie konglomeraty przemysłowe, tzw. *zaibatsu*, zostały rozbite. Politykę tę wdrożył Joseph Dodge, bankier z Detroit, który był doradcą finansowym Naczelnego Dowódcy Sił Sprzymierzonych,

[284] *The Journal for Historical Review*, tom 12, nr 1, wiosna 1992 r., Dziennik więzienny Hideki Tojo, s. 41–42. Trójstronny pakt podpisany 27 września 1940 r. był umową na okres dziesięciu lat pomiędzy Niemcami, Włochami i Japonią. Jego głównym celem było utrzymanie nowego porządku gospodarczego opartego na systemie bankowym wolnym od lichwy oraz promowanie wzajemnego dobrobytu i pomyślności swoich narodów. Artykuł 3 przewidywał pomoc polityczną, gospodarczą i wojskową w przypadku, gdyby jedna z trzech mocarstw została zaatakowana przez siłę, która nie była jeszcze zaangażowana w wojnę w Europie lub w konflikt chińsko-japoński.

generała Douglasa MacArthura.

Ministerstwo Finansów zdołało jednak zachować pewną kontrolę nad systemem bankowym, a w szczególności nad polityką pieniężną. W 1988 r. Japonia została poważnie dotknięta przez przyjęcie środków Bazylea I, które zobowiązały Bank Japonii do podwyższenia minimalnego kapitału dla aktywów obciążonych ryzykiem z 2% do 8%. Decyzja ta wywołała recesję, która trwa już 26 lat.

W kwietniu 1998 roku minister finansów został prawnie zobowiązany do podporządkowania się niezależnemu Bankowi Japonii. Od tego czasu Bank Japonii funkcjonuje jako typowy bank centralny pod kontrolą Rotszyldów, rzadko korzystając ze swoich uprawnień w najlepszym interesie narodu japońskiego.

ROZDZIAŁ VII

WSPÓŁCZESNE FORMY BANKU PAŃSTWOWEGO

„Bank został stworzony w nieprawości i zrodził się z grzechu. Bankierzy są właścicielami ziemi. Odejmijcie im ją, ale pozostawcie im prawo do tworzenia pieniądza, a jednym pociągnięciem pióra stworzą go wystarczająco dużo, by wykupić ją w całości. Jeśli jednak odbierzecie im tę władzę, wszystkie wielkie fortuny, takie jak moja, znikną, tak jak powinny zniknąć, a świat, w którym wtedy będziemy żyć, będzie lepszy i szczęśliwszy. Jeśli jednak chcecie pozostać niewolnikami bankierów i płacić cenę za własną niewolę, pozwólcie im dalej tworzyć pieniądze".

– Sir Josiah Stamp,
były dyrektor
Banku Anglii

BANK DAKOTY PÓŁNOCNEJ[285]

W 1919 roku 48 stanów USA otrzymało propozycję utworzenia własnego banku państwowego. Północna Dakota była jedynym stanem, który przyjął tę ofertę.

Północna Dakota, której stolicą jest Bismarck, liczy 684 000 mieszkańców. Leży w środkowej części Ameryki, niedaleko granicy z Kanadą. Pomimo bardzo surowych zim, głównym źródłem bezpośrednich i pośrednich dochodów jest rolnictwo. Stan ten zajmuje pierwsze miejsce w produkcji pszenicy, głównie pszenicy durum[286], jęczmienia, rzepaku, lnu, owsa i nasion słonecznika. Olej łupkowy pozyskiwany metodą szczelinowania hydraulicznego z basenu Bakken oraz węgiel

[285] http://banknd.nd.gov/

[286] Twardszy rodzaj pszenicy używany do produkcji spaghetti i innych rodzajów makaronów.

brunatny stanowią główne zasoby górnicze stanu.

Bank stanowy Dakoty Północnej został założony przez koalicję rolników w 1919 roku.

Większość stanów USA jest technicznie niewypłacalna; z wyjątkiem Dakoty Północnej i jej zachodniego sąsiada, Montany, wszystkie borykają się z deficytami budżetowymi. Dla porównania Kalifornia, największy stan pod względem gospodarczym i obecnie dwunasta gospodarka świata, odnotowała w kwietniu 2013 r. deficyt w wysokości 23 mld dolarów i płaci 10,4 mld dolarów odsetek rocznie. W 2012 r. jej zadłużenie z tytułu obligacji wynosiło 167,9 mld dolarów. W przeciwieństwie do pozostałych 49 stanów, które borykają się z stale rosnącą stopą bezrobocia, w Północnej Dakocie stopa ta spadła i obecnie wynosi 2,7%, co jest najniższym wynikiem w kraju. Stan ten ma również najniższy wskaźnik upadłości przedsiębiorstw w Stanach Zjednoczonych.

We wrześniu 2012 r. Północna Dakota odnotowała nadwyżkę budżetową w wysokości 1,6 mld dolarów. W latach 1997–2010 jej PKB wzrósł o 93,4%, z 16 mld dolarów do 31 mld dolarów. W latach 2000–2011 dochód na mieszkańca wzrósł o 127%, z 20 155 dolarów do 45 747 dolarów, podczas gdy wzrost w skali kraju w tym samym okresie wyniósł zaledwie 37,4%.

Sekretem jego sukcesu jest bank państwowy. Misją banku jest świadczenie usług finansowych, które wspierają rolnictwo, handel i przemysł. Zgodnie z prawem państwo musi zdeponować wszystkie swoje środki w banku, który wypłaca mu konkurencyjne oprocentowanie.

Bank przekazuje państwu całość swoich zysków, które w 2011 roku wyniosły 60 milionów dolarów. W ciągu ostatnich 11 lat państwu przekazano ponad 460 milionów dolarów. Większość tych środków jest wykorzystywana do rekompensowania obniżek podatków. Bank zapewnia również rynek wtórny dla kredytów hipotecznych, gwarancje dla nowych przedsiębiorstw oraz kredyty dla rolników o oprocentowaniu 1% w skali roku. Północna Dakota nie doświadczyła kryzysu kredytowego ani zamrożenia kredytów, ponieważ bank zapewnia stanowi własny kredyt. Dzięki ustanowieniu własnej suwerenności gospodarczej Północna Dakota stała się najlepiej prosperującym i najbardziej stabilnym finansowo stanem w całych Stanach Zjednoczonych.

Nawet jeśli bank stanowy nie rozwiązuje impasu finansowego na szczeblu krajowym, banki stanowe w USA mają potencjał, by zapewnić znaczną ulgę na szczeblu rządów stanowych w postaci nadwyżek budżetowych, znacznych obniżek podatków, zmniejszenia bezrobocia i wysokiego poziomu dobrobytu. W czerwcu 2014 r. 25 stanów rozważało wprowadzenie przepisów umożliwiających utworzenie banku stanowego.[287]

STANY GUERNSEY

W 1815 r., po zakończeniu wojen napoleońskich, Guernsey znajdowało się w trudnej sytuacji. Drogi były w złym stanie, wały przeciwpowodziowe i gospodarka uległy załamaniu. Wyspa nie była w stanie zaciągnąć pożyczki, ponieważ nie mogła pobrać wystarczających podatków, aby spłacić wymagane odsetki.

W 1816 roku, aby sfinansować roboty publiczne i nowy rynek, Komitet Stanów Guernsey rozważał nowe rozwiązanie.

[287] http://publicbankinginstitute.org/

Wyemitował 6 000 funtów w postaci banknotów „ ” o nominale jednego funta, bez długu i odsetek. W ciągu dwóch lat wszystkie prace zostały ukończone, a ich sfinansowanie w żaden sposób nie zwiększyło długu publicznego.[288]

Nastąpiła kolejna emisja o wartości 5 000 funtów, tym razem obejmująca banknoty o nominale pięciu funtów, w celu odbudowy Elizabeth College, założonego przez królową Elżbietę I w 1563 roku, oraz szkoły parafialnej. W 1837 roku w obiegu znajdowało się 55 000 funtów. Wyspa doświadczyła wzrostu ruchu turystycznego i niespotykanego dotąd poziomu dobrobytu.

Stary Rynek w St Peter Port został sfinansowany w 1816 r. poprzez emisję banknotów o wartości 6 000 funtów, bez zadłużenia i bez odsetek.

W 1914 r. emisja banknotów państwowych wyniosła 142 000 funtów. W 1937 r. – 175 000 funtów. Koszt druku tych banknotów wyniósł 450 funtów, podczas gdy roczne odsetki miały wynieść 11 383 funtów (6,5%). W 1958 r. w obiegu znajdowało się 542 765 funtów. Obecnie w obiegu znajduje się 43,8 mln funtów.[289] Dzisiaj Guernsey liczy 65 400 mieszkańców, którzy cieszą się jednym z najwyższych

[288] Grubiaks stanowią interesujący przykład tego, jak odsetki składane mogą zniewolić społeczność. W 1817 r. targ owocowy w Glasgow został sfinansowany pożyczką oprocentowaną w wysokości 60 000 funtów. Ostatecznie spłacono ją dopiero 139 lat później, w 1956 r. Stopa procentowa odsetek składanych w latach 1816–1910 nie jest znana, ale w latach 1910–1956 zapłacono 267 886 funtów.

[289] Departament Skarbu i Zasobów, Guernsey, 16 listopada 2012 r.

standardów życia na świecie. Obowiązujący podatek dochodowy wynosi 20% niezależnie od źródła dochodu, ale jest ograniczony do 220 000 funtów rocznie. Nie ma podatku od osób prawnych, z wyjątkiem 10% opłaty od niektórych operacji bankowych, nie ma podatku od kapitału, podatku od spadków, podatku od nieruchomości, podatku VAT ani podatku od transferu kapitału. Guernsey nie ma długu publicznego.

BANK CENTRALNY LIBII

W latach 1551–1911 Libia była rządzona przez Imperium Osmańskie, w latach 1911–1943 przez Włochy, a w latach 1943–1951 znajdowała się pod podwójną suwerennością militarną Wielkiej Brytanii i Francji. Bank Centralny Libii został założony w 1956 roku i funkcjonował jako typowy bank centralny aż do bezkrwawego *zamachu stanu*[290] z[1]września 1969 roku.

W 1959 roku odkryto ropę naftową o wyjątkowej jakości. Jednak król Idris al Mahdi as-Sanusi nie zdołał wykorzystać tego daru losu ani przeznaczyć go na korzyść swojego narodu, a większość zysków z ropy została przelana na konta koncernów naftowych.

Przejmując władzę w 1969 roku, Muammar Kaddafi przejął kontrolę nad działalnością gospodarczą kraju, w tym nad bankiem centralnym, który w praktyce był zarządzany jak bank państwowy. Pełnił on rolę superbankiera dla lokalnych banków, a banki zagraniczne nie miały prawa prowadzić w nim operacji. Finansowanie infrastruktury rządowej nie pochodziło z *riba* (odsetek), a Libia nie miała długu publicznego i nie zaciągnęła żadnych pożyczek zagranicznych. Jej rezerwy walutowe przekraczały 54 miliardy dolarów, co można porównać z rezerwami krajów rozwiniętych, takich jak Wielka Brytania i Kanada, które w 2010 roku posiadały odpowiednio 50 miliardów i 40 miliardów dolarów. W latach 2000–2010 wzrost PKB wynosił

[290] Uwaga tłumacza: w tekście po francusku.

4,32% rocznie, a oficjalna stopa inflacji wynosiła -0,27%.[291]

Pułkownik[292] Kaddafi był przedstawiany w mediach jako „straszny dyktator i krwiożerczy potwór”[293], ale w rzeczywistości, z wyjątkiem miasta Bengazi i jego okolic, cieszył się poparciem 90% ludności.[294]

Poniższe korzyści zapewnione przez Kaddafiego wyjaśniają przyczyny jego popularności:

- Bezpłatna edukacja.
- Studenci otrzymywali wynagrodzenie w wysokości średniej pensji odpowiadającej kierunkowi studiów.
- Studenci za granicą otrzymywali mieszkanie, samochód i 2500 euro rocznie.
- Bezpłatna energia elektryczna.
- Bezpłatna opieka medyczna.
- Bezpłatne mieszkanie (kredyty hipoteczne były zabronione).
- Nowożeńcy otrzymywali od rządu w prezencie 60 000 dinarów (50 000 USD)[295].
- Samochody były sprzedawane po cenach fabrycznych, bez odsetek.
- Kredyty dla osób prywatnych były udzielane bez odsetek.
- Bochenek chleba kosztował 15 centów.
- Benzyna kosztowała 12 centów za litr.
- Część dochodów ze sprzedaży węglowodorów była

[291] www.theglobaleconomy.ca
[292] Jego faktyczna stopień to w rzeczywistości porucznik.
[293] http://embassy-finder.com/libya_in_kuwait_kuwait
[294] Pomimo nieustannych bombardowań NATO,[1]lipca 2011 r. milion mieszkańców Trypolisu (na 2,2 mln mieszkańców) zebrało się na demonstracji poparcia dla swojego przywódcy, Kaddafiego.
[295] 1 dolar = 1,20 dinara libijskiego.

bezpośrednio wpłacana na konta bankowe obywateli.

- Rolnicy otrzymywali bezpłatnie ziemię, nasiona i bydło.
- Panowało pełne zatrudnienie, a osoby tymczasowo bezrobotne otrzymywały ekwiwalent pełnego wynagrodzenia.

Muammar Mohammed Kaddafi – był on surowym wyznawcą Świętego Koranu, który zniósł wszelkie formy lichwy i podporządkował Centralny Bank Libii służbie ludu libijskiego.

Jamahiriya, czyli „państwo ludu" Kaddafiego, dbała o to, by bogactwa tego kraju, liczącego 5,79 mln mieszkańców, były sprawiedliwie rozdzielane wśród całej ludności. Nie było żebraków ani bezdomnych, średnia długość życia wynosiła 75 lat i była najwyższa w Afryce, o 10% wyższa od średniej światowej. Wskaźnik alfabetyzacji wynosił tam 82%. Jeśli chodzi o prawa człowieka, Libia zajmowała 61. miejsce w Międzynarodowym Indeksie Więziennictwa. Im niższa ocena, tym wyższy wskaźnik. Pierwsze miejsce zajmują obecnie

Stany Zjednoczone.[296]

Kolejnym ważnym osiągnięciem Kaddafiego jest przekształcenie Basenu Nubijskiego w Wielką Sztuczną Rzekę, która codziennie dostarcza 6 500 000 m^3wody pitnej do miast Trypolis, Syrta i Bengazi. Wydobywana woda jest dziesięć razy tańsza niż woda odsolona. Całkowity kosz ny projektu, szacowany na 25 miliardów dolarów, został sfinansowany bez ani jednej pożyczki zagranicznej.

Chociaż banki centralne Białorusi, Birmy, Kuby, Iranu, Korei Północnej, Północnego Sudanu i Syrii nie znajdują się bezpośrednio pod kontrolą kartelu bankowego Rotszyldów, Libia posiadała jedyny bank centralny działający w trybie państwowym, co skutkowało klasycznymi symptomami pełnego zatrudnienia, zerowej inflacji i nowoczesnego raju dla pracowników.

Wszystko to skłania do zastanowienia się nad powodami interwencji NATO pod pretekstem rzekomych naruszeń praw człowieka, za których ochronę organizacja ta rzekomo ponosi odpowiedzialność. Od 1971 roku, kiedy to Stany Zjednoczone porzuciły standard złota na rzecz petrodolara przy cichym przyzwoleniu Arabii Saudyjskiej, każda próba wyparcia dolara amerykańskiego jako dominującej waluty rezerwowej była blokowana i spotykała się z gwałtownym sprzeciwem.

W listopadzie 2000 roku Saddam Hussein ogłosił, że wszystkie transakcje dotyczące węglowodorów będą denominowane w euro, ponieważ nie chciał już prowadzić handlu przy użyciu „waluty wroga".[297] Jak wykazano później, oszustwo związane z bronią masowego rażenia było jedynie fałszywym pretekstem i to właśnie ta decyzja walutowa kosztowała Saddama Husajna życie i doprowadziła do zniszczenia jego kraju.

W podobnych okolicznościach Kaddafi ogłosił w 2010 r. utworzenie dinara-złota do rozliczania wszystkich transakcji

[296] S. Goodson, *The Truth About Libya*, 4 kwietnia 2011 r., http://rense.com/general/93/truth.htm
[297] *Time*, 13 listopada 2000 r.

posiadającą aktywa handlowe. 24 września 1720 r. Sword Blade Bank został postawiony w stan likwidacji, a pod koniec tego roku akcje Kompanii Mórz Południowych straciły prawie 90% swojej wartości wynoszącej 1000 funtów za sztukę.

W 1763 r., po zakończeniu wojny siedmioletniej (1756–1763), *wissele*, czyli weksle wystawione przez holenderskiego bankiera Leenderta Pietera de Neufville'a, nie mogły zostać spłacone i wywołały panikę w bankach w Holandii, Niemczech i Szwecji.

W styczniu 1772 r. londyński dom bankowy Neal, James, Fordyce i Down, który zaangażował się w spekulację na dużą skalę, sprzedając akcje Kompanii Wschodnioindyjskiej na krótką pozycję, ogłosił upadłość po tym, jak nie zdołał pokryć strat spowodowanych masowymi wypłatami środków przez klientów. Dwadzieścia dwa znaczące banki i prawie wszystkie prywatne banki w Szkocji zostały postawione w stan likwidacji. Efekt domina dotarł aż do Amsterdamu. Wiele lokalnych banków doświadczyło kryzysu płynności, w tym Clifford and Sons, który ogłosił upadłość.

Od tej pory niemal wszystkie kryzysy bankowe byłyby wywoływane przez model banku centralnego, który pozwala prywatnym bankom tworzyć pieniądze poprzez oprocentowane zadłużenie, a następnie niszczyć je po spłacie. Tak więc dwie pierwsze paniki w Stanach Zjednoczonych, w latach 1792 i 1796–1797, zostały wywołane przez First Bank of the United States, który celowo ograniczył dostęp do kredytów, aby doprowadzić do załamania gospodarczego.

Podobna katastrofa finansowa i wynikająca z niej depresja zostały zaplanowane i przeprowadzone w 1819 roku przez Drugi Bank Stanów Zjednoczonych, należący do Rotszyldów, podczas gdy Anglia również dotknięta była sztuczną paniką w 1825 i 1847 roku. Podczas paniki w 1825 r. 66 banków zostało zmuszonych do zaprzestania działalności.

Kolejna panika bankowa w Stanach Zjednoczonych miała miejsce w 1857 r. z powodu zorganizowanego niedoboru złota, który doprowadził do upadłości firm Ohio Life

Insurance and Trust Company. Jak już zauważyliśmy w rozdziale IV, gdy Stany Zjednoczone zostały zmuszone do przyjęcia standardu złota w styczniu 1873 r., pojawił się schemat coraz częstszych i intensywniejszych panik bankowych. Niecałe osiem miesięcy później, we wrześniu tego samego roku, Stany Zjednoczone pogrążyły się w zaplanowanej recesji, która trwała cztery długie lata.

Kolejne paniki z lat 1884, 1890, 1890–1891, 1893–1894, 1897, 1903 i 1907 zostały celowo wywołane, aby pogrążyć społeczeństwo amerykańskie w chaosie i rozpaczy. Po 40 latach zaplanowanego chaosu, bańki spekulacyjnych i krachów giełdowych, a także kampanii dezinformacyjnej w mediach, społeczeństwo posłusznie się poddało, a marzenie spiskujących bankierów o utworzeniu banku centralnego Stanów Zjednoczonych spełniło się 23 grudnia 1913 roku.

Po Wielkim Kryzysie, który został wywołany przez Rezerwę Federalną[300], panował względny okres stabilności aż do lat 90., kiedy to coraz więcej krajów borykało się z kryzysami gospodarczymi i trudnościami finansowymi. (Finlandia, Szwecja, Wenezuela, Indonezja, Korea Południowa, Tajlandia, Rosja, Argentyna, Ekwador i Urugwaj).

KRYZYS BANKOWY Z 2007 ROKU

Ziarno obecnego kryzysu bankowego zostało zasiane, gdy 12 listopada 1999 r. uchylono ustawę Glass-Steagall Act z 1933 r., która zabraniała bankom posiadania instytucji finansowych i oddzielała banki od firm inwestycyjnych. W momencie uchwalenia pierwotnej ustawy senator Carter-Glass, były sekretarz skarbu USA i jeden z jej promotorów, zauważył: „z pistoletem człowiek może obrabować bank, ale z bankiem człowiek może obrabować cały świat".

Pod koniec kadencji administracji Clintona ogłoszono, że

[300] W 2002 r., w odpowiedzi na pytanie zadane przez profesora Miltona Friedmana Benowi Bernanke, ówczesnemu członkowi rady akademickiej Rezerwy Federalnej w Nowym Jorku, dotyczące Wielkiego Kryzysu, Bernanke odpowiedział: „Jeśli chodzi o Wielki Kryzys. Ma pan rację, to my byliśmy za to odpowiedzialni. Bardzo nam przykro".

każdy ma prawo do posiadania własnego domu, i w tym celu Ministerstwo Mieszkalnictwa i Rozwoju uruchomiło program o nazwie Strategiczne Partnerstwo na rzecz Własności Krajowej i Amerykańskiego Marzenia. Aby przyciągnąć jak najwięcej właścicieli, znacznie obniżono wymagania dotyczące dostępu do kredytu, a rząd przyznał kredytobiorcom ulgę podatkową w wysokości 8 000 dolarów. Przez pierwsze dwa lata oferowano atrakcyjne oprocentowanie, ale później trzeba było płacić znacznie wyższe odsetki.

Senator **Carter-Glass**, którego ustawodawstwo zabraniało bankom posiadania instytucji finansowych i oddzielało banki od firm inwestycyjnych. Ustawa ta została uchylona w 1999 roku, co miało katastrofalne skutki.

W latach 1998–2006 ceny nieruchomości wzrosły o 124%, ale dwa lata później odnotowano spadek o 20%. W przeciwieństwie do rosnących cen dostępność mieszkań wykazywała tendencję spadkową. W latach 1980–2000 wskaźnik kosztu przeciętnego mieszkania w stosunku do mediany dochodów gospodarstw domowych wynosił 3, ale w 2006 r. wzrósł do 4,6. Instrumenty zabezpieczające przed niewypłacalnością (CDS), które zostały stworzone w celu spekulacji na ryzyku kredytowym, uległy zwielokrotnieniu w latach 1998–2008, osiągając wartość 47 bilionów dolarów i odpowiadając wartości nominalnej 683 bilionów dolarów.

Laureat Nagrody Nobla **Frederick Soddy**, którego poglądy na system monetarny i bankowy opierają się na fizyce i ujawniły fałszywość teorii nieustannego wzrostu gospodarczego.

Aby napędzać bańkę na rynku nieruchomości, opracowano innowacyjne produkty finansowe, takie jak CDO (papiery wartościowe zabezpieczone aktywami). Kredyty hipoteczne o zróżnicowanym potencjale spłaty były sekurytyzowane, a po otrzymaniu ratingów gwarantujących ich wiarygodność od agencji ratingowych – jak się później okazało, w sposób oszukańczy – w większości przypadków były sprzedawane naiwnym inwestorom.[301]

[301] Jedną z najbardziej spektakularnych ofiar tego oszustwa był Norweski Rządowy

Aby jeszcze bardziej pogłębić tę kulturę chciwości, szara strefa sektora bankowego, obejmująca banki inwestycyjne i fundusze spekulacyjne, których łączne aktywa wynosiły wówczas ponad 100 bilionów dolarów, agresywnie promowała te produkty, mimo że w czerwcu 2007 r. 39% wszystkich kredytów hipotecznych nie spełniało warunków klasycznego emitenta.

Bańka pękła, gdy 15 września 2008 r. ogłoszono upadłość Lehmann Brothers. Pilnie wezwano do podjęcia działań ratunkowych, a Kongres przeznaczył kwotę 700 miliardów dolarów na Plan Paulsona, ale była to jedynie wierzchołek góry lodowej, ponieważ Rezerwa Federalna przyznała od tego czasu ponad 16 bilionów dolarów pomocy krajowym i zagranicznym bankom. Według wspomnień „[302] " autorstwa Neila Barofsky'ego, inspektora generalnego planu Paulsona, ostateczna kwota może przekroczyć 24 biliony dolarów. Nie jest więc zaskoczeniem, że w latach 2008–2013 bilans Rezerwy Federalnej wzrósł o 500%, osiągając 5 bilionów dolarów, a wszystko to w celu utrzymania niewypłacalnego sektora bankowego za pomocą programu luzowania ilościowego podobnego do piramidy finansowej[303], podczas gdy w podobnym duchu bilansy sześciu największych zachodnich banków wzrosły o 336,4% w latach 2007–2012, z 10,7 biliona dolarów do 14,6 biliona dolarów.

Przyczyna

W obliczu następstw kryzysu finansowego zaczęły pojawiać się próby rozwiązania tego, co wydaje się problemem nierozwiązywalnym. 21 lipca 2010 r. uchwalono reformę Dodda-Franka dotyczącą Wall Street oraz ustawę o ochronie

Fundusz Pensiowy, drugi co do wielkości fundusz suwerenny na świecie, który w 2008 r. odnotował straty w wysokości 90 mld dolarów. Strata ta skutecznie zniwelowała wszystkie zyski z poprzednich 12 lat. http://news.bbc.co.uk/2/hi/business/7961100.stm

[302] N. Barofsky, *Bailout: An Inside Account of How Washington Abandoned Main Street While Rescuing Wall Street*, Free Press, Nowy Jork, 2012, s. 288. W listopadzie 2011 r. Instytut Ekonomii Levy'ego przy Bard College w Nowym Jorku obliczył, że całkowita kwota dofinansowania wyniosła 29 bilionów dolarów.

[303] Charles Ponzi był amerykańskim oszustem z początku XX wieku.

konsumentów. Zawierają one szereg obowiązków regulacyjnych mających na celu promowanie odpowiedzialności, stabilności finansowej i przejrzystości. 200 stron ustawy poświęcono reformie kredytów hipotecznych i obejmują one wyższe wymagania dotyczące udzielania kredytów oraz obowiązek pośredników kredytowych upewnienia się, że kredytobiorcy są w stanie spłacić swoje zobowiązania.

Czołowi przedstawiciele Bazylejskiego Komitetu Nadzoru Bankowego zaproponowali podwyższenie wymogów kapitałowych i wskaźników płynności w nadziei, że środki te wzmocnią sektor bankowy. Zamiarem jest, aby wszystkie zostały wdrożone do 31 marca 2019 r. Jednak prawdopodobnie przyniosą one jedynie odwrotny skutek, powodując większe zmniejszenie podaży pieniądza, a tym samym pogłębiając recesję.

Większość bankierów i ekonomistów nie rozumie, że jedyną dostępną metodą na uratowanie gospodarki jest pogrążenie się nieco bardziej w długu (oprocentowanym), ponieważ pieniądz oparty na długu jest naszym jedynym środkiem wymiany. Stąd te wszystkie równie uporczywe, co absurdalne mantry, powtarzające, że wzrost gospodarczy należy utrzymać za wszelką cenę, ponieważ gdyby wszystkie pożyczki miały zostać spłacone, masa pieniężna zniknęłaby i zostalibyśmy skazani na wymianę dóbr i usług w systemie barterowym. W obecnej sytuacji umorzenie światowego długu nie byłoby więc zbędne, gdyby masa pieniężna mogła zostać zastąpiona przez państwowy system bankowy tworzący pieniądz bez długu i odsetek.

Głównym powodem, dla którego świat rozwinięty, który wcześniej wytwarzał trwałe produkty o najwyższej jakości, został częściowo zdeindustrializowany, jest konieczność ciągłego wytwarzania towarów o niskiej jakości przez kraje trzeciego świata w celu zaspokojenia syndromu wzrostu gospodarczego. Podkreśla to również absurdalność twierdzenia, że Europa potrzebuje wzrostu gospodarczego i „ ", podczas gdy jej rodzima populacja maleje. Ta celowa polityka planowanego starzenia się produktów i wymuszonego wzrostu ma również szkodliwy wpływ na środowisko. Jak zauważymy w ostatniej sekcji, spadek wskaźnika dzietności kobiet w krajach rozwiniętych, który jest bezpośrednią konsekwencją zużycia, doprowadzi do wyginięcia cywilizacji.

Podsumowując, można zauważyć, że głównym ukrytym celem obecnego kryzysu bankowego jest wywołanie powszechnego poczucia beznadziejności i wywołanie entuzjastycznego poparcia dla utworzenia Światowego Banku Centralnego – sytuacji podobnej do tej, która panowała w Stanach Zjednoczonych w XIX wieku, kiedy to sztucznie wywoływano panikę bankową w ramach przygotowań do utworzenia Rezerwy Federalnej. Kiedy pasożytniczy bankierzy osiągną ten cel, wątpliwe jest, czy gospodarz, który ich karmi, nie zniknie do tego czasu.

WIELKI KRYZYS XXI WIEKU

Jedną z głównych przyczyn stale rosnącej bańki zadłużenia jest samobójcza polityka globalizacji i wolnego handlu, która spowodowała wspomnianą już częściową deindustrializację Stanów Zjednoczonych, Wielkiej Brytanii i Europy. Przeniesienie przemysłu do krajów trzeciego świata spowodowało zmniejszenie bazy produkcyjnej krajów rozwiniętych, trwałe bezrobocie strukturalne oraz rosnący deficyt handlowy. Próbując utrzymać poziom życia, który ulegał załamaniu, konsumenci w dotkniętych tym zjawiskiem krajach zostali zmuszeni do coraz większego zadłużania się. W ten sposób w Stanach Zjednoczonych w latach 80. potrzeba było 2,37 dolara długu prywatnego, aby wygenerować 1 dolara wzrostu PKB, w latach 90. kwota ta wynosiła 2,99 dolara, a w latach 2000. nastąpił dramatyczny wzrost do 5,67 dolara na każdego dolara wzrostu gospodarczego – poziom, który wkrótce stanie się nie do zniesienia.

Czynnikiem jeszcze bardziej pogarszającym sytuację jest wzrost kosztów pozyskiwania energii, znany również jako wskaźnik zwrotu energii (EROEI – „*Energy Returned On Energy Invested*"), który szybko zbliża się do punktu krytycznego. Według raportu Tullet Prebon,[304], w 1990 r. teoretyczny koszt energii wynosił 2,43% PKB,[305], a w 2010 r. wzrósł niemal dwukrotnie do 4,7% PKB. Przewiduje się, że w 2020 r. osiągnie 9,6% PKB, a do 2030 r. – 15%. Ten spadek zysków z energii, który spowoduje powszechne zamknięcie całych gałęzi sektora górniczego i przemysłowego oraz wpłynie na rolnictwo, zapowiada bardzo znaczny spadek poziomu życia.[306]

Rosnące koszty wydobycia energii nie są jedynymi wyzwaniami, jakie czekają ludzkość. W ciągu ostatnich 100 lat zużycie wody wzrosło czterokrotnie i nadal rośnie. Obecnie 1,6 miliarda ludzi boryka się z niedoborem wody, a według najnowszego amerykańskiego raportu z czerwca 2014 r. światowe zapotrzebowanie na wodę w 2030 r. przewyższy dostępną podaż o 40%.[307]

Jednak czynnikiem przewyższającym wszystkie te makroekonomiczne rozważania jest spadek wskaźnika urodzeń w krajach rozwiniętych. Na przełomie XIX i XX wieku biała ludność świata wynosiła 590 milionów, czyli 36% z łącznej liczby 1,65 miliarda. Obecnie jej udział w światowej populacji zmniejszył się do 15%. Dwie bezsensowne wojny światowe, wywołane w celu utrzymania systemu lichwiarskiego, spowodowały ten katastrofalny spadek.

Poniższa tabela przedstawiająca wskaźnik dzietności[308] ujawnia nieuchronność i niemal matematyczną pewność, że do 2100 r. większość ludów białych oraz znaczna część ludów azjatyckich z północno-wschodniej Azji zniknie.

---

304 T.M. Morgan, *Perfect storm energy, finance and end of growth*www.tullettprebon.com/Documents/strategyinsights/TPSI009PerfectStorm009.pdf

305 Rzekomy okres rozkwitu profesora Fredericka Soddy'ego, kiedy to nie nastąpiła jeszcze entropia, co w tym przypadku oznacza niedobór stosunkowo rzadkich surowców.

306 W 1960 r. praktycznie wszystkie grunty rolne były uprawiane. Na przykład w latach 1950–1984 światowa produkcja zbóż wzrosła o 280%. Jednak wzrost produkcji rolnej opierał się prawie wyłącznie na stosowanych nawozach. Odpowiednie nakłady energii pozwoliłyby niemal o połowę zmniejszyć produkcję żywności.

307 http://theeconomiccollapseblog.com/archives/25-shocking-facts-abouttheearths-dwindling-water-resources

308 www.en.wikipedia.org/wiki/List-of-sovereign-states-and-dependentterritories-by-fertility-rate

Nigeria	5,32
Pakistan	3,52
Egipt	2,89
Bangladesz	2,83
Indie	2,81
Indonezja	2,18
Meksyk	2,21

W pierwszej kolumnie powyższej tabeli dotyczącej wskaźnika dzietności wymieniono wszystkie kraje o liczbie ludności przekraczającej 100 milionów, natomiast w kolejnej tabeli wymieniono kraje o przeważającej populacji białej oraz kraje Dalekiego Wschodu. Wskaźnik dzietności niezbędny do zastąpienia populacji wynosi 2,11.[309] W ten sposób populacje rasy białej, chińskiej i japońskiej ulegną poważnemu zmniejszeniu w ciągu trzech pokoleń,[310] i o ile wskaźnik urodzeń nie wzrośnie znacząco, staną w obliczu ewentualnego wyginięcia.

USA	2,05
Wielka Brytania	1,94
Brazylia	1,90
Francja	1,89
Australia	1,79

[309] Średni wskaźnik dzietności na świecie wynosi 2,55, ale trudno jest ustalić, czy liczba ta została obliczona arytmetycznie, czy też jest to średnia ważona.
[310] Obecny średni wiek, w którym kobieta rodzi pierwsze dziecko, wynosi 30 lat, podczas gdy 40 lat temu wynosił 25 lat.

Szwecja	1,67
Chiny	1,55
Kanada	1,53
Niemcy	1,41
Hiszpania	1,41
Włochy	1,38
Rosja	1,34
Japonia	1,27
RPA	2,64 Wskaźnik dzietności wśród białych wynosi 1,5.

Na podstawie powyższej tabeli należy zaznaczyć, że odwrócenie wskaźnika dzietności wynoszącego 1,3 zajmuje od 80 do 100 lat, co jest praktycznie niemożliwe; natomiast historycznie rzecz biorąc, wskaźnik dzietności wynoszący 1,9 nigdy nie uległ odwróceniu. Ponadto skala spadku populacji białych jest zamaskowana przez fakt, że w tych danych uwzględniono dużą część osób niebiałych, które mają wyższy wskaźnik dzietności.

Odsetek ludności białej w następujących głównych krajach przedstawia się następująco:

Brazylia	48
Niemcy	88[311]
Wielka Brytania	86[312]
Australia	85

[311] Według niemieckiego urzędu statystycznego Destasis 15 milionów, czyli 19% z 80,2-milionowej populacji Niemiec, to osoby pochodzenia nie niemieckiego. Spis ludności przeprowadzono 9 maja 2011 r.
[312] *Heritage and Destiny*, The Changing Face of a Disunited Kingdom, Preston, Anglia, marzec-kwiecień 2013 r., s. 3.

Francja	85
Rosja	81
Kanada	80
Stany Zjednoczone	65[313]

Wiele nadziei pokłada się w Chinach jako ratunku dla światowej gospodarki, jednak wskaźnik dzietności w sąsiednich terytoriach Hongkongu (7 mln mieszkańców) wynosi 0,97, a na Tajwanie (23,3 mln mieszkańców) 1,10, co wyraźnie wskazuje na tendencję spadkową i sugeruje, że Chiny kontynentalne wkrótce osiągną te wskaźniki dzietności, w miarę jak poziom życia będzie się nadal podnosił. Spadek wskaźników dzietności w Chinach jest również wspierany przez politykę jednego dziecka, prowadzoną przez chiński rząd od 1979 roku. Oczekuje się, że do 2025 roku w Chinach nastąpi zerowy przyrost ludności.

Od czasów II wojny światowej coraz więcej zamężnych kobiet w krajach zachodnich, zwiedzionych szkodliwą propagandą feminizmu i równości płci, zostało zmuszonych do poszukiwania pracy, aby ich rodziny mogły spłacać stale rosnące odsetki niezbędne do związywania końca z końcem. Większość tych odsetek jest pobierana z kredytów hipotecznych, czyli z pieniędzy, które banki stworzyły z niczego. Bezpośrednim skutkiem tego niesprawiedliwego systemu finansowego było zniszczenie normalnego życia rodzinnego i dramatyczny spadek płodności kobiet. Według Aarona Russo, za tym diabelskim planem stali Rockefellerowie, który został wdrożony w celu wciągnięcia kobiet w sieć podatków dochodowych, destabilizacji społeczeństwa i ustanowienia Nowego Porządku Świata.[314] W ten sposób możemy ustalić niezaprzeczalny związek między lichwą a spadkiem demograficznym. Nawet gdyby system lichwiarski został całkowicie zniesiony w ciągu pięciu lub dziesięciu lat, tendencje te nie byłyby łatwe do odwrócenia w

[313] M. Merlin, *Our Vision for America*, A2Z Publications LLC, Las Vegas, 2012, ix.
[314] Zobacz https://www.youtube.com/watch?v=IdM8UN2aG_E, gdzie nieżyjący już Aaron Russo, przyjaciel członka Rady Stosunków Zagranicznych Nicholasa Rockefellera, ujawnia również, że magazyn Glorii Steinem „*Ms. Magazine*" był finansowany przez CIA.

perspektywie krótko- lub średnioterminowej. Jeśli lichwa pozostanie, świat musi przygotować się na przejście przez okres depresji, podobny do Ciemnych Wieków, który potrwa przez stulecia.

W poprzednich rozdziałach wykazano w sposób rozstrzygający, że państwowy system bankowy oraz emisja waluty przez suwerenne państwo są jedynymi środkami zapewniającymi naturalny porządek gwarantujący harmonię, pokój i dobrobyt oparty na niezależności etnicznej wszystkich narodów.

Pomimo wielu postępów technologicznych, ostatnie 300 lat przyniosło stopniowe pogorszenie się stanu zachodniej cywilizacji europejskiej. Nadmierna koncentracja władzy i bogactwa, oparta wyłącznie na nieuczciwych praktykach bankowych, pozwoliła niewielkiej kliki przestępczych bankierów kontrolować media oraz system edukacji, a tym samym poddawać praniu mózgu ludzkość równie rozdrobnioną, co pozbawioną refleksji, zwiedzioną powierzchownym komfortem demokracji i materializmu, jednocześnie pogrążając się w orgii brutalnych i bezsensownych wojen, wyłącznie w celu utrzymania tego systemu bankowości centralnej, który organizuje degradację kulturową prowadzącą nas prosto do własnego wymarcia demograficznego.

DODATEK

List prezydenta Abrahama Lincolna
do pułkownika E. D. Taylora

Chicago

Illinois

Grudzień 1864

Pułkowniku E. O. Taylor,

Już dawno postanowiłem ujawnić pochodzenie greenbacków (zielonych banknotów) i ogłosić całemu światu, że są one dziełem Dicka Taylora. Zawsze okazywałeś mi przyjaźń w trudnych chwilach, przez które przechodziliśmy, i chociaż mam szerokie ramiona i silną wolę, byłem osłabiony i otoczony tak niekorzystnymi okolicznościami, że nie wiedziałem, do kogo się zwrócić. W końcu, w tej skrajnej sytuacji, pomyślałem: „wezwijmy pułkownika Taylora; on będzie wiedział, co robić". Wydaje mi się, że było to około 16 stycznia 1862 roku, kiedy podjąłem tę decyzję. Przybyłeś do mnie, a ja zapytałem: „Co możemy zrobić?" " Odpowiedziałeś mi wtedy: „Dlaczego nie wyemitować bezprocentowych bonów skarbowych, wydrukowanych na najlepszym papierze bankowym. Wyemitować ich wystarczająco dużo, aby pokryć wydatki wojskowe i uczynić je prawnym środkiem płatniczym". " Chase uważał to za ryzykowne przedsięwzięcie, ale ostatecznie zrealizowaliśmy ten plan i daliśmy obywatelom tej Republiki największe możliwe błogosławieństwo – ich własny papierowy pieniądz do spłaty ich własnego długu. To Tobie zawdzięczamy to, ojcze obecnego zielonego banknotu, o czym ludzie powinni wiedzieć, a ja czerpię ogromną przyjemność z rozpowszechniania tej wiedzy. Ileż to razy śmiałem się z pana, gdy mówił mi pan, że jestem zbyt leniwy, by być kimś innym niż prawnikiem.

Z poważaniem,

A. Lincoln.

Ten rękopis został zweryfikowany i udokumentowany 10 lutego 1888 r. przez 50·Kongres Stanów Zjednoczonych.

Banknot **Rezerwy Federalnej** – plutokratyczna waluta emitowana przez prywatny bank Rezerwy Federalnej Stanów Zjednoczonych.

Banknot Stanów Zjednoczonych – prawdziwa waluta wyemitowana przez rząd, która była w obiegu od 1862 do 1994 roku. 4 czerwca 1963 r. prezydent John F. Kennedy wydał dekret nr 11110, w którym polecił Skarbowi Państwa wydrukować banknoty o nominałach 2 i 5 dolarów o łącznej wartości 4 miliardów dolarów, których przykład przedstawiono powyżej. Banknoty te, zabezpieczone srebrem znajdującym się w skarbcach Skarbu Państwa, zostały wyemitowane bez zadłużenia i bez odsetek; a dochód z prawa do emisji nie trafiał do prywatnej Rezerwy Federalnej, lecz do rządu Stanów Zjednoczonych. Emisja ta była częścią długoterminowego planu Kennedy'ego mającego na celu ograniczenie władzy Rezerwy Federalnej. 22 listopada 1963 r. Kennedy został zastrzelony w Dallas w Teksasie przez zabójców, których zleceniem rzekomo kierował Rothschild.

KRYTYKA MATTHEW JOHNSONA

Jedną z najtrudniejszych rzeczy do wyjaśnienia studentom amerykańskich uniwersytetów jest to, że kapitalizm i komunizm mają ze sobą więcej wspólnego, niż się wydaje. W rzeczywistości, niezależnie od tego, jak to wyjaśnić, wciąż dominuje stara mantra, że oba systemy są „przeciwstawne". Co gorsza, wyjaśnienie studentom i ich zdumionym rodzicom, że amerykański system bankowy i konglomeraty przemysłowe sfinansowały sowiecką rewolucję i w całości zbudowały sowiecki aparat przemysłowy, jest równie beznadziejnym, co irytującym zadaniem.

Prostym sposobem na ujęcie tego wszystkiego byłoby stwierdzenie, że dla współczesnych bankierów państwowa kontrola całej gospodarki z jednego miejsca jest tym, co uważają za raj. Istnieje tylko jeden plan, jeden system bankowy i jeden system społeczny; oznacza to, że banki zajmują się jedynie przekazywaniem pieniędzy, czekając, aż państwo, a nie sama gospodarka, spłaci im wymagane odsetki. Innymi słowy, gospodarka planowa jest dla banków najbardziej atrakcyjna. Nie ma potrzeby ustalania powiązań między bankami prywatnymi a gospodarką państwową. Dla bankiera praca dla partii jest równie prosta, jak praca dla Goldman-Sachs.

Kapitalizm i socjalizm opierają się na materializmie. Produkcja i użyteczność są uważane za dobro, a skuteczność metod za warunek *sine qua non* rozważań etycznych. Oba systemy są zorientowane na technologię, wyznają liniową wizję historii i dążą do zmechanizowania wszystkich aspektów życia ludzkiego. W miarę rozwoju system gospodarczy i państwo łączą się w jedną maszynę. Błędem libertarian zawsze było przekonanie, że państwo i prywatny kapitał są sobie przeciwne. Tymczasem jest odwrotnie. Duża koncentracja kapitału jest zawsze głęboko powiązana z państwem, wykorzystując je zarówno jako zabezpieczenie, jak i regulator w celu utrzymania znacznie ograniczonego dostępu do rynku. Porażka Departamentu Sprawiedliwości w sporze z firmą Microsoft w latach 2010–2012, w sprawie „ ", pokazuje brak równowagi sił między kapitałem prywatnym a państwem. Może się to wydawać tematem odległym od analizy systemu bankowego. Dla typowego profesora ekonomii politycznej rzeczywiście tak jest. Jednak dla tych, którzy, podobnie jak pan Goodson, przez wiele lat zasiadali w zarządzie Banku Centralnego Republiki Południowej Afryki, czysto akademicki punkt widzenia wydaje się absurdalny. Pan Goodson nie był bynajmniej odizolowany i był świadkiem ścisłej kontroli życia gospodarczego przez gigantyczne konglomeraty bankowe na całym świecie. Był tego uprzywilejowanym świadkiem.

Książka ta nie jest studium technik ekonomicznych. Na szczęście jest to studium historyczne. Goodson zdaje sobie sprawę z tego, czego większość ekonomistów nie jest w stanie pojąć: aby zrozumieć zjawisko ekonomiczne, należy je traktować jako wynik dziesięcioleci rozwoju historycznego. Każdy aspekt całości nieustannie wzmacnia ogólną wizję, a całość sama w sobie, niczym organizm, podlega ciągłej ewolucji w miarę jak historia stawia przed nami nowe wyzwania, nowe projekty i nowe ofiary.

Innymi słowy, sekretne życie banków nie jest jedynie wynikiem woli grupy ludzi zebranych na wyspie u wybrzeży Georgii. Oni sami byli uczestnikami nurtu historycznego, który sięga pierwszych cywilizacji mezopotamskich, a osiągnął swój szczyt w Rzymie. Fakt, że całość zawsze opierała się na tych samych wartościach, niezależnie od cywilizacji, w której się zakorzeniła, jest tak imponujący, że zasługuje na dogłębną analizę. Jednak biorąc pod uwagę polityczne konsekwencje takiej szczerości, pan Goodson musiał zrezygnować ze stanowiska, ponieważ niewielu przedstawicieli świata instytucjonalnego zadałoby sobie trud, by wspomnieć o jego pracach, a tym bardziej by się z nimi zgodzić.

Z badania tego jasno wyłania się pewna stała historyczna: zasadnicza różnica między monarchią a republikanizmem (ogólnie rzecz biorąc) ma charakter ekonomiczny. Republiki są zazwyczaj oligarchiami typu „ ”, a przynajmniej zawierają w sobie zalążki takich oligarchii. Monarchie, będąc w ciągłej walce z własną szlachtą, często odrzucają podejrzenia o oligarchię. Niezależnie od tego, czy chodzi o Narodowo-Socjalistyczną Partię Chin czy Białorusi, Królewski Bank w Sankt Petersburgu czy scentralizowaną dyktaturę z czasów Augustyna, każda forma silnego etatyzmu prowadziła wojnę z monopolem bankowym. Żaden autorytarny przywódca nigdy nie zaakceptował rywalizacji ze strony wszechmocnego pośrednika gospodarczego. Oczywiście istnieją pewne wyjątki po obu stronach, ale historia jasno pokazuje, że silne państwa, oparte na tradycyjnej władzy, odrzucają alchemię pieniądza i lichwy.

Rzym

W czasach Cycerona Rzym już szybko odchodził od swojej senackiej oligarchii, zmierzając w kierunku militarnego imperium Sullusa i jego następców. Natychmiastowym skutkiem, gdy opadł kurz wojen domowych, było przejęcie kontroli nad biciem monet i lichwą. Juliusz Cezar starał się ograniczyć wypłatę odsetek do 1% miesięcznie i, w populistycznym zrywie rzadko spotykanym w historii, zakazał ich kapitalizacji. Co więcej, żadne zgromadzone odsetki nie mogły nigdy przekroczyć pierwotnej kwoty głównej.

W Bizancjum, czyli Wschodnim Imperium Rzymskim, odsetki były oficjalnie ograniczone do 5%, na zasadzie „albo to, albo nic", ale można było to utrzymać tylko za rządów silnych cesarzy. Na przykład Bazyleusz II odrzucił wszelkie odsetki i zmusił zamożnych właścicieli ziemskich do pomocy ubogim chłopom. Jego władza, choć powszechna, zazwyczaj napotykała opór arystokracji, która następnie umieszczała w Konstantynopolu marionetkowych cesarzy. Jednak w ramach takiego systemu Wschodni Rzym posiadał tętniącą życiem i popularną gospodarkę. Jego waluta służyła jako ogólny standard w tak odległych krainach jak Chiny. Chłopi byli wolnymi właścicielami ziemskimi, a feudalizm nie istniał. Nie było też inflacji, a kwitnący handel zawsze sprzyjał kapitałowi. To właśnie dlatego oligarchiczne państwa, takie jak Wenecja, Dubrownik i normandzcy najeźdźcy na Sycylii, nieustannie finansowały wrogów Rzymu.

Po 1204 roku, kiedy krzyżowcy normańscy zdobyli Konstantynopol, dominacja weneckich oligarchów stała się faktem. Po rezygnacji z autonomii finansowej na rzecz regularnych zastrzyków weneckiego kapitału, cesarze XIV i XV wieku skazali Bizancjum na zagładę. Utraciwszy wszelką niezależność gospodarczą i widząc, jak ogromne bogactwa Wschodu pochłania spłacanie odsetek na rzecz Włoch, Bizancjum ostatecznie upadło pod naporem tureckiej inwazji finansowanej przez Włochy w 1453 roku. Wenecja stała się bezwarunkowym sojusznikiem Turcji.

Nie ma tu żadnej ekonomicznej tajemnicy. Tam, gdzie lichwa jest ściśle kontrolowana, nie ma ciągłego odpływu i gromadzenia bogactwa w centrach bankowych. Ta finansowa hemoragia oznacza, że wartość pozostaje tam, gdzie powinna: u małych przedsiębiorców i drobnych właścicieli ziemskich. Bez matematycznego wzrostu odsetek wystarczała zwykła część dzisiejszej pracy, by utrzymać stabilność monetarną, niezbędne zaopatrzenie oraz szlachtę zmuszoną do służenia państwu, a nie do czerpania z niego korzyści. W nowoczesnym systemie lichwy centralizacja jest nieunikniona, ponieważ odsetki składane nieustannie wysysają wszelką wartość dodaną, gromadząc się w skarbcach kliki.

ANGLIA

Anglia nie różniła się pod tym względem. Przed najazdem Normanów anglosaska Anglia, nawet po najazdach Wikingów, przeżywała finansowy złoty wiek. Ponownie dominowali drobni posiadacze, handel miejski utrzymywał niskie ceny, a brak płynnych środków uniemożliwiał jakąkolwiek centralizację. W takim systemie feudalizm nie mógł istnieć. Lichwa została zakazana w Mercji za panowania Offy Wielkiego, a gorączkowa próba Alfred a, by scentralizować władzę w Wessexie przeciwko Duńczykom, doprowadziła go również do odrzucenia „usług" bankowej kliki. Jednak włoskie banki były bardzo zainteresowane planowanym atakiem Wilhelma Zdobywcy na bastion

Anglosasów oraz wyeliminowaniem wpływów skandynawskich w Anglii. W jego ślad podążała niewielka armia żydowskich handlarzy niewolników, Wenecjan i rzymskich bankierów. Pod panowaniem Normanów lichwa była przez pewien czas dozwolona. Dawna angielska arystokracja została wymordowana, a Wilhelm Zdobywca sprowadził nową szlachtę, mającą bliskie powiązania z Włochami. W ten sposób feudalizm po raz pierwszy pojawił się na angielskiej ziemi. Kilka wieków później Irlandia również miała poznać korzyści płynące z normandzkiego postępu.

Taki postęp, za czasów króla Stefana, doprowadził do powstania systemu bankowego pobierającego średnio 33% odsetek od zastawionych gruntów i 300% od kapitału. W ciągu dwóch pokoleń ponad 66% angielskich ziem znalazło się w rękach żydowskich i włoskich bankierów. Może to wyjaśniać ciągłą potrzebę imperium Plantagenetów do przejmowania coraz większej ilości francuskich ziem.

Taki był los normandzkiej Anglii aż do panowania Edwarda I(1307 r.), który naśladował Bizancjum (gdzie po 1066 r. służyło wielu Anglosasów), ściśle ograniczając odsetki i ich kumulację. Wypędzając bankierów z kraju, zapoczątkował okres prosperity, który niestety został przerwany przez dżumę. Nie jest przypadkiem, że właśnie w momencie, gdy Bizancjum zrzekło się swojej suwerenności na rzecz Wenecji w zamian za możliwość korzystania z jej floty, Anglia obrała kierunek przeciwny do Włoch i Rzymu.

Od panowania Edwarda Iaż do wielkiej epidemii dżumy Anglia prosperowała. Rok pracy obejmował 14 tygodni, co odpowiadało okresowi wystarczającemu do zaspokojenia podstawowych potrzeb. Kalendarz kościelny, zarówno w Europie Zachodniej, jak i Wschodniej, wymagał od 100 do 140 dni wolnych w roku, nie licząc niedziel i okresu po Wielkanocy. Oczywiście kapitalizm musiał prowadzić bezlitosną wojnę z Kościołem i dążyć do uzyskania protestanckiego poparcia, aby wyeliminować święta z kalendarza. Panowanie drobnych właścicieli powróciło po raz pierwszy od czasów Edwarda Wyznawcy. Niestety, nie był to ostatni raz. Reformacja, gdy wpływ Lutra osłabł, miała inne poglądy na temat pieniędzy.

Gdy Henryk VII ustabilizował sytuację w Anglii po Wojnie Dwóch Róż, nadszedł czas na rozkwit bankowości. Reformacja i niemoralność Henryka VIII dostarczyły niezbędnego pretekstu. Reformacja była próbą Stuartów, by zacząć centralizować władzę, gdy członkowie starej szlachty wymordowali się nawzajem. Ziemie klasztorne zostały zsekularyzowane, rozwinął się rynek nieruchomości, a finansowanie handlu dalekosiężnego stało się priorytetem. Henryk VII stał się ostatnim tchnieniem potężnego, tradycyjnego państwa. Od Henryka VIII przez Edwarda VI, a następnie Elżbietę, władzę przejęła nowa oligarchia, która potrzebowała przepychu monarchii jako przykrywki. Bardzo szybko, gdy tylko nabrała pewności co do swojej roli, potrzebowała pomocy Wilhelma Orańskiego, aby uzasadnić swoje istnienie.

Hiszpania, po ostatecznym odparciu islamu, starała się pozbyć Sefardyjczyków, tradycyjnych sojuszników kalifatu muzułmańskiego. Hiszpański nacjonalizm był nierozerwalnie związany z Kościołem i państwem, będąc dla obu tych instytucji nośnikiem oczyszczenia i odrodzenia. Przenosząc się do Amsterdamu, Sefardyjczycy odbudowali swoją bankową siedzibę, tworząc „bazę” wpływów opartą na czterech filarach: handlu zbożem z regionu bałtyckiego, bankach w Amsterdamie, Konstantynopolu, rynku tureckim oraz, co najważniejsze, w Polsce. Był to krok w kierunku nowoczesności, ponieważ ceny zbóż na Zachodzie gwałtownie wzrosły, zmuszając Wschód do eksportowania ich w coraz większych ilościach.

Za panowania Elżbiety, a na pewno w trakcie i po rewolucji angielskiej, wrogiem była Hiszpania. Katolicka Irlandia zwróciła się do Hiszpanii o pomoc przeciwko grabieżom Gaelów przez Anglię, co Cromwell musiał ukarać z surowością zbliżoną do ludobójstwa. Import srebra z Nowego Świata przez Hiszpanię zagrażał dominacji banków. System bankowy sfinansował holenderską rebelię przeciwko Hiszpanom, podczas gdy światowa prasa nie szczędziła przesadnej retoryki, aby potępić obecność hiszpańskich armii w północnej Europie. Brytyjscy wrogowie elity bankowej również zwracali się do Hiszpanii w nadziei na ewentualną pomoc.

Gdy Karol I został pokonany w 1645 r., a Cromwell ustanowił swoją dyktaturę wojskową w Anglii i Irlandii w 1653 r., system bankowy zniszczył już swoich wrogów i umocnił swoją pozycję. Pokojowa okupacja Winchesteru przez Wilhelma Orańskiego 30 lat później oznaczała, że bankierzy mieli teraz Anglię do swojej dyspozycji, aby wykorzystać ją przeciwko Francji i Hiszpanii. Nikogo nie powinno dziwić, że jakobici poświęcili tyle czasu i wysiłku na atakowanie elity bankowej, która tak gwałtownie przejęła władzę. Ani Jakub I ani Jakub II nie wierzyli w „prawo boskie", ani nie chcieli narzucać swojej dyktatury. Tylko Cromwell dążył do tego zaszczytu. Jednak Jakubowie zostali oskarżeni o wszystkie możliwe zbrodnie. Jakub opowiadał się za tolerancją religijną, a nie za „hiszpańską teokracją", jak później twierdzili wigowie. Partia wigów broniła systemu lichwy i jako taka zawsze była ruchem politycznym, który najzacieklej dążył do wojny z Francją, Hiszpanią i ewentualnie Rosją.

Parlament, który stał się wówczas narzędziem kapitalizmu i imperium, szukał najmniejszej nawet wymówki, by zemścić się na Hiszpanii. „Demokracja" i „wola ludu" były utożsamiane z interesami kupców i handlarzy. Anglia stała się oligarchią. Katolickim przywódcom na zawsze miało być zabronione panowanie w Londynie, niezależnie od pragnienia Jamesa dotyczącej neutralności religijnej. Wojna Wilhelma z Francją była finansowana przez cały system bankowy w Amsterdamie, co wyraźnie przyznał sam Wilhelm Orański, gdy próbował zaaranżować małżeństwo ze Stuartem, które miało pozostać bezdzietne.

UKRAINA I POLSKA

Z pewnością nie jest przypadkiem, że rządy Cromwella i powolne ludobójstwo irlandzkich opozycjonistów oraz angielskich jakobitów miały miejsce w tym samym czasie, co rozwój ruchu opozycyjnego na drugim „biegunie" żydowskiej „strefy handlowej". Wzrost liczby ludności na Zachodzie, a także stopniowa centralizacja państw, doprowadziły do wzrostu popytu na zboża. Oznaczało to między innymi, że szlachta musiała zintensyfikować pańszczyznę wobec chłopów i przeznaczyć większą część produkcji na eksport.

Polski szlachta dała Żydom monopol na handel lądowy, życie miejskie, rynek najmu i alkohol. Wszystkie oficjalne źródła historyczne Ukrainy muszą to przyznać. Bezsilna monarchia polska próbowała odzyskać władzę, podobnie jak miało to miejsce gdzie indziej, poprzez sojusz zawarty z miastami. Uznając to za zagrożenie, polscy szlachcice przeciwdziałali temu, przyjmując Żydów chazarskich poszukujących nowej ojczyzny po upadku Italii kilka wieków wcześniej. Nie tylko ją znaleźli, ale ich oficjalna władza i sukces osiągnęły taki poziom, że powszechne stały się twierdzenia rabinów, iż XVII wiek był epoką „mesjańską". W rzeczywistości był to sygnał zwiastujący, że czas zbawiciela jest bliski. Zamiast tego doświadczyli oni buntu kozackiego hetmana Bogdana Chmielnickiego. Bunt Chmielnickiego był przeciwieństwem buntu Cromwella. Kozacy walczyli przeciwko długoletniej oligarchii, podczas gdy Cromwell dążył do jej ustanowienia.

Wzrost znaczenia Chmielnickiego w 1648 roku był jedynym wydarzeniem, które na zawsze zdefiniowało ukraiński nacjonalizm. Nic nie było już takie jak wcześniej. Polska o mało co się nie rozpadła. Żydzi musieli uciekać, by ocalić życie. Tatarzy krymscy zdołali uwolnić się spod panowania Turcji. Rzym pogrążył się w panice, ponieważ jego kościoły, od dawna kojarzone z lichwą, zostały spalone przez Kozaków, pamiętających, że ich budowa miała miejsce sto lat wcześniej na ruinach kościołów prawosławnych. Wciąż chwiejący się pod wpływem reformy reformowanej, Rzym musiał teraz zmierzyć się również z wyparciem na wschodzie. Patriarcha Jerozolimy, Paisios, koronował hetmana Chmielnickiego na „monarchę całej Rosji". Rosja, Wiedeń, Prusy i Paryż były teraz w stanie scentralizować swoją władzę i rzucić wyzwanie Rzymowi. Rosja żywiła szczególne pretensje wobec Rzymu, ponieważ to papiestwo ogłosiło w 1256 r. krucjatę przeciwko północnej Rosji, sfinansowało ekspansję mongolską i określiło polski atak na Ukrainę mianem „świętej wojny". Podczas gdy Paryż i Wiedeń pozostawały katolickie, był to katolicyzm narodowy, w którym to korona, a nie Rzym, zaczynała wybierać arcybiskupów. Nie miało to jednak trwać długo.

Rzym postarał się zasugerować Krymczykom, by porzucili prawosławnych Słowian. Śmierć Hermana Chmielnickiego w 1657 r. doprowadziła do podziału w armii kozackiej między hetmanów i oba brzegi Dniepru. Hetman Iwan Wyhovski i Pawło Teteria szukali sojuszu z Polską, Briuchowecki na wschodzie zwrócił się ku Moskwie, a Doroszenko, w akcie desperacji, udał się do Turków. W 1708 roku hetman Iwan Mazepa udał się do Szwedów. Nastąpiła katastrofa i wśród ukraińskich historyków okres ten określa się mianem „upadku".

W miarę jak Rosja zbliżała się do Dniepru, Wiedeń zaniepokoił się potencjalną rusyfikacją większości Europy Wschodniej (w tym Bałkanów) i zmobilizował swoje siły przeciwko niej. Zyskując nieco swobody działania, Polska odzyskała dawną stabilność, a szlachta powróciła do kraju. Sto lat później powstanie kozackie pod wodzą Hajdajmaka doprowadziło do czegoś nie do pomyślenia: zawarcia traktatu o „wiecznej przyjaźni" (tj. pokoju andrusowskiego z 1667 r.) między Polską a Rosją, dzielącego Ukrainę na dwa odrębne imperia. Powstanie Hajdamaków zostało stłumione dzięki wspólnym wysiłkom Moskwy i Krakowa, a wszystko wróciło do stanu sprzed 1648 roku.

Podobnie jak w Anglii, za panowania kozackiego społeczeństwo było podzielone na hrabstwa, zarządzane przez lokalną demokrację, która wykazywała całkowity brak zainteresowania lichwą. Nastąpiły typowe dla tego typu sytuacji skutki: odrodziły się tradycyjne społeczności słowiańskie, co zaowocowało stabilnością polityczną i gospodarczą. Powolne wsparcie dla arystokracji kozackiej, finansowane przez Sankt Petersburg, doprowadziło do narzucenia oligarchii, która w połowie XVIII wieku z łatwością pozwoliła Katarzynie II położyć kres hetmanatom na zawsze.

STANY ZJEDNOCZONE

Zdecentralizowane kolonie amerykańskie były na ogół dobrze prosperujące. Ogromne zasoby ziemi, doskonałe porty i silny duch pionierski pozwoliły stworzyć zaawansowany świat niemal z niczego. Zapytany o przyczyny tych wszystkich zjawisk, Benjamin Franklin sformułował swoje słynne stwierdzenie:

> „To bardzo proste. W koloniach emitujemy własną walutę. Nazywa się ona script colonial. Emitujemy ją proporcjonalnie do popytu przemysłu i handlu, aby ułatwić transfer produktów od producentów do konsumentów. W ten sposób, tworząc własny papierowy pieniądz, kontrolujemy jego siłę nabywczą, nie płacąc nikomu odsetek". (Benjamin Franklin, Londyn, 1763)

Z wyjątkiem okropnego Alexandra Hamiltona, ojcowie założyciele Ameryki, choć podzieleni w niemal wszystkich innych kwestiach, byli zgodni w sprawie banków. Była to dziedzina budząca odrazę. Wartość dolara pozostawała stabilna do 1917 roku. Jednak cykle bańki spekulacyjnej i kryzysów od czasów wojny secesyjnej, ogromny wzrost władzy federalnej, I wojna światowa i powstanie amerykańskiego imperium pomogły przygotować grunt pod utworzenie prywatnej kliki Rezerwy Federalnej w Stanach Zjednoczonych. (Termin „federalny" należy w tym przypadku rozumieć podobnie jak w przypadku „Federal Express").

Faktem jest, że obawy antyfederalistów były uzasadnione: rząd USA w Waszyngtonie stał się niezwykle potężny, arogancki i całkowicie odcięty od amerykańskich obywateli. Od dawna znajdował się pod wpływem zalążka oligarchii, która wkrótce przybrała formę Fed, imperium Rockefellera, kultu Carnegiego oraz stanu wojennego wypróbowanego podczas wojny hiszpańsko-amerykańskiej i w ostatnich miesiącach I wojny światowej.

W latach 1914–1920 ceny wzrosły o 125%, jak trafnie opisuje to Goodson. W ciągu sześciu lat dolar stracił prawie 60% swojej wartości. Jednocześnie wartość federalnych bonów skarbowych spadła o 20%, co spowodowało, że stare bony stały się droższe. Jednak banki zażądały spłaty nowych, tańszych bonów, co oczywiście oznaczało, że pieniądze były należne.

Dodatkową niestabilność spowodował gwałtowny wzrost cen kolejowych i innych środków transportu. Małe gospodarstwa, które niegdyś stanowiły kręgosłup amerykańskiego dobrobytu, powoli stawały się nieopłacalne ekonomicznie, by w końcu zniknąć na zawsze. W praktyce oznaczało to masowy transfer bogactwa ze wsi do miast. Produkcja rolna spadła o 50%. Wojna z wiejską Ameryką została wypowiedziana i jeszcze się nie zakończyła. Deficyt wkrótce został wypełniony przez agrobiznes, co stało się możliwe dzięki centralizacji kredytu mającej na celu finansowanie większych konglomeratów, uważanych za podmioty bezpieczniejsze niż małe struktury.

W 1927 r. Fed obniżył stopy procentowe, zwiększając w ten sposób podaż pieniądza. Był to jednak czas „szalonych lat", początków jawnej oligarchii, jako podmiotu pewnego siebie i pozbawionego jakiejkolwiek poważnej opozycji. Oznaczało to, że pieniądz był traktowany jako wartość sama w sobie, oddzielona od rzeczywistej produkcji. Pieniądze trafiały na giełdę, dziesięciokrotnie zwiększając popyt i zawyżając ceny. Marże były zwiększane poprzez zadłużenie, a wskaźnik cena-zysk wzrósł do 50:1, co oznacza, że cena akcji znacznie przewyższała zdolność produkcyjną zaangażowanego kapitału. Inaczej mówiąc, cena akcji nie miała żadnego związku z kondycją finansową danych firm, wydajnością kapitału lub pracy, ani z wynikającą z tego wartością dodaną.

Tak więc w 1927 r. amerykański rynek akcji był fikcją. Ceny odzwierciedlały inwestycje spekulacyjne, łatwy pieniądz oraz przekonanie – które pozostaje psychiatryczną zagadką – że taki fałszywy wzrost będzie trwał wiecznie. Rentowność finansowa firm nie miała żadnego znaczenia. W 1929 r. Fed podniósł stopy procentowe do 6%. Sygnał był jasny: wartość całego rynku giełdowego spadła o 83%. Upadło 10 000 banków, a maklerzy, działający w oparciu o bańki dłużne, zostali zrujnowani.

ROSJA

Dobrobyt i wzrost gospodarczy Rosji rozpoczęły się wraz z wyzwoleniem chłopów pańszczyźnianych przez Aleksandra II w 1861 roku. Chłopi pańszczyźniani, znajdujący się pod bezpośrednią kontrolą państwa, zostali już wcześniej wyzwoleni przez cara Mikołaja I. Jak to często bywało, tylko najbardziej autokratyczni monarchowie mieli odwagę pominąć elity i wprowadzić przepisy na korzyść chłopów. W przeciwieństwie do uwolnienia chłopów pańszczyźnianych w Austrii kilka lat wcześniej oraz wyzwolenia niewolników z południa przez Lincolna, rosyjscy chłopi pańszczyźniani otrzymali ziemię wraz z wolnością. Państwo zrekompensowało straty szlachcie, a z czasem chłopi byli w stanie spłacić państwo. Płatności były bardzo niskie, a car Mikołaj II anulował je wszystkie w 1905 roku. Był to kolejny gwóźdź do trumny szlachty.

Rosyjscy chłopi nigdy nie byli niewolnikami. Pańszczyzna, będąca reakcją na najazdy polskie i szwedzkie w XVIIwieku, dotknęła jedynie chłopów z regionów czarnoziemskich południowej Rosji. Nigdy nie istniała na północy ani na Syberii. W Rosji centralnej dotyczyło to jedynie chłopów pańszczyźnianych, którzy musieli wykonywać określone prace w zamian za świadczone usługi lub dobra konsumpcyjne. Jednak od 1840 r. większość chłopów płaciła czynsz, co oznaczało, że nie byli już chłopami pańszczyźnianymi. Pańszczyzna w Rosji oznaczała dla chłopa gwarancję posiadania ziemi niezbędnej do przetrwania, a jednocześnie gwarancję stabilnych dochodów, ponieważ służyli oni bezpośrednio państwu, w szczególności dostarczając siłę roboczą do wojska. Ponieważ wszyscy służyli wszystkim, system był zrównoważony. Za panowania cara Pawła i jego matki, Katarzyny II, szlachta została zwolniona ze służby państwowej, przez co stała się politycznie bezsilna.

Chłopi korzystali z samorządności w gminach, gdzie wszystkie stanowiska obsadzano w drodze wyborów. Wybierano również *władze wołostu*, czyli samorząd powiatowy, przy czym wszystkie klasy społeczne miały równą reprezentację. System sądowniczy na szczeblu *wołostów* i gmin opierał się na zasadach czystej demokracji chłopskiej. Sędziowie gminni byli wyłącznie członkami chłopstwa, a sądy *wołostów* składały się z dwóch szlachciców i dwóch przedstawicieli chłopów. Ogólnie rzecz biorąc, rosyjska szlachta znajdowała się w gorszej sytuacji finansowej niż chłopstwo, tonąc w długach i od dawna zwolniona ze służby państwowej. Nie miała nic innego do roboty, jak tylko kupować zachodnie luksusowe przedmioty ponad swoje możliwości. Gminy chłopskie miały prawo unieważniać ustawy federalne i były na ogół całkowicie samowystarczalne. Jeśli Rosja cierpiała z powodu czegoś, to z powodu nadmiaru demokracji!

W 1861 r. *wołost* został zastąpiony przez *zemstwo*, potężny system powiatów wyposażony w izbę niższą złożoną z chłopów oraz izbę wyższą złożoną z szlachty, najczęściej ubogiej. *Zemstwo* odpowiadało za edukację, infrastrukturę publiczną, życie kościelne, pobór podatków i policję. Nie było żadnej dziedziny życia chłopskiego, która nie opierałaby się na lokalnej demokracji. „Kapitan ziemski", zazwyczaj ubogi szlachcic, był wybierany w celu mediacji w konfliktach między chłopami a szlachtą, a czasami chłopi zwracali się do kapitana, jeśli mieli jakieś skargi wobec gminy lub władz *zemstwa*. Pod względem politycznym od 1850 r. szlachta stała się bezsilna.

W ten sposób wyzwolenie chłopów pańszczyźnianych oraz utworzenie wolnej prasy, *zemstw* i niezliczonych reform oświatowych położyły kres procesowi rewolucyjnemu, który był finansowany niemal w całości przez Wielką Brytanię. Anonimowa ręka, uznając to za nie do zniesienia, zleciła zamach na Aleksandra II w 1881 roku. Jego syn, Aleksander III, kontynuował program reform zapoczątkowany przez ojca, a będąc człowiekiem o silnej ręce i wielkiej determinacji, stłumił ruch rewolucyjny aż do swojej śmierci w 1894 roku.

Car Aleksander III założył na początku 1880 roku Bank Rolniczy, który udzielał chłopom nieoprocentowanych pożyczek, ponieważ dążył do skierowania inwestycji na poprawę warunków rolniczych. Car Aleksander i jego minister finansów, Nikołaj Bunge, opracowali i wdrożyli najbardziej kompleksowe prawo pracy w historii Europy. Jego syn, Mikołaj II, nieustannie je uzupełniał aż do wybuchu I wojny światowej.

> „Rosjanie byli pionierami w dziedzinie prawa pracy. Praca dzieci została zniesiona ponad 100 lat przed jej zniesieniem w Wielkiej Brytanii w 1867 roku. Rosja była pierwszym uprzemysłowionym krajem, który uchwalił przepisy ograniczające czas pracy w fabrykach i kopalniach. Strajki, które były zakazane w Związku Radzieckim, były dozwolone, ale rzadko występowały za czasów cara. Prawa związkowe zostały uznane w 1906 roku, a inspekcja pracy ściśle kontrolowała warunki pracy w fabrykach. W 1912 r. wprowadzono ubezpieczenie społeczne. Ustawodawstwo pracy było tak zaawansowane i humanitarne, że prezydent Stanów Zjednoczonych William Taft stwierdził: „Cesarz Rosji ogłosił ustawodawstwo dotyczące pracowników, które jest bliższe doskonałości niż w jakimkolwiek innym kraju demokratycznym". Ludzie różnych ras żyjący w Imperium Rosyjskim cieszyli się równością statusu i szans, jakiej nie ma nigdzie indziej we współczesnym świecie. Jego Cesarska Mość, car Mikołaj II (1894–1917) i jego bank państwowy stworzyli raj dla robotników, jakiego nie ma w historii ludzkości." (Goodson)

Nie ma w tym żadnej tajemnicy. Cesarz niemiecki, równie autokratyczny jak cesarz rosyjski, wprowadził podobne przepisy. W obu przypadkach wzrost gospodarczy w sektorach rolnym i przemysłowym wynosił średnio 15%. Liczba mieszkańców gwałtownie wzrosła, a w przypadku Rosji chłopom przyznano bezpłatnie ziemię i nowe narzędzia w południowej Syberii (nie w zamarzniętej północnej części), aby skolonizować ten rozległy, pusty obszar o powierzchni około dwukrotnie większej od Stanów Zjednoczonych. W 1905 r. 90% rosyjskich gruntów ornych znajdowało się w rękach chłopów. Żadne inne społeczeństwo uprzemysłowione nie mogło konkurować z tymi środkami. Chłopi masowo kupowali ziemie od szlachty, ponieważ Rosja była jednocześnie całkowicie samowystarczalna. Jej rynek wewnętrzny obejmował prawie 99% produkcji i nie potrzebowała żadnych towarów z zagranicy. Jedyne, co otrzymała od Zachodu, to rewolucja…

Dalej na południu Gruzja poprosiła Rosję o ochronę jako tarczę przed muzułmańskimi sąsiadami. [XIII]Dalajlama Tybetu, Thubten Gyamtso, poprosił cara Mikołaja II o objęcie jego kraju rosyjską ochroną, aby uratować buddyjską monarchię przed zatopieniem w brytyjskim opium. Wielu Rosjan pełniło rolę opiekunów tybetańskiej szlachty i samego Dalajlamy. Rosja była uważana za wybawcę wszystkich, którzy walczyli z chińskim i brytyjskim imperializmem.

Car Mikołaj II był skłonny wypowiedzieć wojnę Mandżurii, ponieważ Chiny trzymały w jarzmie swoją zachodnią ludność buddyjską oraz Tybetańczyków. Kilka milionów muzułmanów również znajdowało się pod jarzmem chińskiej Mandżurii. Rosja była nazywana „Białym Zbawicielem", o którym od dawna prorokowali chińscy mędrcy. Odkrycie ropy naftowej w Baku, w dzisiejszym Azerbejdżanie, który w tamtych czasach był częścią imperium rosyjskiego, tylko pogorszyło sytuację w oczach Brytyjczyków. Dynastia Rothschildów wypowiedziała wojnę Rosji, finansowała rosyjskich rewolucjonistów, a co ważniejsze, sprzyjała sojuszowi antyrosyjskiemu.

Sojusz Rothschildów powstał w dużej mierze w odpowiedzi na sukces Rosji. Opierał się on na finansowaniu Turcji, tureckich plemion z południowej części Rosji, Persji oraz, co budziło największy niepokój, Japonii. Turecka okupacja Bałkanów spotkała się z aprobatą Rothschildów, ponieważ bez Turcji prósoruskie państwa, takie jak Serbia i Bułgaria, wypełniłyby tę lukę. Brytyjska prasa gratulowała Turkom wyzwolenia się z „prawosławnego przesądu" i postrzegania Rosjan jako „Mongołów", których „kły" należało trzymać z dala od Bałkanów.

Rosja pomogła sfinansować Bułgarię i Serbię, dążąc do

zjednoczenia Chin po upadku państwa mandżurskiego. Dzięki pośredniemu protektoratowi nad Tybetem oraz dołączeniu wykształconej i zurbanizowanej Gruzji zaczęła się ustanawiać niestabilna równowaga sił między rajem bankierów a rajem robotników. Niestety, Japonia okazała się lepszym wyborem niż Chiny. Rosja wspierała Afganistan przeciwko Anglii w wojnie angielsko-afgańskiej w latach 1879–1880, ale nie było to tak skuteczne jak zbrojenia Japonii pod egidą Royal Navy.

Gdyby Rosja nie wzięła udziału w I wojnie światowej, jaki byłby jej wynik? Realistyczny scenariusz wyglądałby następująco: dynamicznie rosnąca populacja Rosji ponownie zaludniłaby całą Syberię i część Azji Środkowej. Rosja zajęłaby Bałkany i Konstantynopol, prawdopodobnie z przyzwoleniem Niemiec. Umożliwiłoby to Rosji zajęcie większej części Bliskiego Wschodu lub przynajmniej stanie się protektorem greckich i arabskich prawosławnych. Niemcy zrozumieliby korzyści płynące z sojuszu z Rosją, a nie z Wiedniem. Interesy Rosji i Niemiec, ich systemy ideologiczne i polityczne były bardzo podobne. Sojusz Rosji z jej dawnym wrogiem, Anglią, nie miał dla Rosji większego sensu politycznego, ale powstrzymanie ekspansji niemieckiej było priorytetem Londynu od 1910 do 1913 roku. Niemcy zdały sobie sprawę, że sojusz z Austro-Węgrami zmusi je do udziału w każdym konflikcie, w który zaangażuje się Wiedeń. Nie leżało to w interesie Niemiec. Słabe wyniki militarne Austrii w trakcie wojny, a także niestabilność jej gospodarki, zmusiły Niemc, do rozdzielenia sił zbrojnych na dwa fronty.

Rosnące zasoby ropy naftowej Rosji, jej ogromne rezerwy surowców naturalnych, rynek wewnętrzny i kapitał przemysłowy pozwoliłyby sfinansować protektorat nad Chinami, a z pewnością nad całą Azją Południowo-Wschodnią. Większość Azji Środkowej, znajdująca się pod kontrolą chińską, również znalazłaby się pod rosyjską ochroną, o ile nie pod rosyjską okupacją. W porównaniu z kolonializmem angielskim ekspansja rosyjska nigdy nie miała charakteru wyzysku, lecz obrony.

Ten rynek, wzrost gospodarczy i ciągły przyrost ludności przyciągnęłyby pozostałe światowe mocarstwa w stronę Rosji.

Pod względem militarnym uznano by ją za nie do zdobycia. Skierowana raczej na wschód niż na zachód, nie stanowiłaby zagrożenia dla równowagi sił w Europie. Sojusz z Niemcami przypieczętowałby los Europy jako mocarstwa rojalistycznego, tradycyjnego i chrześcijańskiego. Wiedeń znalazłby się w sytuacji bezsilności i zacząłby w ten sposób rozwiązywać swoje spory z Niemcami, ponieważ Niemcy z imperium dążyli do zbliżenia z nim, a ludność słowiańska zwracała się ku Rosji. Wściekłe i ekspansjonistyczne Węgry nigdy nie mogłyby się wyłonić, ponieważ nieustannie toczyłyby wojnę ze swoimi równie wściekłymi mniejszościami.

Kościół prawosławny znalazłby chętnego sojusznika w niemieckim luteranizmie (royalistycznym) i rosnącym dawnym ruchu katolickim. Gdyby Rosja i Grecja dołączyły do tego schizmy z Kościołem rzymskim, jak to było przewidziane, stary Kościół katolicki znacznie by się powiększył. Wśród konserwatywnych anglikanów i niektórych luteranów już wtedy rosło zainteresowanie tradycją prawosławną.

Większość zachodniej Kanady znalazłaby się pod kontrolą Rosji, począwszy od ludności Alaski, której pozytywne relacje z mieszkańcami Wysp Aleuckich sprawiły, że Rosja była postrzegana jako mile widziana, a nie imperialistyczna. Rosyjskie firmy były już obecne w na Hawajach i chroniłyby tamtejszą monarchię. Stany Zjednoczone sfinansowały obalenie hawajskiego rodu królewskiego. Biorąc pod uwagę dobry wizerunek Rosji w większości Azji, nie ma powodu, by sądzić, że hawajski ród królewski (i inne państwa Pacyfiku) nie rozważałyby również korzyści płynących z posiadania odległego, ale potężnego protektora.

Imperializm rosyjski nie był nastawiony na zysk, jak imperializm brytyjski. Miał charakter obronny. Rdzenna ludność była zazwyczaj dobrze traktowana i, podobnie jak w przypadku Ormian i muzułmanów w Azji, nigdy nie była zmuszana do przejścia na prawosławie ani do posługiwania się językiem rosyjskim. Przysięgali wierność carowi i Koranowi. Polsce przyznano jedną z najbardziej liberalnych konstytucji na świecie, a Finlandia, kolejna kolonia Rosji, pozostawała całkowicie niezależna, z wyjątkiem polityki zagranicznej. Nie ma więc żadnego powodu, by twierdzić, że panowanie imperium rosyjskiego mogło budzić jakiekolwiek niechęci, a nawet być uważane za „panowanie" w dosłownym tego słowa znaczeniu.

Dzisiaj wydaje się to fantazją ledwie możliwą do wyobrażenia. Jednak przez pewien czas, przed masakrą I wojny światowej, w Sankt Petersburgu i Londynie uważano to za realną opcję. Goodson przedstawia zarys tego, jak mogłoby to wyglądać:

> „12 czerwca 1860 r. założono Państwowy Bank Imperium Rosyjskiego w celu pobudzenia dochodów handlowych i wzmocnienia systemu monetarnego. Do 1894 r. był to jedynie organ pomocniczy pod bezpośrednią kontrolą Ministerstwa Finansów. W tym roku został przekształcony w bankiera bankierów i stał się narzędziem polityki gospodarczej rządu. Bijał i drukował monety oraz banknoty kraju, regulował podaż pieniądza i poprzez sieć banków komercyjnych udzielał przemysłowi i handlu kredytów o niskim oprocentowaniu." (Goodson o Aleksandrze II)

Przeciwnicy Pax Russica nie pozostawali bierni. Sankt Petersburg był, pomimo wszystkich swoich problemów, twardym rdzeniem, którego reżim bankowy nie był w stanie złamać. Gdyby Rosja kontynuowała swój gwałtowny rozwój, wzrost liczby ludności i industrializację, lichwiarstwo zostałoby zniszczone. Państwo rosyjskie, w większym stopniu niż prywatny kapitał, planowało i kierowało inwestycjami z wykorzystaniem lokalnych funduszy. Francuzi stanowili jedyną znaczącą obecność zagraniczną w rosyjskim przemyśle. Gdyby miała ona zostać zastąpiona przez projekty współpracy rosyjsko-niemieckiej, lichwa znalazłaby się w poważnym zagrożeniu. Należało podjąć odpowiednie działania. Aby dać czytelnikowi wyobrażenie o tym, jakie mogły one być, Goodson cytuje przemówienie członka Kongresu L. T. McFaddena wygłoszone w Izbie Reprezentantów w 1932 roku:

> „Oni [„europejscy” bankierzy] sfinansowali masowe zgromadzenia Trockiego w Nowym Jorku, aby szerzyć niezadowolenie i bunt. Opłacili podróż Trockiego z Nowego Jorku do Rosji, aby mógł uczestniczyć w zniszczeniu Imperium Rosyjskiego. Podżegali do rewolucji rosyjskiej i ją wywołali, a także udostępnili Trockiemu znaczne sumy w jednym ze swoich oddziałów bankowych w Szwecji, aby za jego pośrednictwem całkowicie zniszczyć rosyjskie rodziny i oddzielić rosyjskie dzieci od ich naturalnych opiekunów. Od tego czasu rozpoczęli swoje przedsięwzięcie niszczenia amerykańskich rodzin i rozpraszania amerykańskich dzieci”.

McFadden został uciszony. Podobnie jak pan Goodson. Autor stracił przez to stanowisko akademickie. Nie ma tematu bardziej drażliwego niż lichwa, ponieważ żadna władza nie może równać się z potęgą odsetek składanych. Lewica jest emanacją banków, podobnie jak większość „prawicy” neokonserwatystów. Monarchia została obalona przez te interesy i zastąpiona przez światową oligarchię, kontrolującą według źródeł nawet 80% światowego PKB. Oczywiście wszystko to istnieje w imię wolności, postępu i demokracji.

Rozpoczęliśmy ten długi esej od pojęcia lichwy oraz faktu, że zachodni sektor bankowy doskonale dogaduje się z lewicowym etatyzmem. Omówiliśmy tę kwestię, wyjaśniając, dlaczego i w jaki sposób doszło do tego demonicznego sojuszu. Jest on nadal aktualny i nie spotyka się praktycznie z żadnym sprzeciwem. Istnieją jednak reakcje, choć niejasne, przeciwko stopniowej monopolizacji bogactwa i pracy.

Goodson nie kończy na negatywnej nucie. Swoją argumentację zamyka krótkim przeglądem sytuacji w Północnej Dakocie. Jakby czytelnik potrzebował dodatkowych dowodów na destrukcyjne tendencje lichwy i systemu rezerw cząstkowych. Północna Dakota utworzyła bank państwowy, w którym zdeponowane są dochody stanu. Bank ten udziela pożyczek o bardzo niskim oprocentowaniu rolnikom i małym przedsiębiorstwom. Wszystkie zyski są przekazywane państwu. Bez praktyki naliczania odsetek składanych obywatelom, Północna Dakota nie ucierpiała w wyniku kryzysu na rynku nieruchomości w 2007 roku. PKB stanu wzrósł o prawie 100% od 1997 roku, podczas gdy dochód na gospodarstwo domowe wzrósł w tym samym czasie o 140%.

Podczas gdy media broniły poglądu, że sukces Dakoty Północnej wynikał wyłącznie z jej niewielkiego przemysłu naftowego, tego rodzaju rozwój z pewnością nie miał miejsca na Alasce, która dysponuje znacznie większymi zasobami węglowodorów niż Dakota Północna. Nigeria tonie w ropie, a mimo to pozostaje biednym krajem. Somalia i Czad również dysponują ogromnymi zasobami ropy, podobnie jak Indonezja i Birma, ale wszystkie te państwa są równie ubogie. Najwyraźniej ropa przynosi korzyści jedynie Dakocie Północnej i mieszkańcom Beverly Hills.[315]

Główną zaletą książki Goodsona jest jej trafność. Autor broni tezy, że tam, gdzie bank państwowy kieruje finansowym światem gospodarki, gospodarka ta prosperuje. Jego analiza Niemiec lat 30., Włoch z początku XX, a także Japonii, przedstawia wszystkie te kraje pod egidą banków kontrolowanych przez państwo, niskich stóp procentowych, inwestycji państwowych i ogólnej pogardy dla libertariańskiego wolnego handlu. System ten pozwolił tym krajom osiągnąć trzycyfrowe wskaźniki wzrostu, zerowe bezrobocie i inflację bliską zeru. Obecnie najlepszymi przykładami są Chiny, Tajwan i Białoruś.

Białoruś, podobnie jak Ukraina i Rosja, zaczęła podupadać, gdy MFW i Uniwersytet Harvarda pomogły temu mafijnemu systemowi zawrzeć umowy prywatyzacyjne, które ostatecznie zmusiły jednego z ich prezydentów, Aleksandra Łukaszenkę, do wstrzymania prywatyzacji, scentralizowania władzy i nacjonalizacji sektora finansowego. Podczas gdy dzisiejsza Ukraina straciła 70% swojego przemysłu i obserwuje, jak 80% jej wykształconej ludności popada poniżej progu ubóstwa, stopa bezrobocia na Białorusi wynosi 1%, a jej przemysł odnotowuje roczny wzrost na poziomie 10% od 2000 roku.

[315] N.D.T. Nawiązanie do słynnego serialu telewizyjnego zza Atlantyku.

Podobnie jest w przypadku obu Chin: kiedy George Soros wywołał dwa kryzysy walutowe w 1997 r., jedynymi gospodarkami, które nie ucierpiały, były te, które posiadały banki kontrolowane przez państwo, a mianowicie Tajwan i Chiny. Dawne potęgi, takie jak Korea Południowa i Japonia, a także Tajlandia, stały się oficjalnymi pionkami MFW. Ich system gwarantowanego zatrudnienia na całe życie został zniesiony, a poziom życia załamał się.

Przed wojną, która spustoszyła ich państwa, Libia i Syria również odnotowywały dwucyfrowy wzrost gospodarczy, miały popularnych prezydentów, a oba kraje były bliskie osiągnięcia statusu krajów rozwiniętych. Oba kraje posiadały banki kontrolowane przez państwo oraz inwestycje produkcyjne kierowane przez państwo. Państwo było partnerem w inwestycjach strategicznych, a nie ich przedłużeniem. Irak Saddama Husajna robił dokładnie to samo, dopóki Stany Zjednoczone nie wypowiedziały mu wojny.

Birmański bank państwowy znajduje się pod kontrolą Ministerstwa Finansów, kierowanego przez generała dywizji Hla Tuna, który posiada wykształcenie finansowe zdobyte na Zachodzie. Jego zastępcą jest pułkownik Hle Swe. Birmańczycy nie pozostawiają żadnej szansy na zagraniczną manipulację swoją walutą. Bogate w złoża gazu ziemnego, ropy naftowej i minerałów terytorium Birmy, jej powiązania z Chinami oraz wysoki poziom wykształcenia ludności sprawiają, że kraj ten staje się coraz częściej celem zachodnich spekulacji i ataków politycznych. Pomimo wojny domowej, zachodnich sankcji i ruchów separatystycznych, krajowi udało się jednak zbudować 10 uniwersytetów, kilkadziesiąt zapór wodnych, podnieść poziom alfabetyzacji do 80% oraz zapewnić rolnikom prawo do posiadania własnej ziemi od 1999 roku. Jeśli czytelnik dostrzegł w tym pewien model gospodarczy, z pewnością ma rację.

Praca Goodsona nie jest pozbawiona wad. Jednak jego błędy są niewielkie. Twierdzi on, że Gavrilo Princip był Żydem i że jego zabójstwo arcyksięcia Ferdynanda wywołało I wojnę światową. Princip nie był podejrzany o bycie Żydem, zwłaszcza że pochodził z odległej zachodniej Bośni, z ubogiej wiejskiej wioski Obljaj, miejsca całkowicie wiejskiego i niedostępnego. Był dzieckiem ubogich chłopów pochodzenia bośniacko-serbskiego. Nazwisko panieńskie jego matki brzmiało bardzo ortodoksyjnie: Misic. Ani jego ojciec, ani matka nie nosili żydowskich nazwisk, a skromna praca ojca na poczcie naprawdę nie wskazuje na przynależność do „elitarnych kręgów bankowych". Princip należał do ruchu „Młoda Bośnia", luźno powiązanego z tajnym stowarzyszeniem „Czarna Ręka", znanym również pod nazwą „Związek albo Śmierć". Była to nacjonalistyczna organizacja złożona z członków paramilitarnych, która nie miała żadnych powiązań z nielicznymi Żydami mieszkającymi w tym czasie w Serbii. Jego dalsza rodzina nosi nazwisko Jovicevic i pochodzi z Czarnogóry, gdzie Żydów jest bardzo niewielu.

Zabójstwo Ferdynanda nie wywołało I wojny światowej. Serbia zgodziła się na żądania Wiednia po zamachu, a Niemcy również były pod wrażeniem dążenia Serbii do zachowania pokoju. Serbia była całkowicie wyczerpana wojnami bałkańskimi i nie chciała już walczyć. Co więcej, wybór celu nie miał żadnego sensu; Ferdynand był mniej więcej popularny wśród południowych Słowian, ponieważ uważano go za najbardziej pro-serbskiego członk u rodziny królewskiej. Z drugiej strony Austria szukała *pretekstu do wojny* od czasu lokalnego buntu przeciwko jej okupacji Bośni i sztucznego utworzenia „państwa Albanii", które służyło odcięciu Serbii od wybrzeża i utrzymywało ją w oddzieleniu od Czarnogóry.

Okoliczności wizyty wielkiego księcia były dziwne. Ferdynand odwiedzał Serbię i Bośnię w dniu serbskiego święta narodowego, *Vidovdan,* kiedy nastroje nacjonalistyczne były najsilniejsze. Był to również początek wysoce wojowniczych manewrów wojskowych. Ferdynand nie miał zabezpieczeń odpowiednich dla królewskiej wizyty na wrogim terytorium. Trasa konwoju Ferdynanda została w niewytłumaczalny sposób zmieniona przez jego własny austriacki personel, tak aby prowadzić do miejsca, gdzie czekali na niego Princip i inni. Jednak ku wielkiemu ubolewaniu Niemiec, jeszcze przed otrzymaniem serbskiej odpowiedzi na austriackie ultimatum, Wiedeń wypowiedział już wojnę.

Te dwa błędy mają niewielkie znaczenie, ale są powszechne i zrozumiałe, dlatego należało je podkreślić. Nie umniejsza to w niczym ogromnej przystępności i użyteczności tej książki, która zasługuje na szerokie rozpowszechnienie. Z tych wszystkich powodów z całego serca popieram pracę pana Goodsona.

Dr Matthew Johnson
Fayetteville, Pensylwania

RECENZJA TOMA SUNICA

W europejskiej świadomości zbiorowej pieniądze zawsze kojarzyły się z czymś brudnym, czymś przestępczym, czymś, co nie było godne Europejczyka, czymś, co doceniała jedynie obca, odległa i tajemnicza ludność. Od starożytności po epokę postmodernistyczną napisano mnóstwo książek na temat klątwy pieniądza i przeklętego złota. Warto przypomnieć sobie króla Krezusa lub klątwę króla Midasa, albo pomyśleć o powszechnej rzezi w średniowiecznej sadze o Nibelungach, której fabuła kręci się wokół ukrytego w Renie złota i cierpienia spowodowanego przez to złoto.

Jak przypomina nam Goodson w swojej książce, obsesja na punkcie wirtualnej waluty i praktyka lichwy, a także rola złota, nie straciły dziś nic ze swojego śmiertelnego charakteru. W rzeczywistości wiele współczesnych transakcji finansowych i wiele oszukańczych praktyk gospodarczych na świecie, wywołanych tą żądzą złota, stało się nawet jeszcze bardziej śmiertelnych, zagrażając tym razem nie tylko przetrwaniu zachodniej cywilizacji, ale całej ludzkości.

Przede wszystkim należy jasno stwierdzić, że Goodson nie jest zwolennikiem teorii spiskowych ani jednym z tych intelektualistów rzucających piętno hańby na Żydów, których proza często wyrządza więcej szkody niż faktycznego oświecenia czytelnikowi pragnącemu zgłębić temat fikcyjnej natury pieniądza i jego znacznie mniej fikcyjnych twórców. Z tych wszystkich powodów Goodson może powoływać się na swoje niepodważalne kompetencje w zakresie tematu analizowanego w tej książce. Był członkiem Rady Zarządzającej SARB (South African Reserve Bank), posiadającym wieloletnie doświadczenie w sektorze bankowym, lub, mówiąc mniej pruderyjnie, był uprzywilejowanym obserwatorem operacji finansowych między wtajemniczonymi. Jak to możliwe, że w naszym rzekomo najlepszym z demokratycznych światów, świecie, który szczyci się przejrzystością i wolnością sądową, większość obywateli nie ma pojęcia, kim są akcjonariusze głównych banków centralnych, takich jak Rezerwa Federalna w Stanach Zjednoczonych i wiele innych na całym świecie? Goodson pokazuje na podstawie faktów, że amerykański Rezerwa Federalna nie ma nic wspólnego z państwem ani z ideą demokracji w Stanach Zjednoczonych, ale w rzeczywistości całkowicie służy anonimowej korporacji, syndykatowi przestępczemu złożonemu z wszechpotężnych finansistów. Z pewnością nie jest przypadkiem, że od czasu pęknięcia tak zwanej bańki na rynku nieruchomości w USA w 2008 roku żadna z dużych instytucji bankowych, czy to Goldman Sachs, czy J. P. Morgan, nie została pociągnięta do odpowiedzialności za drukowanie fałszywych pieniędzy lub udzielanie surrealistycznych kredytów. Można powiedzieć, że wszyscy umyli ręce.

Z książki Goodsona wyczuwa się niezwykłą znajomość uwarunkowań politycznych i społecznych starożytnego Rzymu, Anglii Cromwella czy Niemiec okresu republiki weimarskiej. Dlatego też dzieła tego nie można po prostu odrzucić jako zwykłej antysemickiej pamfletu. To właśnie beznamiętny ton Goodsona, poruszającego się w ramach różnych okresów historycznych, sprawia, że książka ta jest nie tylko dziełem naukowym, ale stanowi również odświeżającą lekturę dla nowicjusza pragnącego dowiedzieć się więcej o mistyce monetarnej.

Wydaje się, że lichwa od zawsze była w centrum społecznych powstań i wojen. Starożytny Rzym wielokrotnie ponosił tego konsekwencje, co ostatecznie doprowadziło do jego upadku. Goodson opisuje reformy gospodarcze i społeczne Cezara, męża stanu, wprowadzenie przez niego pierwszego systemu zabezpieczenia społecznego, zniesienie czynszów dla wielu rzymskich obywateli znajdujących się w trudnej sytuacji, a w końcu zakaz naliczania odsetek od już istniejącej pożyczki. Imperium Rzymskie przeżyło krótki rozkwit. Jednak wielu arystokratów nie mogło znieść wielkoduszności Cezara wobec ubogich i postanowiło go zabić. Lichwiarze, z których większość stanowili obcokrajowcy pochodzenia żydowskiego, wraz ze swoimi służalczymi pogańskimi sługami, wydają się być siłą napędową tej korupcji i upadku zachodniej cywilizacji.

Podobny wzorzec wzrostu gospodarczego i upadku można zaobserwować w okresie opracowywania i uchwalenia słynnej Wielkiej Karty Praw w średniowiecznej Anglii, której głównym celem było ograniczenie dominacji pierwszych żydowskich lichwiarzy oraz zniesienie lichwy. Rzeczywiście, kilkadziesiąt lat później, w 1290 roku, po wprowadzeniu tego dokumentu w życie nastąpiło wygnanie Żydów z Anglii. Uważny czytelnik mógłby zapytać, dlaczego tak wielu klasycznych autorów, a także wielu zwykłych, niepiśmiennych obywateli, przez wieki obwiniało Żydów za wszystkie społeczno-gospodarcze nieszczęścia i dlaczego Żydzi tak często padali ofiarą brutalnych prześladowań? Nie wdając się w mowę nienawiści ani zniesławiającą wobec Żydów, autor dokładnie dokumentuje nieproporcjonalnie wysoki odsetek Żydów zajmujących się pożyczaniem pieniędzy, co historycznie przyczyniło się do ich tragicznego losu.

Autor w żadnym wypadku nie pomija znaczenia nowych nurtów teologicznych i politycznych, w szczególności pojawienia się kalwinizmu i narodzin nowej mentalności w XVI i XVII wieku w Europie, a także amerykańskich opiniotwórców i polityków. Nauki Kalwina dotyczące predestynacji oraz znaczenia społecznej roli, jaką przypisywał kupcom, wywarły ogromny wpływ na życie polityczne w Europie i nowo odkrytej Ameryce. Kupiec i lichwiarz stali się w pewnym sensie nowymi wzorami w polityce i finansach, ludźmi, których zachowanie należało naśladować i traktować jako nadja przez nie-Żydów. To naśladowanie Żydów przez nie-Żydów, poprzez pierwotny kalwinizm i purytanizm, szybko się rozprzestrzeniło, najpierw w kapitalistycznej Ameryce, a później, szczególnie po II wojnie światowej, w Europie kontynentalnej. Goodson pokazuje, jak fanatyczny angielski kalwinista i rewolucjonista Oliver Cromwell uważał się za „wybrańca", a nie tylko za zwykłego szabatowego goja. Wkrótce po ścięciu króla Karola I Cromwell ponownie otworzył bramy Anglii, aby serdecznie powitać Żydów.

Autor wydaje się również rzucać interesujące światło na poziom życia zwykłych ludzi w średniowiecznej Anglii, kraju, którego jakość życia pod wieloma względami znacznie przewyższała tę w naszych współczesnych społeczeństwach. W XIV i XV wieku zwykli ludzie pracowali mniej niż 14 tygodni w roku. Jeśli mamy oceniać jakość życia i szczęście na podstawie liczby gniazdek elektrycznych i stanu naszego konta bankowego, nigdy nie będziemy w stanie zrozumieć prawdziwego sensu szczęścia. W wielu przypadkach jednak tak zwana ciemna epoka Anglii i Europy kontynentalnej wydaje się znacznie jaśniejsza niż nasza obecna ciemna epoka. Większość architektury z tamtego okresu była bezpośrednim wyrazem radości ludu, gdzie dążenie do duchowej transcendencji było znacznie bardziej pożądane niż ulotna błogość współczesnego systemu, w którym gromadzenie pieniędzy stało się nową świecką religią.

Potem nadeszły złe wieści. W 1694 roku powstał Bank Anglii, model, na podstawie którego utworzono wszystkie inne banki centralne w Europie, a później w Stanach Zjednoczonych. Niedługo potem rozpoczęła się era, którą współcześni historycy nazywają „nowożytnością", co w rzeczywistości oznacza zniewolenie narodów. Angielscy finansiści nie byli zadowoleni z tego, że pierwsze amerykańskie kolonie wyemitowały własną walutę i wykazały wrogość wobec Banku Anglii. Próba zniesienia amerykańskiej waluty przez Anglię była również jedną z głównych przyczyn rewolucji amerykańskiej. W dużej mierze dobrobyt, jakiego doświadczyła Ameryka w XIX wieku, wynikał właśnie z braku banku centralnego. Nie wolno nam nigdy zapominać, jak przypomina autor, że kampania prezydencka Andrew Jacksona była prowadzona pod hasłem: „GŁOSUJ NA ANDREWA JACKSONA, ŻADNEGO BANKU! ". Rokem złowieszczym dla USA, a także dla całego świata, był rok utworzenia Rezerwy Federalnej w 1913 r., co pośrednio pchnęło świat zachodni w dwie kolejne wojny światowe, a następnie w setki innych lokalnych wojen na całym świecie.

Sytuacja nie wygląda lepiej dla obywateli amerykańskich. Chociaż od 1919 roku stali się oni przedmiotem zazdrości jako obywatele światowego supermocarstwa, w 2014 roku dług publiczny wzrósł z 2,6 biliona dolarów do 17,5 biliona dolarów. Nikt nie chce tego publicznie przyznać, ale większość Amerykanów i obywateli Zachodu nie żyje na kredyt, lecz raczej walczy i wegetuje, płacąc za własną śmierć w ratach. Czas wielkiego załamania i końca rasy białej jest bez wątpienia tuż za rogiem.

Autor opisuje podobne waluty fiducjarne i różne formy praktyk bankowych stosowanych w innych częściach Europy, a także powstanie bolszewickiej Rosji, w dużej mierze finansowanej przez żydowskich bankierów z Nowego Jorku. Zaletą tej książki jest to, że nie traktuje ona środowiska bankowego z czysto manichejskiego punktu widzenia, ale zawsze poszukuje niuansów pomiędzy tymi dwoma stanowiskami. Godne pochwały jest to, że Goodson wspomina również o niemieckim ekonomistce Gottfriedzie Federze, który sam był jednym z najbardziej zagorzałych krytyków lichwy i odsetek składanych w Niemczech weimarskich. Problem z „Federem" polega na tym, że ten znany ekonomista przez pewien czas był powiązany z narodowym socjalizmem, co może wywołać u niektórych zgrzytanie zębami i marszczenie brwi, nawet wśród najbardziej bezstronnych czytelników książki Goodsona. Jak można dziś, w naszym politycznie poprawnym środowisku akademickiej cenzury, wyciągnąć coś pozytywnego z wypowiedzi naukowca narodowosocjalistycznego? Ponieważ narodowy socjalizm jest dziś oficjalnie przedstawiany jako symbol absolutnego zła, nie może zawierać niczego, co można by uznać za względnie dobre – nawet w dziedzinach apolitycznych, takich jak sport, ekologia, a tym bardziej ekonomia. Feder prowadził swoje badania w oparciu o analizę reparacji wojennych nałożonych na Niemcy weimarskie przez zwycięskie mocarstwa po I wojnie światowej. Doszedł do wniosku, że płacenie odsetek składanych zuboży obywateli i spowoduje masowe bezrobocie. Wnioski Feder doskonale odnoszą się do współczesności, zwłaszc, jeśli chcemy rozważać możliwe rozwiązania problemu ogromnego długu publicznego wszystkich krajów zachodnich.

W nieco mniej pesymistycznym tonie autor wspomina o niesamowitym sukcesie amerykańskiego stanu Dakota

Północna, którego bank pozwolił mu stać się najbardziej dynamicznym stanem o najniższym wskaźniku bezrobocia w Stanach Zjednoczonych. Pozostaje pytanie, jak Północna Dakota przetrwa nadchodzącą burzę. Dopóki oficjalne środowisko akademickie i media będą unikać poruszania kwestii źródła nadchodzącego chaosu finansowego, Stany Zjednoczone, a także ich europejscy satelici, będą tylko przeskakiwać z jednej katastrofy do drugiej.

Dr Tomislav Sunic
Zagrzeb, Chorwacja

BIBLIOGRAFIA[316]

D.J. Amos, *The Story of the Commonwealth Bank*, Veritas Publishing Company Pty Ltd, Bullsbrook, Australia Zachodnia, 1986.

A.N. Andreadēs, *History of the Bank of England*, P.S. King & Son Ltd, Londyn, 1935.

H.C. Armstrong, *Grey Steel J.C. Smuts A Study in Arrogance*, Arthur Barkers Ltd, Londyn, 1937.

D. Astle, *The Babylonian Woe*, Omnia Veritas Ltd, 2015.

D. Astle, *The Tallies, A Tangled Tale and The Beginning and the Ending*, wydanie prywatne, Toronto, 1997.

P.T. Bauer, *Równość, Trzeci Świat i złudzenia ekonomiczne*, Harvard University Press, Cambridge, Massachusetts, 1981.

I. Benson, *The Zionist Factor*, The Noontide Press, Costa Mesa, Kalifornia, 1992.

K. Bolton, *The Banking Swindle – Money Creation and the State*, Black House Publishing Ltd, Londyn, 2013.

W.D. Bowman, *The Story of the Bank of England*, Herbert Jenkins Ltd, Londyn, 1937.

E. H. Brown, *Sieć długów, szokująca prawda o naszym systemie pieniężnym i jak możemy się z niego uwolnić*, Third Millenium Press, Baton Rouge, Luizjana, 2008.

G. Buchanan, *My Mission to Russia and other Diplomatic Memories*, Cassell and Company Limited, Londyn, 1923.

H.S. Chamberlain, *The Foundations of the Nineteenth Century*, The Bodley Head, Londyn 1912, tom II.

K. Chazan, *The Jews of Medieval Western Christendom 1000-1500*, r, Cambridge University, Nowy Jork, 2008.

[316] Uwaga wydawcy: Większość cytowanych tu źródeł to publikacje w języku angielskim, z wyjątkiem przypadków, w których istnieje wersja francuska, co zaznaczono gwiazdką.

A. Cherep-Spiridovich, *The Secret World Government or „The Hidden Hand"*, The Ant-Bolshevist Publishing Association, Nowy Jork, 1926.

O.P. Chitwood, *John Tyler Champion of the Old South*, Russell & Russell, 1964.

W.S. Churchill, *Krok po kroku, 1936–1939*, Odhams Press, Londyn.

W.S. Churchill, *Druga wojna światowa, Nadciągająca burza, tom I*, Cassell & Co. Ltd, Londyn, 1948.

G.M. Coogan, *Twórcy pieniądza, kto tworzy pieniądze? Kto powinien je tworzyć?*, Omni Publications, Hawthorne, Kalifornia, 1963.

I.M. Cumpston, *Lord Bruce of Melbourne*, Longman Cheshire, Melbourne, 1989.

W. Cunningham, *Rozwój angielskiego przemysłu i handlu we wczesnym i średnim średniowieczu*, Cambridge University Press, wydanie trzecie, 1896.

*L. Degrelle, *Hitler urodzony w Wersalu*, tom I serii Siècle d'Hitler, Art Et Histoire De L'Europe (1987).

A.J de Grund, *Fascist Italy and Nazi Germany: The 'Fascist Style of Rule'*, Routledge, Londyn, 2004.

F. W. de Klerk, *Die laaste trek – 'n nuwe begin Die Outobiografie*, Human & Rousseau, Kapsztad, 1998.

A. Del Mar, *Historia pieniądza w Ameryce od najdawniejszych czasów do uchwalenia Konstytucji*, Omni Publications, Hawthorne, Kalifornia, 1936.

A. Del Mar, *Pieniądze i cywilizacja: czyli historia praw i systemów monetarnych różnych państw od czasów średniowiecza oraz ich wpływ na cywilizację*, Omni Publications, Hawthorne, Kalifornia, 1975.

E. de Maré, *A Matter of Life or Debt*, Humane World Community, Inc., Onalaska, Waszyngton, 1991.

R.E. Elletson, *Monetary Parapometrics: A Case Study of the Third Reich*, Christian International Publications, Wilson, Wyoming, 1982.

S. Fay, *Portret starszej pani*, Penguin, Londyn, 1987.

G. Feder, *Program NSDAP, Narodowosocjalistyczna Niemiecka Partia Robotnicza i jej ogólne koncepcje*, tłum. E.T.S. Dugdale, Fritz

Eher Verlag, Monachium, 1932.

N. Ferguson, *Ród Rothschildów, Prorocy pieniądza 1798–1848*, tom 1 i tom 2, Penguin Books, Londyn, 1999.

G. Ferrero, *Wielkość i upadek Cesarstwa Rzymskiego*, tom VI, William Heinemann Ltd, Londyn, 1908.

A.N. Field, *Prawda o kryzysie – o czym media milczą*, wydanie prywatne, Nelson, Nowa Zelandia, 1935.

A.N. Field, *All These Things*, Omni Publications, Hawthorne, Kalifornia, 1936.

*N.G. Finkelstein, *Przemysł Holokaustu: refleksje na temat wykorzystywania cierpienia Żydów*, La Fabrique 2001.

I.N. Fisher, *Stamp Scrip*, Adelphi Publishers, Nowy Jork, 1933.

J.K. Galbraith, *The Age of Uncertainty*, Houghton Mifflin, Boston, 1977.

T.H. Goddard, *Historia instytucji bankowych Europy i Stanów Zjednoczonych*, H.C. Sleight, Nowy Jork, 1831.

R. Gollam, *The Commonwealth Bank of Australia: Origins and Early History*, Australian National University Press, Canberra, 1968.

O. i J. Grubiak, *The Guernsey Experiment*, Distributionist Books, Londyn, 1992.

A. Hitler, *Mein Kampf*, Omnia Veritas Ltd.

Hitler's Table Talk, opracowane przez M. Bormanna, Ostera Publications, 2012.

Hoek Raport prof. Pieta Hoeka dla dr. H.F. Verwoerda, 1965.

D.L. Hoggan, *The Forced War: When Peaceful Revision Failed*, Institute for Historical Review, Costa Mesa, Kalifornia, 1989.

E. Holloway, *Jak Guernsey pokonało bankierów*, Economic Reform Club & Institute, Londyn, 1958.

R.K. Hoskins, *War Cycles – Peace Cycles*, The Virginian Publishing Company, Lynchburg, Virginia, 1985.

Inconvenient History, tom V, 2013, HBB Press, San Ysidro, Kalifornia, 2013.

F.J. Irsigler, *On The Seventh Day They Created Inflation*, Wynberg,

Cape, RPA, 1980.

D. Irving, *Churchill's War, The Struggle for Power*, Veritas Publishing Company Pty Ltd, Bullsbrook, Australia Zachodnia, 1987.

D. Irving, *The War Path: Hitler's Germany 1933-1939*, Macmillan, Londyn, 1978.

D. Irving, *Nuremberg The Last Battle*, Focal Point Publishers, Londyn, 1996.

Money and Banking in Japan, the Bank of Japan Economic Research Department, tłumaczenie: S. Nishimura, redakcja: L.S. Presnell, Macmillan, Londyn, 1973.

E.M. Josephson, *Spisek „Federalnej" Rezerwy i Rockefellerowie*, Chedney Press, Nowy Jork, 1968.

H.S. Kenan, *The Federal Reserve Bank*, The Noontide Press, Los Angeles, 1968.

A. Kitson, *A Fraudulent Standard*, Omni Publications, Hawthorne, Kalifornia, 1972.

G. Knupffer, *The Struggle for World Power, Revolution and Counter-Revolution*, The Plain-Speaker Publishing Company, Londyn, 1971.

J.M. Landowsky, *Red Symphony*, tłum. G. Knupffer, rwww.archive.org/details/RedSymphony

**La Symphonie Rouge*, Omnia Veritas Ltd, 2015. www.omnia-veritas.com

The Letters of T.E. Lawrence pod redakcją D. Garnetta, Jonathan Cape, Londyn, 1938.

C.A. Lindbergh, *The Economic Pinch (Lindbergh on the Federal Reserve)*, The Noontide Press, Costa Mesa, Kalifornia, 1989.

F. Leuchter, *Raport Leuchtera: Koniec mitu, Raport inżynieryjny dotyczący rzekomych komór gazowych w Auschwitz-Birkenau i Majdanku, Polska*, David Clark, 1988.

D. Marsh, *The Bundesbank: The Bank That Rules Europe*, William Heinemann Ltd, Londyn, 1992.

„Collective Speeches of Congressman Louis T. McFadden", Omni Publications, Hawthorne, Kalifornia, 1970.

S. McIntyre, *Zwięzła historia Australii*, Cambridge University Press,

Melbourne, 2009.

N. Mühlen, *Hitler's Magician: Schacht The Life and Loans of Dr Hjalmar Schacht*, tłum. E.W. Dicks, George Routledge & Sons Ltd, Londyn, 1938.

*E. Mullins, *Les Secrets de la Réserve Fédérale*, Le Retour aux Sources, 2010.

C.S. & R.L. Norburn, *A New Monetary System Mankind's Greatest Step*, Omni Publications, Hawthorne, Kalifornia, 1972.

*J. Perkins, *Wyznania finansowego zabójcy*, Alterre, 2005.

E.N. Peterson, *Hjalmar Schacht: za i przeciw Hitlerowi: studium polityczno-ekonomiczne Niemiec, 1923-1945*, The Christopher Publishing House, Boston, 1954.

„Ezra Pound Speaking" Radio Speeches of World War II, pod redakcją L.W. Dooba, Greenwood Press, Westport, Connecticut, 1978.

P.J. Pretorius, *Volksverraad, Die Geskiedenis agter die Geskiedenis*, A History of Central Banking Libanon-Uitgewers, Mosselbaai, Western Cape, RPA, 1996.

**Protokoły mędrców Syjonu*, Deterna, 2010.

*Muammar Kaddafi, *Zielona księga*, Hadès Éditions, Rouen, 2015. www.hadeseditions.com

C. Quigley, *Tragedy and Hope A History of the World in Our Time*, The Macmillan Company, Nowy Jork, 1966.

A.H.M. Ramsay, *The Nameless War*, Omnia Veritas Ltd. 2014.

R.V. Remini, *Andrew Jackson*, Twyne Publishers Inc., Nowy Jork, 1966.

J. Robison, *Dowody spisku przeciwko wszystkim religiom i rządom Europy, prowadzonego podczas tajnych spotkań masonów, iluminatów i stowarzyszeń czytelniczych, zebrane z wiarygodnych źródeł*, Western Islands, Belmont, Massachusetts, 1967.

J.E.T Rogers, *The First Nine Years of the Bank of England*, Clarendon Press, Oxford, 1887.

A. Rosenberg, *Mit XX wieku*, The Noontide Press, Torrance, Kalifornia, 1982.

G. Rudolf, *Analiza Holokaustu: Rosnąca krytyka „prawdy" i „pamięci"* (Seria podręczników o Holokauście 1), Theses & Dissertations Press, 2. poprawione wydanie, 2003.

J. Ryan-Collins, T. Greenham, R. Werner, A. Jackson, *Skąd się biorą pieniądze, Przewodnik po brytyjskim systemie monetarnym i bankowym*, New Foundation, Londyn, 2012.

R.S. Sayers, *The Bank of England 1891-1944*, Cambridge University Press, 1976.

R.E. Search, *Lincoln Money Martyred*, Omni Publications, Palmdale, Kalifornia, 1989.

W.G. Simpson, *Which Way Western Man?*, Yeoman Press, Cooperstown, Nowy Jork, 1978.

F. Soddy, *Bogactwo, wirtualne bogactwo i dług*, G. Allen & Unwin, Londyn, 1933.

*O. Spengler, *Zmierzch Zachodu*, Gallimard, Paryż, 1948.

H. Strakosch, *The South African Currency and Exchange Problem*, Johannesburg, Central News Agency Limited, 1920.

J.G. Stuart, *The Money Bomb*, William Maclellan (Embryo) Limited, Glasgow, 1984.

*A.C. Sutton, *Wall Street i rewolucja bolszewicka*, Le Retour aux Sources, 2010.

I. Tarbell, *A Short Life of Napoleon*, S. S. McClure Limited, Nowy Jork, 1895.

A.J.P. Taylor, *The Origins of the Second World War*, Hamish Hamilton, Londyn, 1961.

H.A. Thomas, *Praca zgromadzona: nowa teoria pieniądza*, 1991.

G.M. Trevelyan, *Historia społeczna Anglii, przegląd sześciu stuleci od Chaucera do królowej Wiktorii*, Longmans Green and Co., Londyn, 1948.

Verheimlichte Dokumente – Was den Deutschen verschwiegen wird, Fz-Verlag, Monachium, 1993.

L. Villari, *Italian Foreign Policy under Mussolini*, Holborn Publishing Ltd, Londyn, 1959.

M. Walsh, *Świadek historii*, Historical Review Press, Uckfield,

Sussex, 1996.

T.E. Watson, *Szkice z historii Rzymu*, The Barnes Review, Waszyngton, DC, 2011.

N.H. Webster, *Rewolucja francuska*, The Noontide Press, Costa Mesa, Kalifornia, 1982.

J. Weitz, *Hitler's Banker Hjalmar Horace Greely Schacht*, Little, Brown and Company, Londyn, 1999.

R.G. Werner, *Princes of the Yen*, M.E. Sharpe, Nowy Jork, 2003.

R. McNair Wilson, *Monarchy or Money Power*, Eyre & Spottiswoode, Londyn, 1934.

*F.P. Yockey, *Imperium*, Omnia Veritas Ltd.

SPIS TREŚCI

INNE TYTUŁY

OMNIA VERITAS
OMNIA VERITAS LTD PRZEDSTAWIA:
DYNASTIA ROTHSCHILDÓW
John Coleman
Wydarzenia historyczne są często wynikiem działania „niewidzialnej ręki"...

OMNIA VERITAS
OMNIA VERITAS LTD PRZEDSTAWIA:
JOHN COLEMAN
DYPLOMACJA OPARTA NA OSZUSTWIE
RELACJA Z ZDRADZIECKICH DZIAŁAŃ RZĄDÓW
WIELKIEJ BRYTANII I STANÓW ZJEDNOCZONYCH
Historia powstania Organizacji Narodów Zjednoczonych stanowi klasyczny przykład dyplomacji opartej na oszustwie

OMNIA VERITAS
OMNIA VERITAS LTD PRZEDSTAWIA:
John Coleman
HIERARCHIA SPISKOWCÓW
HISTORIA KOMITETU 300
Ten jawny spisek przeciwko Bogu i ludzkości zakłada
zniewolenie większości ludzi...

OMNIA VERITAS
OMNIA VERITAS LTD PRZEDSTAWIA:
JOHN COLEMAN
INSTYTUT STOSUNKÓW MIĘDZYLUDZKICH TAVISTOCK
INSTYTUT STOSUNKÓW
MIĘDZYLUDZKICH TAVISTOCK
Kształtowanie moralnego, duchowego,
kulturowego, politycznego i gospodarczego
upadku Stanów Zjednoczonych
John Coleman
Gdyby nie Tavistock, nie
doszłoby ani do I, ani do II
wojny światowej...
Sekrety Instytutu Tavistock ds. Stosunków Międzyludzkich

OMNIA VERITAS
OMNIA VERITAS LTD PRZEDSTAWIA:
Jeden porządek światowy
SOCJALISTYCZNA DYKTATURA
Przez te wszystkie lata, kiedy nasza
uwaga skupiała się na
okrucieństwach komunizmu w
Moskwie, socjaliści w Waszyngtonie
zajęci byli grabieżą Ameryki!
JOHN COLEMAN
„Wróg z Waszyngtonu jest groźniejszy niż ten z Moskwy"

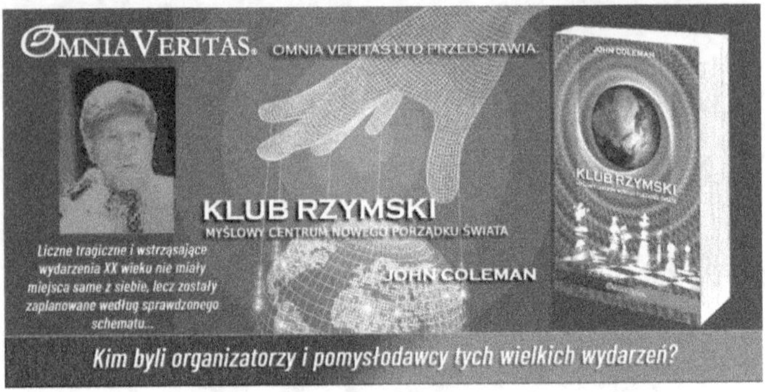
OMNIA VERITAS
OMNIA VERITAS LTD PRZEDSTAWIA
JOHN COLEMAN
KLUB RZYMSKI
KLUB RZYMSKI
MYŚLOWY CENTRUM NOWEGO PORZĄDKU ŚWIATA
Liczne tragiczne i wstrząsające
wydarzenia XX wieku nie miały
miejsca same z siebie, lecz zostały
zaplanowane według sprawdzonego
schematu...
JOHN COLEMAN
Kim byli organizatorzy i pomysłodawcy tych wielkich wydarzeń?

OMNIA VERITAS
OMNIA VERITAS LTD PRZEDSTAWIA:
MASONERIA
od A do Z
John Coleman
W XXI wieku masoneria stała się mniej tajną lożą, a bardziej „stowarzyszeniem tajemnic".
JOHN COLEMAN
MASONERIA
od A do Z
W tej książce wyjaśniono, czym jest masoneria

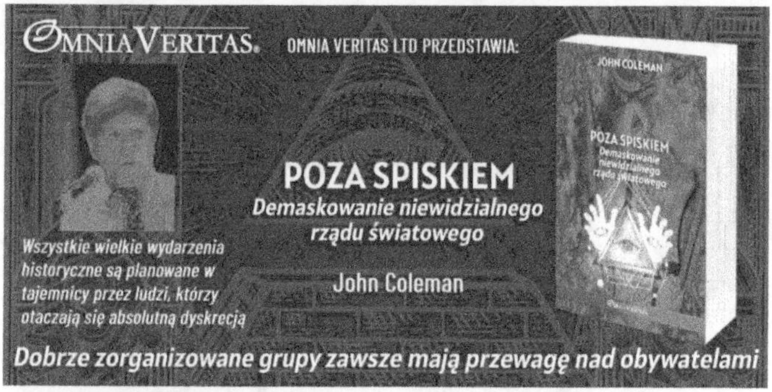
OMNIA VERITAS
OMNIA VERITAS LTD PRZEDSTAWIA:
POZA SPISKIEM
Demaskowanie niewidzialnego rządu światowego
John Coleman
Wszystkie wielkie wydarzenia historyczne są planowane w tajemnicy przez ludzi, którzy otaczają się absolutną dyskrecją
JOHN COLEMAN
POZA SPISKIEM
Dobrze zorganizowane grupy zawsze mają przewagę nad obywatelami

OMNIA VERITAS
OMNIA VERITAS LTD PRZEDSTAWIA:
WALCZYMY O ROPĘ
Historia wojen naftowych USA
JOHN COLEMAN
Historia przemysłu naftowego prowadzi nas przez zawiłości „dyplomacji"
WALCZYMY O ROPĘ
Walka o zmonopolizowanie zasobów, których pragną wszystkie narody

www.ingramcontent.com/pod-product-compliance
Lightning Source LLC
La Vergne TN
LVHW011011061026
849535LV00006B/1828
9781805404880